다시 유학의 의미를 묻다

제8회 기탁문중 특별전 - 한산이씨 소호문중

인사말

겨울바람이 아무리 매서워도 매화는 눈을 뚫고 피어납니다. 지난 겨울은 유난히도 길었습니다만, 어김없이 계절은 바뀌고 또 바뀌어 짙은 녹음이 산을 물들이고 있습니다. 이 아름다운 계절에 한국국학진흥원 유교문화박물관은 선비의 기상과 인품을 엿볼 수 있는 뜻깊은 행사를 마련하였습니다.

한산이씨 소호문중에서 기탁한 자료들로 꾸며진 〈다시 유학의 의미를 묻다〉 특별전은 이 문중의 학문과 선비로서의 몸가짐을 엿볼 수 있는 자료들이 전시됩니다.

한산이씨는 고려후기 가정 이곡 · 목은 이색 부자를 배출한 가문입니다. 특히 목은 선생은 기울어져 가는 고려의 사직을 부지하기 위하여 온갖 노력을 아끼지 않았으며, 고려말 삼은의 한 분으로 역사 속에서 길이 기억되고 있는 분입니다.

안동의 일직 소호에 세거하는 한산이씨는 목은 선생의 절의와 기개를 계승하여, 광해군대 대북정권의 난정을 보고 외가가 있던 안동으로 낙향한 수은 이홍조 선생의 후손들입니다. 수은 선생은 비록 벼슬에 뜻을 두지 않고 재야에 은거하였지만 병자호란이 일어나자 의병을 일으켜 국난극복을 위하여 진력을 다하기도 하였습니다. 이후 이 가문에서는 수많은 명유들이 배출되었습니다. 퇴계학을 계승하여 조선후기 성리학을 체계화하고 성리학 이해의 수준을 한 단계 더 높였던 대산 이상정 선생과 소산 이광정 선생은 이 가문이 낳은 대표적인 유학자입니다. 정조 16년 임자 영남만인소의 소수로서 의리를 위해서 목숨도 아끼지 않고 대의를 천명한 면암 이우 선생 또한 이 가문에서 배출한 훌륭한 선비입니다.

선비는 학문과 덕망을 갖춘 사람에 대한 호칭으로 특히 유교이념을 구현하는 사람을 지칭하는 말입니다. 선비가 관직에 나아가는 것은 자신의 덕을 사회 속에서 실현하기 위함이었고, 만약 바른 도리가 실현될 가능성이 없거나 직책이 도리에 합당하지 않다고 판단되면 물러날 수 있어야 했습니다. 그리고 벼슬길에 나아가지 않으면, 자연 속에서 학문과 도리를 연마하고 후진을 가르치며 의롭게 살아야 선비라고 불릴 수 있었습니다. 이러한 선비가 학문에 깊은 조예를 이루어 후학들을 많이 가르치고 바른 도리를 제시할 수 있으면 선생先生으로 존경받았습니다.

대산 선생은 25세의 젊은 나이로 과거에 급제하여 입신양명의 길을 걸을 수도 있었던 분입니다. 젊은 시절 잠시 벼슬을 하였지만, 곧 관직을 떠나 오직 학문과 제자양성에 전념하여 273분에 달하는 많은 제자들을 배출하셨습니다. 그러므로 대산 선생이야 말로 조선시대 선비의 표상과 같은 분이라고 할 수 있습니다.

올해는 대산 이상정 선생의 탄신 300주년이 되는 해입니다. 이 뜻깊은 해를 맞아 선비집안의 절개와 학문이 매화향기처럼 묻어나는 전시회를 열게 된 것을 자랑스럽게 생각합니다. 끝으로 많은 소중한 선조들의 유품을 누대에 걸쳐 지켜오다가 한국국학진흥원에 선뜻 기탁해 주신 한산이씨 문중 어르신들께 다시 한 번 감사의 말씀을 올리며 이 뜻깊은 전시회에 많은 분들이 함께 해 주셨으면 합니다.

감사합니다.

2011. 6

한국국학진흥원장

김병일

발간사

저희 유교문화박물관은 그 존립성 자체를 유교문화자료에 기반한 기획 전시와 전시 자료의 조사 · 수집업무에 역점을 두고 있습니다. 그러기에 여느 역사박물관이나 자연사박물관과는 달리 특수한 분야를 다루는 박물관으로서 기본적으로 지역사회에 뿌리내리고 있는 문중 및 종가 문화를 주요 전시 주제로 삼고 있으며 최소한 그러한 내용을 중심으로 전시하고 있습니다.

이러한 의미에서 유교문화박물관은 서원이나 향교, 문중 소장의 귀중한 유교문화자료를 수집 · 발굴하는 데 우선적으로 힘쓰고 있으며, 조사 · 발굴된 내용은 전시를 통해 대내외적으로 소개하고, 그럼으로써 후세에까지 유교적 전통문화가 잘 전승되고 보전될 수 있도록 하는 방안도 제시하는 책무를 지니고 있습니다.

바로 이러한 취지에서 저희 박물관은 개관 이래로 경북 북부 유교문화권을 중심으로 유학 및 유교문화 관련 자료의 발굴에 힘써 왔습니다. 그런 과정에서 안동 일직 소호리에 세거하는 한산이씨 문중의 수많은 자료들을 접하게 되었으며, 이들 기탁된 자료들을 분류 · 정리하여 이제 박물관에 전시하는 계기를 마련하게 되었습니다.

한산이씨 소호문중에서 기탁한 자료의 수량은 대략 6천여 점에 이르는데 수은종가, 대산종가, 소산종가, 화암문중 등에서 소장하고 있던 것입니다. 주지하듯이 일직 소호리의 한산이씨는 삼은의 한 분이자 대문장가로 일세를 울린 목은 선생의 후예입니다. 명현을 조상으로 둔 때문인지 이 문중에서는 수은 선생을 비롯하여 탁월한 문인 학자가 대거 배출되었습니다. 그 중에서도 대산은 조선후기 퇴계학파의 이론적 터전을 확립함으로써 퇴계학맥의 적전자로 알려져 있는데 '퇴계후제일인退溪後第一人'이라는 세평이 있기도 합니다.

도록에 실린 자료의 내용은 관직 및 문필생활과 관련된 것이 주류를 이루고 있으나, 당시 향촌사회의 구조 및 생활양식을 이해할 수 있는 것도 상당수 포함되어 있습니다. 또한 무엇보다도 이들 자료는 유교적 도덕규범을 담고있어 현대를 살아가는 우리에게 시대를 초월한 교훈과 시사하는 바가 담겨 있습니다.

한 집안에서 전해오던 자료를 전시하는 경우는 종종 있었지만 개별 문중을 단위로 하여 통합적으로 기획 전시하는 예는 그리 흔하지 않습니다. 그런 점에서 매년 개최하고 있는 저희 박물관의 문중특별전은 유교문화를 사랑하고 아끼는 많은 분들에게 특별한 의미를 지닐 것으로 생각됩니다.

흔히 "뿌리를 잊은 민족에게는 미래가 없다"라고 합니다. 이번 전시를 통해 이제 문중 소유의 자료들은 한산이씨 집안의 전유물이 아니라 우리 모두의 문화유산으로 다시 태어났습니다. 전시를 기획한 저희들의 작은 소망은 바로 우리의 뿌리를 잊지 않고 찾아나서는 계기가 되었으면 하는 것입니다.

지면 사정으로 선현의 얼과 정신이 고스란히 담긴 자료를 다 수록하지 못하고 일부분만 선별하여 실은 것에 대해서는 아쉬움과 더불어 송구하게 생각합니다. 아무쪼록 이번 특별전을 통해 곳곳에 산재해 있는 소중한 유교문화 자료가 한자리에 모일 수 있기를 바라며, 귀한 자료들을 저희 박물관에 전시할 수 있도록 흔쾌히 기탁하여 주신 한산이씨 문중 어르신들께 진심으로 감사드립니다.

2011. 6

유교문화박물관장 임 노 직

유물기탁 및 자료협조

의성김씨 귀미파
의성김씨 천전파 대종택
전주류씨 박실 웃댁 수정재고택
전주류씨 수곡파 대야고택
풍산류씨 충효당
풍산류씨 하회마을 화경당(북촌)
한산이씨 대산종가
한산이씨 소산종가
한산이씨 수은종가

자료 대여

의성김씨 학봉종택

일러두기

- 이 도록은 한국국학진흥원 유교문화박물관에서 2011년 6월 20일(월)부터 2011년 8월 21(일)까지 전시하는 〈다시 유학의 의미를 묻다 - 한산이씨 소호문중 특별전〉의 전시도록이다.
- 전시내용은 한국국학진흥원 소장유물을 중심으로 〈한산이씨의 안동 정착과 선조들〉, 〈벼슬함은 나라와 백성을 위한 것이니〉, 〈선비의 자세와 죽음에 임하는 태도〉, 〈퇴계학의 창조적 계승〉, 〈고산칠곡, 자연에서 공부하는 자세를〉, 〈호상의 묵향〉, 〈대산학파와 계승자들〉 등 7부분으로 이루어져 있다.
- 도판 설명은 유물이름, 시대, 크기, 소장처의 순서로 기재하였다. 정확하지 않거나 불필요한 내용은 생략하였다.
- 유물의 크기는 '세로×가로' 순으로 표기하였다. 단위는 ㎝이다.

차례

다시 유학의 의미를 묻다

한산이씨는 고려시대 인물인 한산군 호장 이윤경을 시조로 한다. 한산이씨는 고려 충숙왕대 이곡(1298~1351)이 고려의 과거와 원 제과에 잇달아 등제함으로써 문한가로서의 지위를 확립하였고, 아들인 이색(1328~1396) 또한 아버지의 뒤를 이어 고려와 원의 과거에 잇달아 급제하였다. 특히 이색은 원 제과 급제 후 고려로 돌아와 문하시중을 역임하였고, 당대의 유종儒宗으로 명망이 높았다. 또한 위화도 회군 이후 이성계 일파와 대립하여, 조선왕조가 개창된 후 장단·함창 등지로 유배되었으며, 끝내 조선왕조에 참여를 거부함으로써 정몽주, 길재와 더불어 고려말 삼은으로 숭앙되었다.

이 가문이 안동으로 낙향한 것은 17세 이홍조(1595~1660)대였다. 이홍조는 서애 류성룡의 외손으로 인목대비의 서궁유폐사건에 반발하여 외가가 있는 안동으로 낙향하여 입향조가 되었다.

이후 이 가문에서는 몇 대에 걸쳐 사환이 없었으나 18세기 영남학파를 아우르는 대산 이상정(1711~1781)이 출현함으로써 영남학맥의 중심에 서게 되었다. 이상정은 아우인 소산 이광정(1714~1789)과 더불어 외조부인 밀암 이재의 문하에서 수학하였다. 이재는 숙종대 산림이었던 이현일의 아들로 퇴계학통의 계승에 있어서 중요한 위치를 점하고 있던 인물이었다. 이상정은 퇴계-학봉-갈암으로 이어지는 학맥을 계승하면서 273명에 달하는 제자를 양성함으로써 당시 영남지역 최대의 학파를 형성하였다. 그의 학맥은 이후 정재 류치명으로 이어지면서 조선말 일제침략기로 이

어지는 시기 동안 의병전쟁, 독립투쟁에 있어서 중요한 동력으로 작용하였다.

이상정의 학문은 퇴계의 이기론을 계승 · 발전시킨 것으로 리理의 능동성을 강조하는 '활물活物'설을 제창하였으며, 이는 조선후기 퇴계학파의 중요한 이론적 발전이었다. 그의 사상을 계승한 류장원 · 이종수 · 김종덕은 '호문삼로'로 지칭되면서 스승의 이론을 체계화하는데 노력을 기울였으며, 그 결과 이상정의 학문은 그가 살던 지명을 따서 '호학湖學'으로 불리었다.

이상정의 조카 이우는 1792년(정조16) 사도세자 신원을 위한 임자 영남만인소에서 소수로 활동하였다. 이 만인소는 10,057명이 연명하여 올린 것으로 1만 명 이상이 상소에 참여한 것은 조선왕조에서 처음 있는 일이었다.

이 가문을 대표하는 것은 학문이다. 이상정 · 이광정 형제로부터 비롯된 이 가문의 학문은 다음 대인 이완 · 이우대로 이어지면서 고종대의 이돈우까지 연결된다. 사실 이상정 · 이완 · 이돈우 등은 문과에 급제하여 벼슬길에도 나아갔지만 벼슬 그 자체가 목적은 아니었고, 자신의 학문을 실천하기 위하여 벼슬길에 올랐으며, 이상정의 경우와 같이 자신의 학문적인 성과를 실현할 수 없으면 과감하게 벼슬을 사퇴하고 고향으로 돌아가 학문에 전념하면서 후학을 양성하여 다음 세대를 준비하였다. 이렇듯 불의와 타협하지 않고 원칙을 지켜나가는 학문적 태도는 조선말 영남 의병전쟁에도 사상적으로 큰 영향을 주었다.

안동부 일직현 소호리에 17세기부터 세거해 온 한산이씨는 충청도 한산군의 토성으로 고려 후기 사족으로 성장하였으며, 임진왜란 이후 안동으로 낙향한 수은睡隱 이홍조李弘祚(1595~1660)의 후손이다.

한산이씨 시조 이윤경李允卿은 본부 호장을 지냈으며, 5세 이자성李自成대에 처음 진사가 됨으로써 중앙 정계에 출사하였다. 이자성의 아들 이곡李穀(1298~1351)은 고려의 과거에 급제하고 36세 때 원 제과에 급제하여 문명을 떨쳤다. 이곡은 원에서 한림원翰林院 검열檢閱과 중서사中瑞司 전부典簿를 역임하고 고려에서는 찬성사贊成事에 올라 가문을 크게 일으켰다. 이곡은 원에서 활동하면서 당시 원이 고려에 가혹하게 요구하였던 공녀문제에 대하여 비판하고, 고려 여인들이 원에 가서 공녀로 생활하는 것을 중지시켰으며, 혼란했던 고려의 정사를 비판하여 바로잡게 하는 등 위민의식이 매우 강했다. 이러한 이곡의 현실인식은 아들 목은牧隱 이색李穡(1328~1396)에게 계승되었다. 이색은 1341년 14세의 나이로 진사시에 합격하였으며, 1354년에는 아버지의 뒤를 이어 원 제과에 합격하여 부자가 모두 원 제과에 급제한 기록을 남겼다. 이색이 아버지의 상중에 공민왕에게 올린 복중상소는 당시 고려의 문제점을 정확히 적시하고 그 해결책을 마련한 것이었다. 이후 이색은 이제현의 뒤를 이어 고려의 유종儒宗으로 활동하였으며, 정당문학政堂文學과 판문하부사判門下府事를 역임하였다. 위화도 회군 이후 이성계 일파가 정권을 장악하자, 이색은 이들과 대립하다 조선왕조가 개창되면서 장단, 함창 등지로 유배되었다. 태조 5년 한산부원군에 책봉되었으나 끝내 조선왕조에 참여하기를 거부함으로써 정몽주 · 길재와 더불어 '려말삼은麗末三隱'으로 지목되었다.

안동 입향조인 이홍조는 서애 류성룡의 외손으로 13세 때 외숙인 수암 류진에게 수학하였다. 이후 인목대비의 서궁유폐사건에 비분강개하여 출사할 뜻을 버리고 외가가 있는 안동으로 낙향하여 일직현 소호리에 자리잡아 안동 입향조가 되었다. 그 뒤로 자손이 번창하여 대산 이상정, 소산 이광정 형제와 같이 학문과 문장으로 이름을 떨친 학자들을 많이 배출하였다.

제1장

한산이씨의 안동 정착과 선조들

한산이씨 소호문중 세계도

시조	6세	7세	16세	17세
윤경	곡(稼亭) 1298~1351	색(牧隱) 1328~1396	문영(海山) 1568~1598, 察訪	창조
				홍조(睡隱) 1595~1660, 입향조

牧隱先生畫像
挺天資之粹美窮聖學之精微胷襟灑落瑩徹光輝踐履極於篤實文章妙於發揮匪點之狂而有詠
歸之興猶惠之和而無不恭之譏學者仰之如山斗國家倚之如蓍龜膺大拜而不變其塞履大難而不
怵於威赤心彌諒素節不移真 公所以自道之辭也若夫江漢滔滔雲煙霏霏追逐歐韓並駕齊馳
後之觀者知吾言之不欺也
永樂甲申九月下澣門人陽村權近讚

挺天資之粹美	타고난 자품은 粹美하게 빼어났으며
窮聖學之精微	성인의 학문을 정미하게 연구하였네
胸襟灑落	가슴 속은 시원하고 깨끗하며
瑩徹光暉	기품은 투명하고 빛나도다
踐履極於篤實	실천은 매우 독실하였고
文章妙於發輝	문장은 그 표현이 기묘하도다
匪點之狂	曾點처럼 狂하지 않으면서도
而有詠歸之興	읊조리며 돌아오는 흥취가 있었고
猶惠之和	柳下惠처럼 和하면서도
而無不恭之譏	공손하지 못하다는 비난을 받지 않았다
學者仰之如山斗	학자들은 태산북두처럼 우러러 보았고
國家倚之如蓍龜	국가에서는 蓍龜처럼 믿었도다
膺大拜而不變其塞	대신으로 임명되었으되 평소의 지조는 변하지 않았고
履大難而不怵於威	큰 어려움을 당하였으되 위세를 두려워하지 않았다
赤心彌諒	진실한 마음은 더욱 미더웠고
素節不移	평소의 절조는 변치 않았도다
眞公所以自道之辭也	이는 참으로 공이 스스로를 평가한 말이거니와
若夫江漢滔滔	이를테면 江水 · 漢水처럼 도도하고
雲煙霏霏	구름 안개처럼 霏霏한 문장은
追逐歐韓	구양수 · 한유와 어깨를 겨누고
竝駕齊馳	나란히 달릴 만하니
後之觀者	후세에 보는 자는
知吾言之不欺也	내 말이 거짓이 아님을 알 것이다
永樂甲申九月下瀚 門人 陽村 權近讚	1424년 9월 하순 문인 양촌 권근이 기리다

목은 선생 화상 牧隱先生畵像

18세기 이후 | 이모본 | 견본채색 | 147.0×79.5 | 기탁 : 한산이씨 수은종가 | 경북유형문화재 제171호

목은牧隱 이색李穡(1328~1396)의 화상이다. 홍색 단령을 입고 사모를 썼으며 손을 모은 자세로 의자에 앉은 모습이다. 이 초상화는 이모본으로 조선후기 초상화의 명암법을 적용하였다.

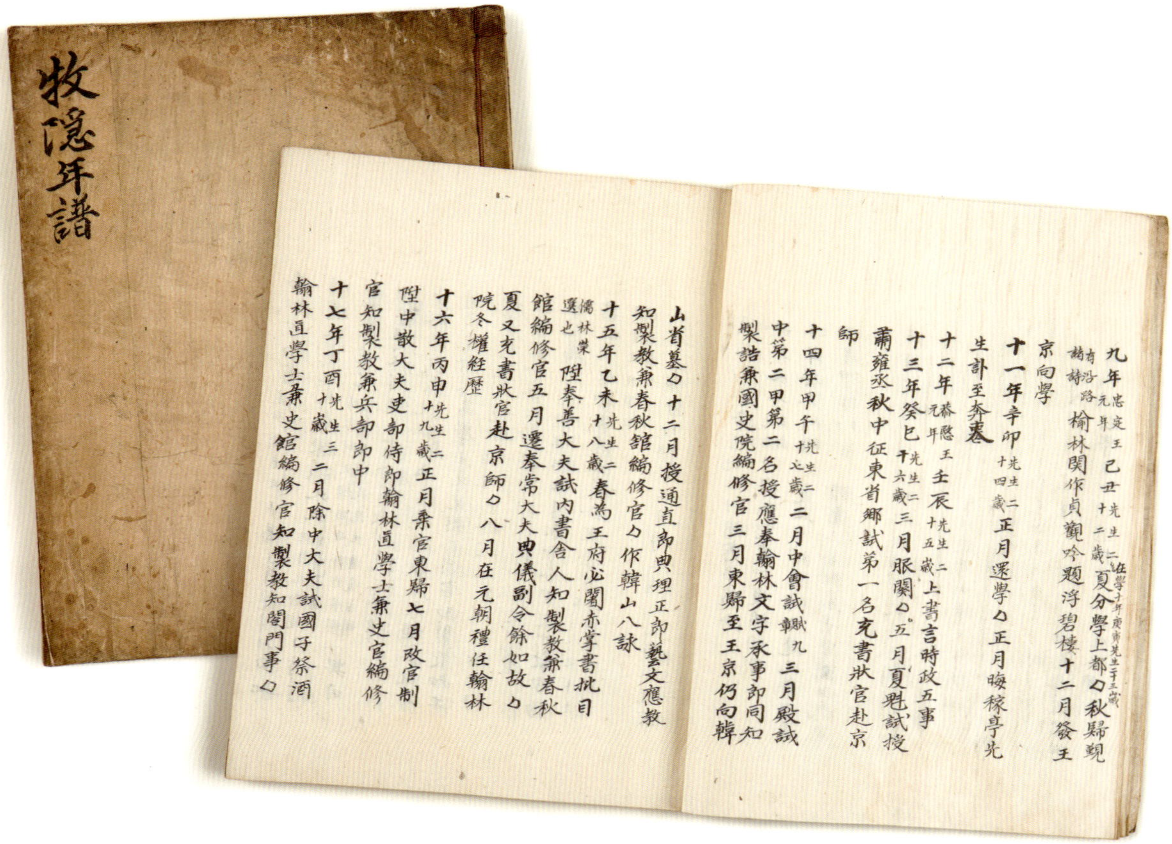

목은연보 牧隱年譜

이광정 | 2권1책 | 필사본 | 31.5×24.0 | 기탁 : 한산이씨 대산종가

소산小山 이광정李光靖(1714~1789)이 편찬한 목은 이색(1328~1396)의 연보이다. 이색은 고려말에 고려와 원의 과거에 모두 급제하여 두 나라의 관직을 역임했으며, 조선왕조 개창에 참여하기를 거부하여 고려말 '삼은三隱'의 한 사람으로 꼽힌다. 아버지인 가정稼亭 이곡李穀과 더불어 원 제과에 급제함으로써 한산이씨를 명문名門의 반열에 올려 놓았다.

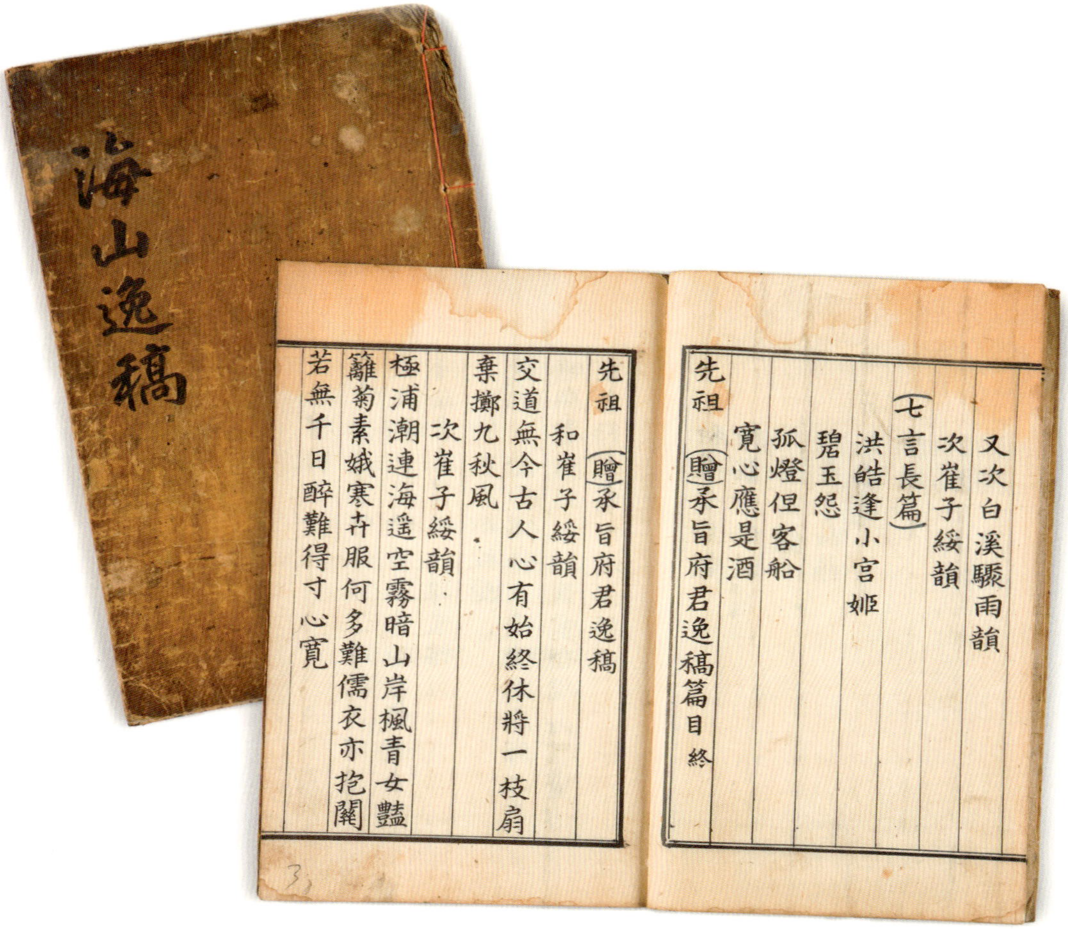

해산일고 海山逸稿

이문영 | 필사본 | 29.6×19.5 | 기탁 : 한산이씨 소산종가

해산海山 이문영李文英(1568~1598)의 문집 필사본이다. 후손 이후정李後靖이 1725년 편집 · 정리한 것이다. 이문영은 입향조 이홍조李弘祚의 아버지이다.

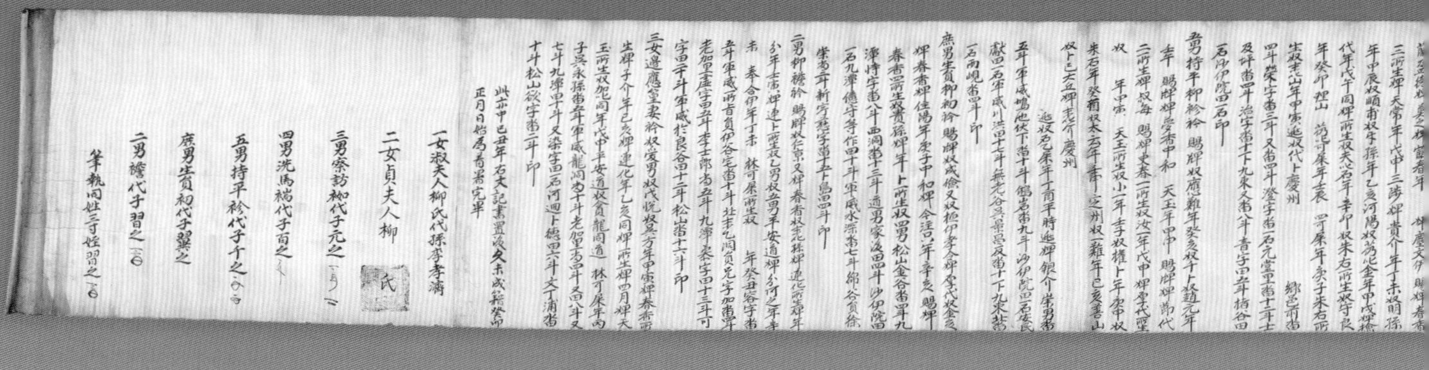

이문영처류씨남매화회문기 李文英妻柳氏男妹和會文記

1663년 | 33.8×315.4 | 기탁 : 풍산류씨 하회마을 화경당(북촌)

류성룡의 자녀들이 류성룡 사후 재산을 나눈 분재 문서이다. 분재는 1649년(인조27)에 이루어졌으나 이 문서가 작성된 것은 1663년(현종4)이었다. 류성룡이 사망한 지 56년이 지났으므로 손자대에 해당하는 인물들이 서명하였다. 한산이씨 안동파 입향조인 이홍조의 아버지 이문영은 류성룡의 사위였으나 1598년에 장인보다 먼저 사망하여, 손자인 이효제李孝濟가 문기에 서명하였다.

한산이씨 족보 韓山李氏族譜

1969년 | 3권3책 | 석인본 | 27.8×19.0 | 기탁 : 한산이씨 대산종가

20세기 들어서 편찬한 한산이씨 안동파의 족보이다. 권1에 총서總序와 가정 · 목은의 사적을 기록하였고, 산도山圖를 실었으며, 권2, 권3에 후손들의 세계世系를 실었다. 펼쳐진 곳은 안동 입향조인 이홍조의 묘산도墓山圖이다.

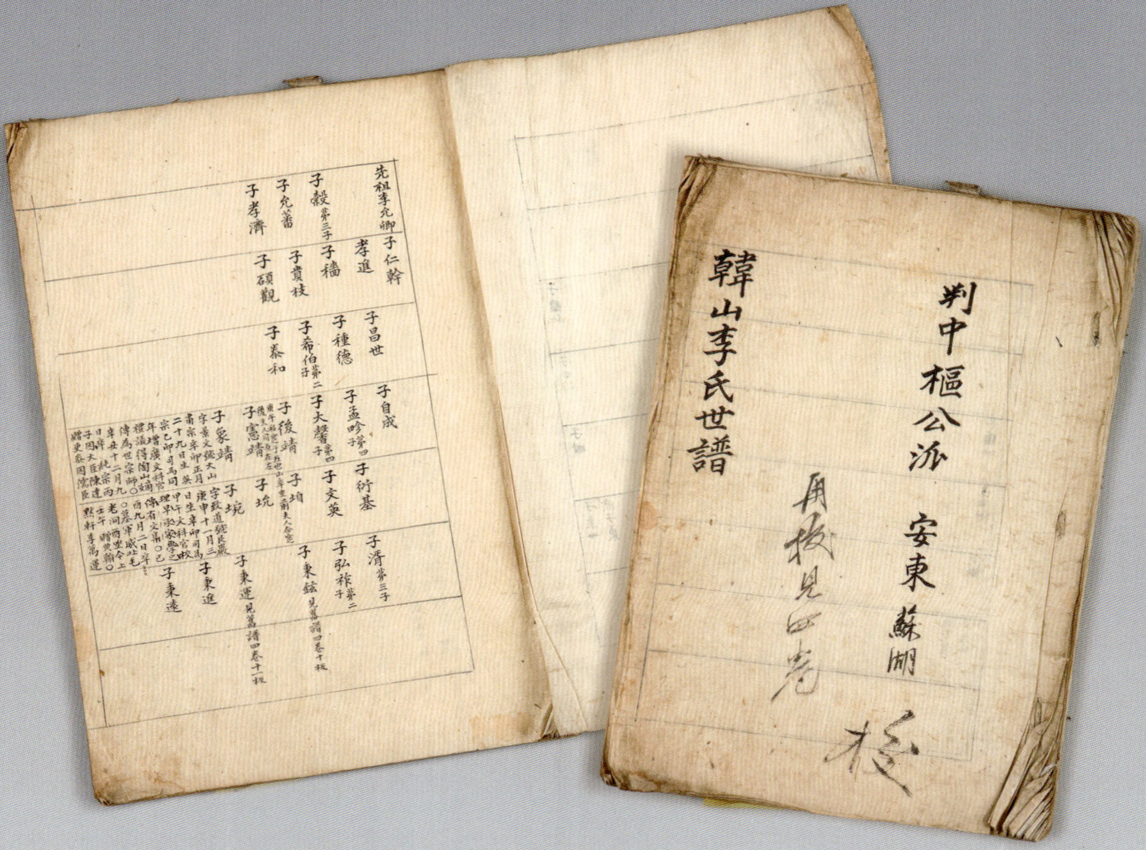

한산이씨 판중추공파 세보 韓山李氏判中樞公派世譜

20세기 | 필사본 | 40.5×28.0 | 기탁 : 한산이씨 대산종가

한산이씨 안동파 족보로 이홍조의 후손만 수록하였다. 족보를 출간하기 이전의 필사원본이며, 수록된 인물의 생몰연대로 보아 1950~1960년대 정리된 것으로 보인다.

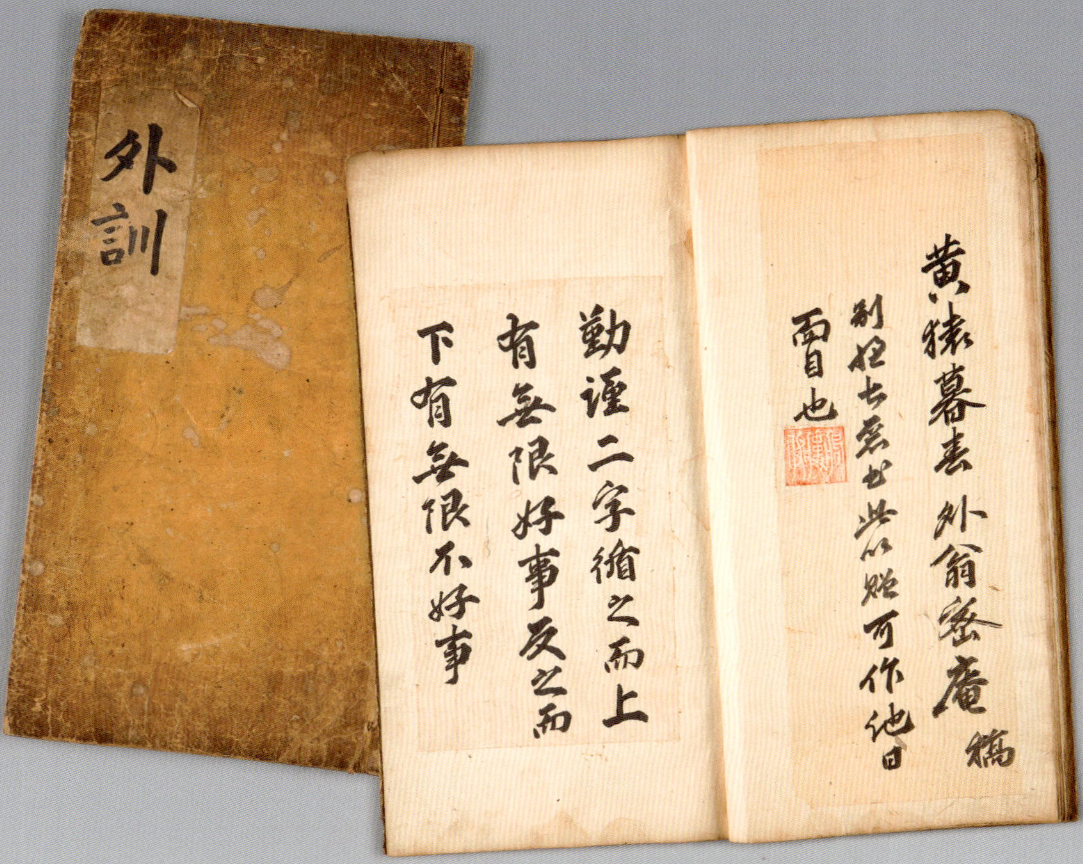

勤謹二字 循之而上有無限好事 反之而下有無限不好事
右朱子訓子從學帖中語 今於正學之歸 書以贈之 盖欲汝 勤讀書 謹言行也 汝其勉之
己酉中夏下浣 外翁書

"근면하고 삼가라[勤謹]는 두 글자를 따르면 위로는 무한히 좋은 일이 있을 것이지만, 반대로 하면 아래로 무한히 좋지 않은 일이 있을 것이다."
앞의 글은 주자의 『훈자종학첩訓子從學帖』 중의 글이다. 지금 정학(이광정)이 돌아가려 하니 글로 써서 준다. 너는 독서에 힘쓰고 언행을 삼가는 데 힘써라.
1729년 5월 하순 외할아버지가 쓴다.

외훈 外訓

이재/이광정 | 1729년 | 37.5×20.3 | 기탁 : 한산이씨 소산종가

밀암密庵 이재李栽가 외손자인 이광정에게 학문에 전념하라고 써준 글귀이다.

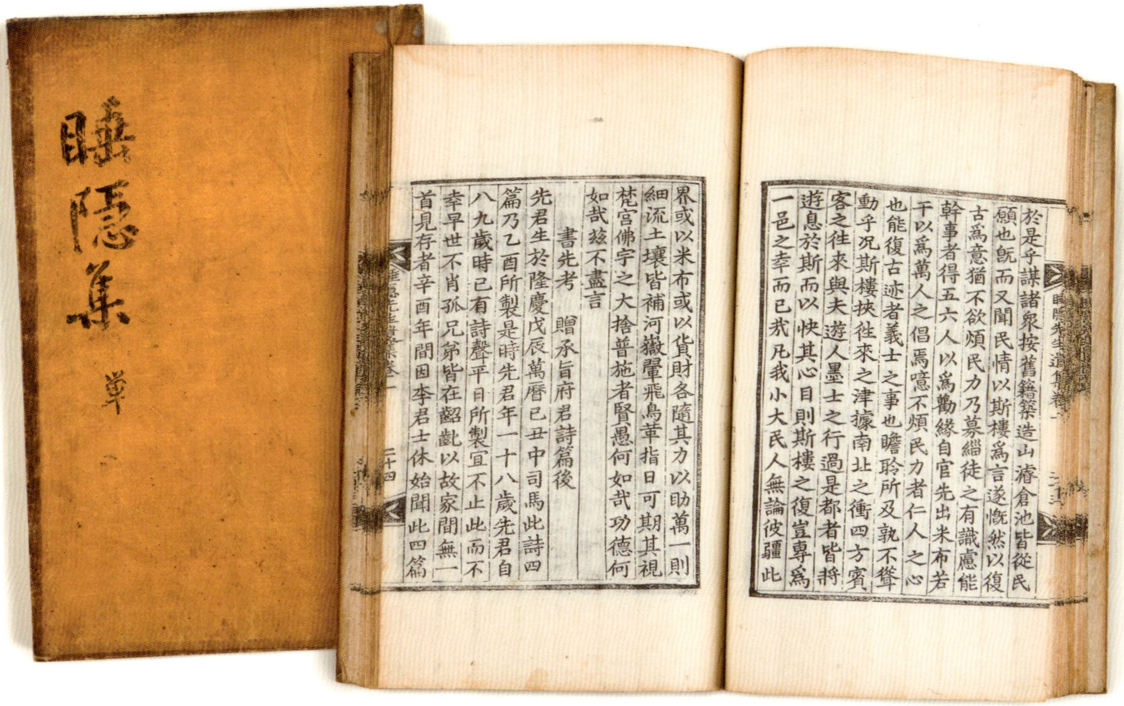

수은집 睡隱集

1742년 | 3권1책 | 목판본 | 31.5×20.0 | 소장 : 풍산류씨 충효당

수은睡隱 이홍조李弘祚(1595~1660)의 문집이다. 이홍조는 서애 류성룡의 외손으로 13세 때 외숙인 수암 류진에게 수학하였다. 이후 인목대비의 서궁유폐사건에 비분강개하여 출사할 뜻을 버리고 외가가 있는 안동으로 낙향하였으며, 일직현 소호리에 자리잡아 안동 입향조가 되었다. 문집의 서문은 소산 이광정이 썼다.

안동 입향조 이홍조는 비록 과거를 거치지 않았으나 병자호란(1636년)으로 인해 인조가 남한산성에 포위되었을 때 의병대장에 추대되어 의병을 일으켰고, 이듬해 창의倡義의 공으로 천거되어 의금부도사, 회인현감을 역임하였다. 1656년 사포서 별제에 임명되었으나 출사하지 않고, 1660년 향년 66세로 세상을 떠났다.

이후 한산이씨는 사환이 드물었으나 입향조의 4세손인 이상정(1711~1781)이 25세의 나이로 문과에 급제하여 사간원 정언 · 예조참의를 역임하였고, 1910년 문경공文敬公의 시호를 받았다. 이상정의 재종제 이현정李顯靖(1721~1789)도 1763년 문과에 급제하여 사간원 정언 · 홍문관 교리를 역임하였다. 이상정의 아들 이완李埦(1740~1789)은 1774년 문과에 급제하여 홍문관 교리를 지냈다. 이완의 아들 중 이병운李秉運(1766~1841)과 이병원李秉遠(1774~1840)은 모두 소과에 입격하여 이병운은 함창현감을 지냈고, 이병원은 학행으로 천거되어 주부를 지냈다. 이상정의 동생 이광정(1714~1789)은 과거에 급제하지는 않았으나 학행으로 천거되어 참봉 · 별제 등에 제수되었으나 취임하지 않았다. 이광정의 아들 이우李㙖(1739~1810)는 1792년 사도세자 추존을 위한 임자 영남만인소의 소수로 추천되어 활약하였으며, 후에 참봉에 제수되었다. 이병운의 손자 이돈우李敦禹(1807~1884) 또한 1850년 증광시 병과로 문과에 급제하여 승문원 정자 · 형조참의 · 이조참판을 역임하였다.

한산이씨 소호문중은 입향조 이래 4명의 문과 급제자를 내었으나, 크게 현달한 인물은 없었다. 오히려 학문으로 명성이 높아 이상정 · 이광정 형제를 비롯하여 많은 학자를 배출하였으며, 이상정은 조선후기 영남지역 최대의 학파를 이루었다.

제2장

벼슬함은 나라와 백성을 위한 것이니

觀稼堂

수은종택

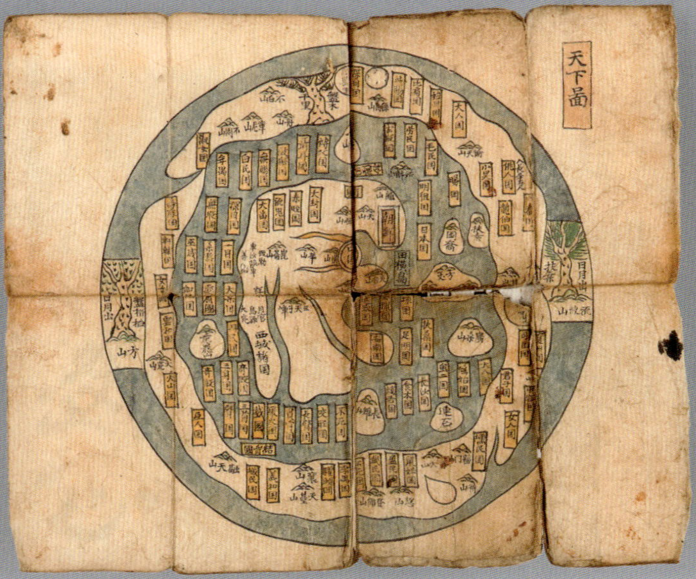

〈천하도〉

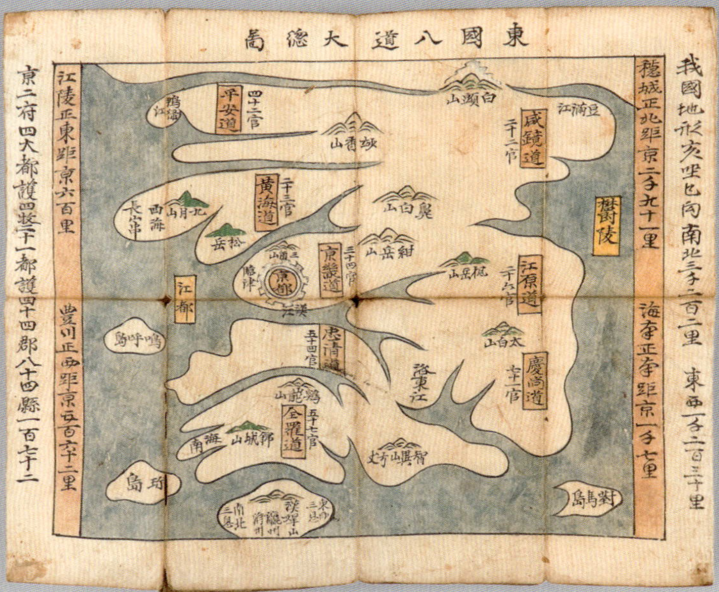

〈동국팔도대총도〉

동국지도 東國地圖

18세기 | 12.0×8.0, 23.5×28.4 | 기탁 : 한산이씨 소산종가

휴대용 지도첩으로, 가지고 다니면서 참고하기에 편리하도록 제작하였다. 앞에 천하도를 붙였고, 뒤에 팔도도八道圖, 경기도도京畿道圖, 강원도도江原道圖, 충청도도忠淸道圖의 순으로 정리되었으며, 일본국도日本國圖와 유구국도琉球國圖를 첨부하였다.

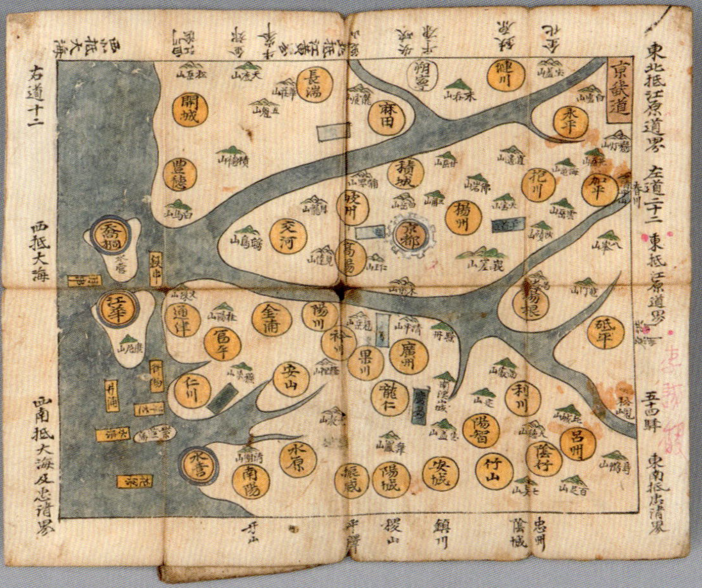

〈경기도〉

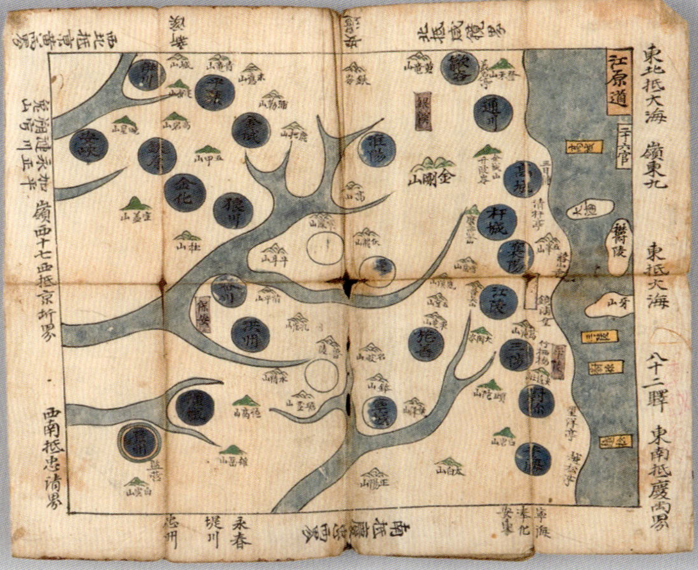

〈강원도〉

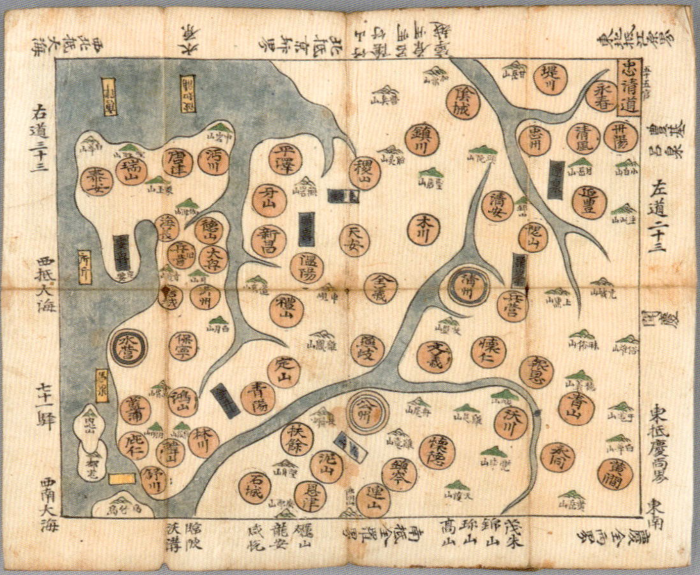

〈충청도〉

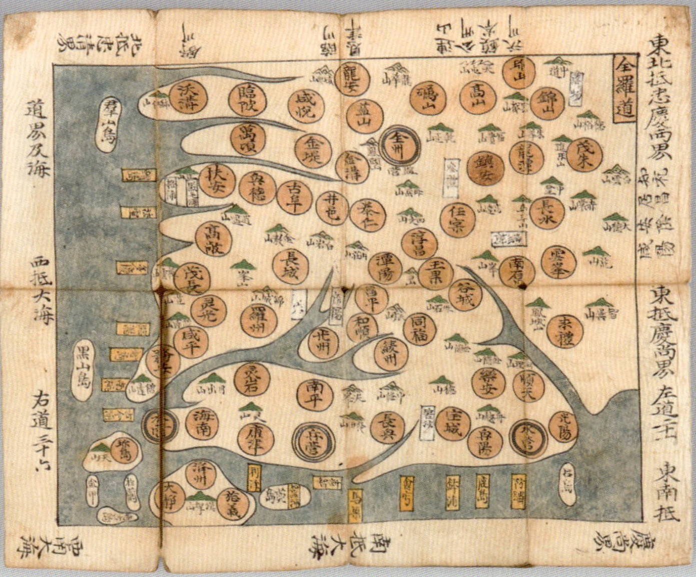

〈전라도〉

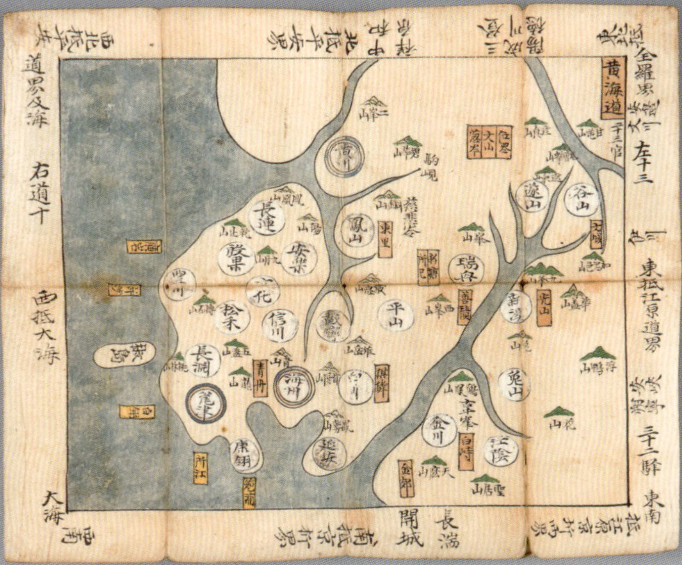

〈황해도〉

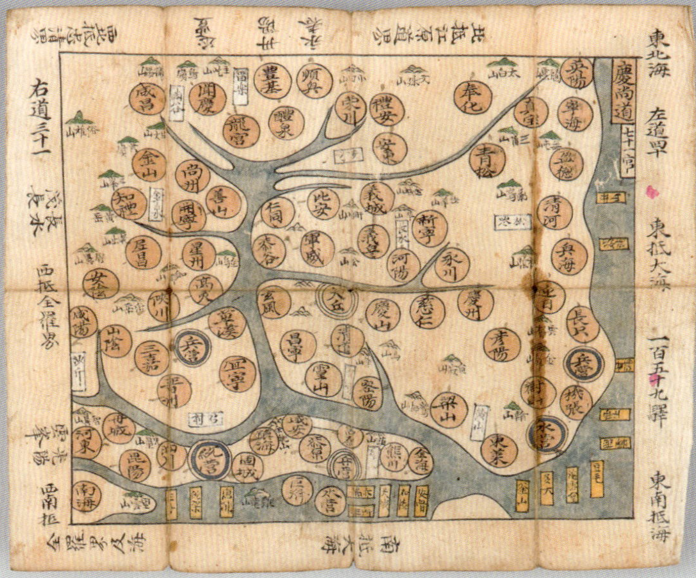

〈경상도〉

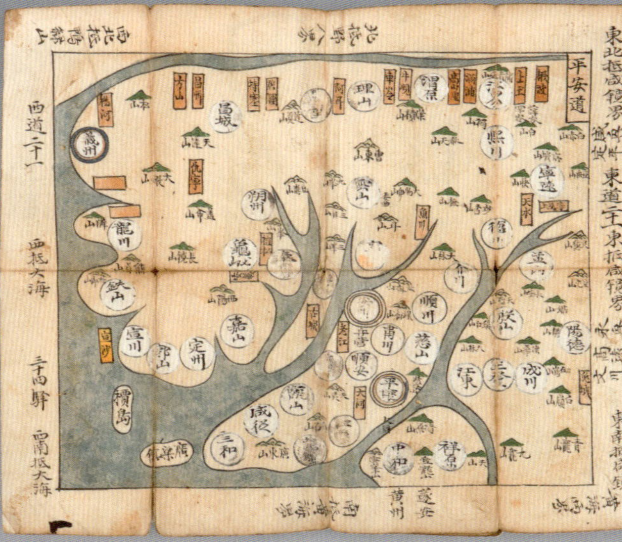

〈평안도〉

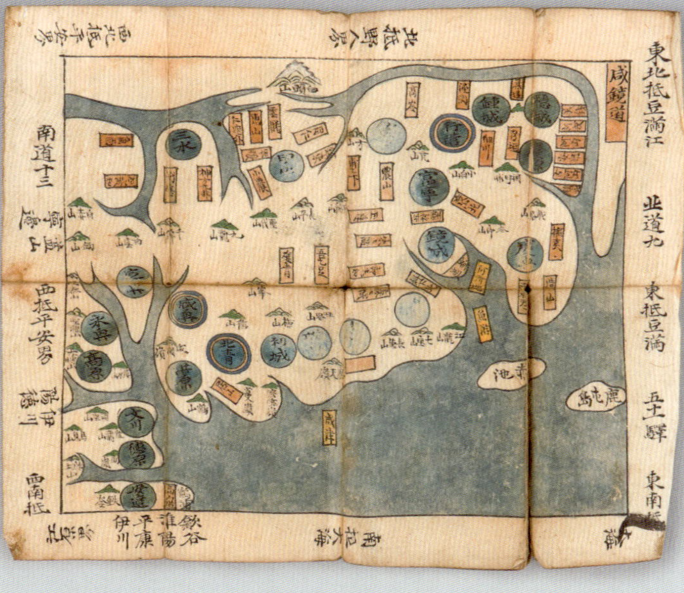

〈함경도〉

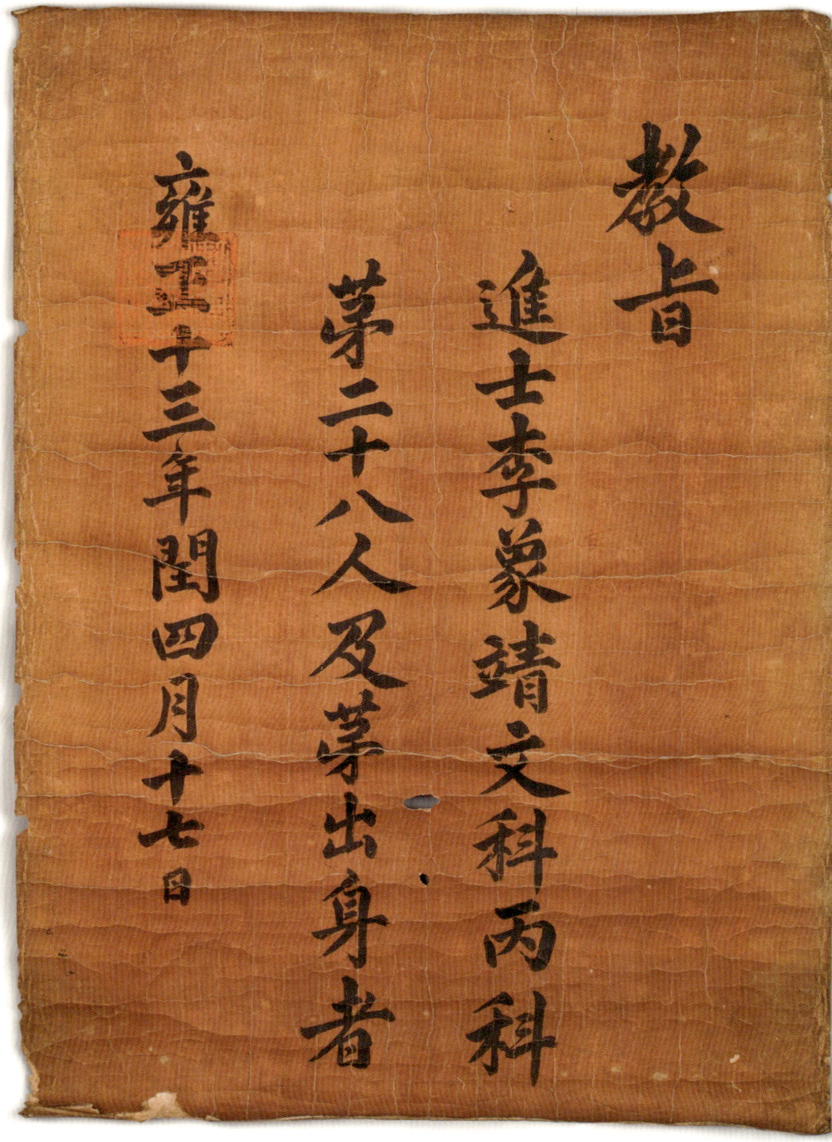

教旨
進士李象靖文科丙科
第二十八人及第出身者
雍正十三年閏四月十七日

이상정 문과급제 홍패 李象靖文科及第紅牌

이상정 | 1735년 | 94.0×66.0 | 기탁 : 한산이씨 대산종가

대산[大山] 이상정[李象靖](1711~1781)의 문과급제 홍패이다. 이상정은 같은 해 진사시에 입격한 지 한 달 만에 병과 28인의 성적으로 대과에 급제하였다.

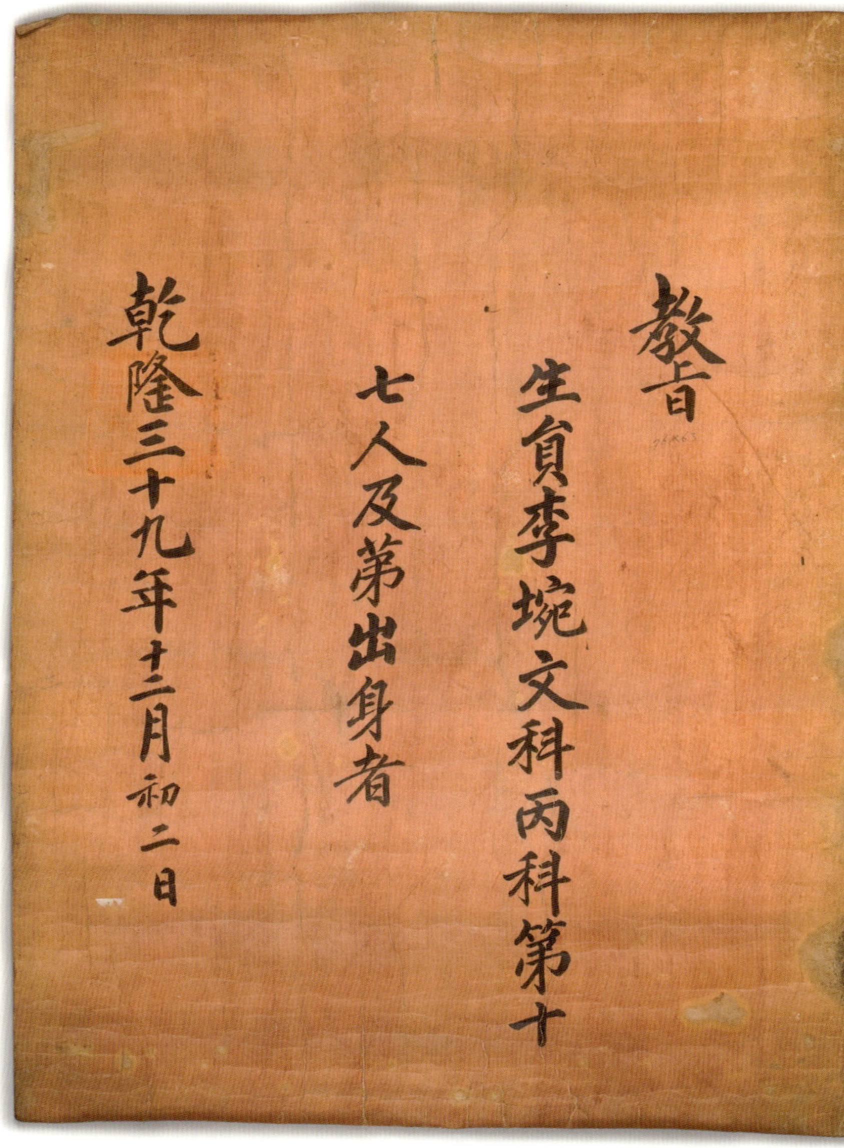
敎旨
生員李埦文科丙科第十七人及第出身者
乾隆三十九年十二月初二日

이완 문과급제 홍패 李埦文科及第紅牌

이완 | 1774년 | 86.7×62.5 | 기탁 : 한산이씨 대산종가

간암艮巖 이완李埦(1740~1789)의 문과급제 홍패이다. 이완은 1771년 생원시에 입격하였고, 1774년 문과 병과 17인의 성적으로 급제하여 홍문관 교리를 지냈으며, 저서로는 『간암집』이 있다.

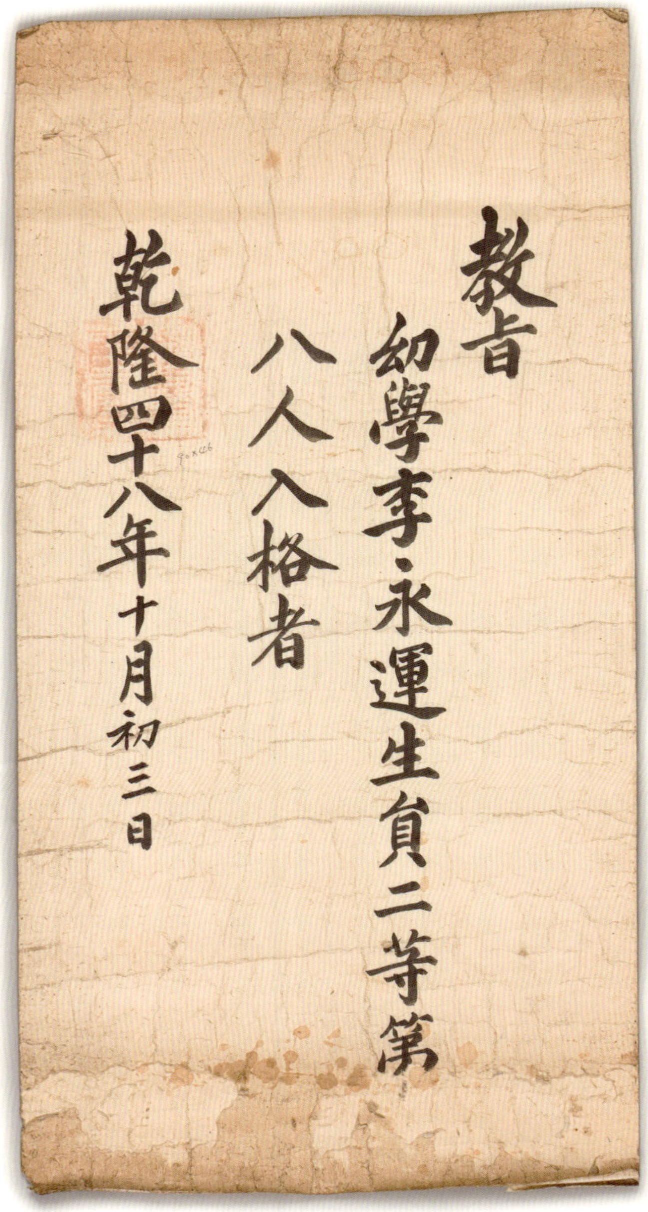

教旨

幼學李永運生員二等第八人入格者

乾隆四十八年十月初三日

이영운 생원시 백패 李永運生員試白牌

이영운 | 1783년 | 90.0×46.0 | 기탁 : 한산이씨 대산종가

면재俛齋 이병운李秉運(1766~1841)의 생원시 입격 백패로, 2등 8인의 성적으로 입격하였다. 영운永運은 이병운의 초명이다.

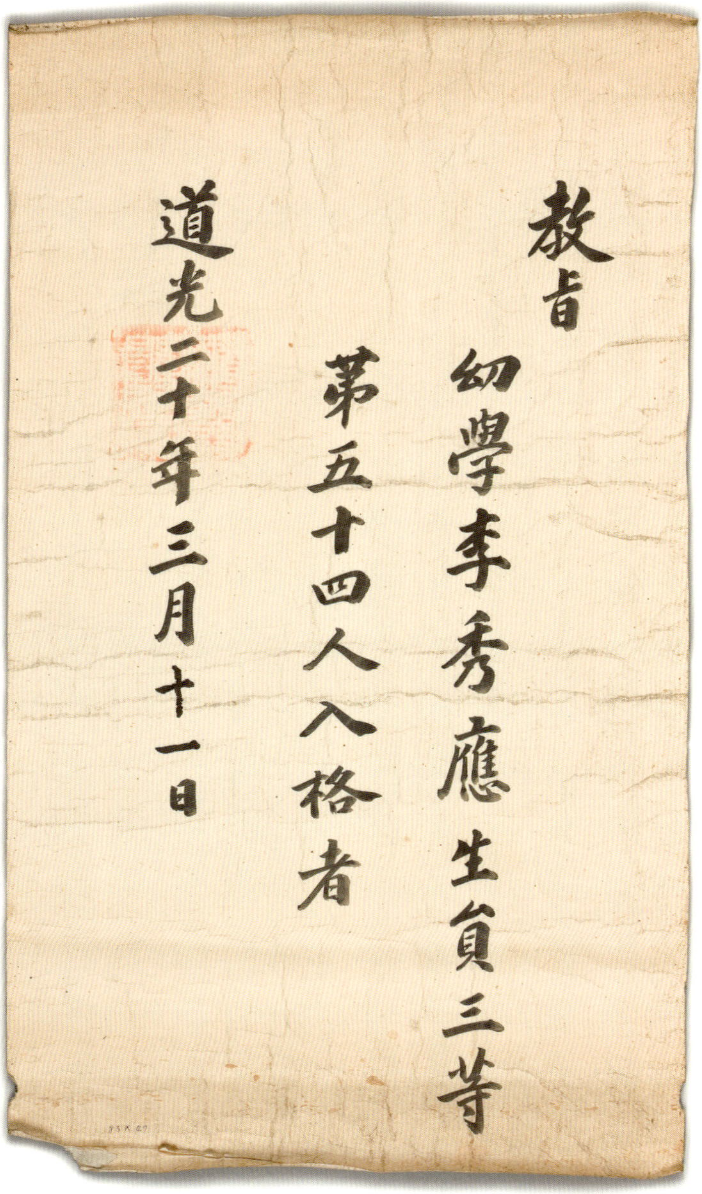
敎旨
幼學李秀應生員三等
第五十四人入格者
道光二十年三月十一日

이수응 생원시 백패 李秀應生員試白牌

이수응 | 1840년 | 83.0×47.0 | 기탁 : 한산이씨 대산종가

격와格窩 이수응李秀應(1789~1864)의 생원시 백패로, 3등 54인의 성적으로 입격하였다. 이수응은 이병운의 맏아들이다.

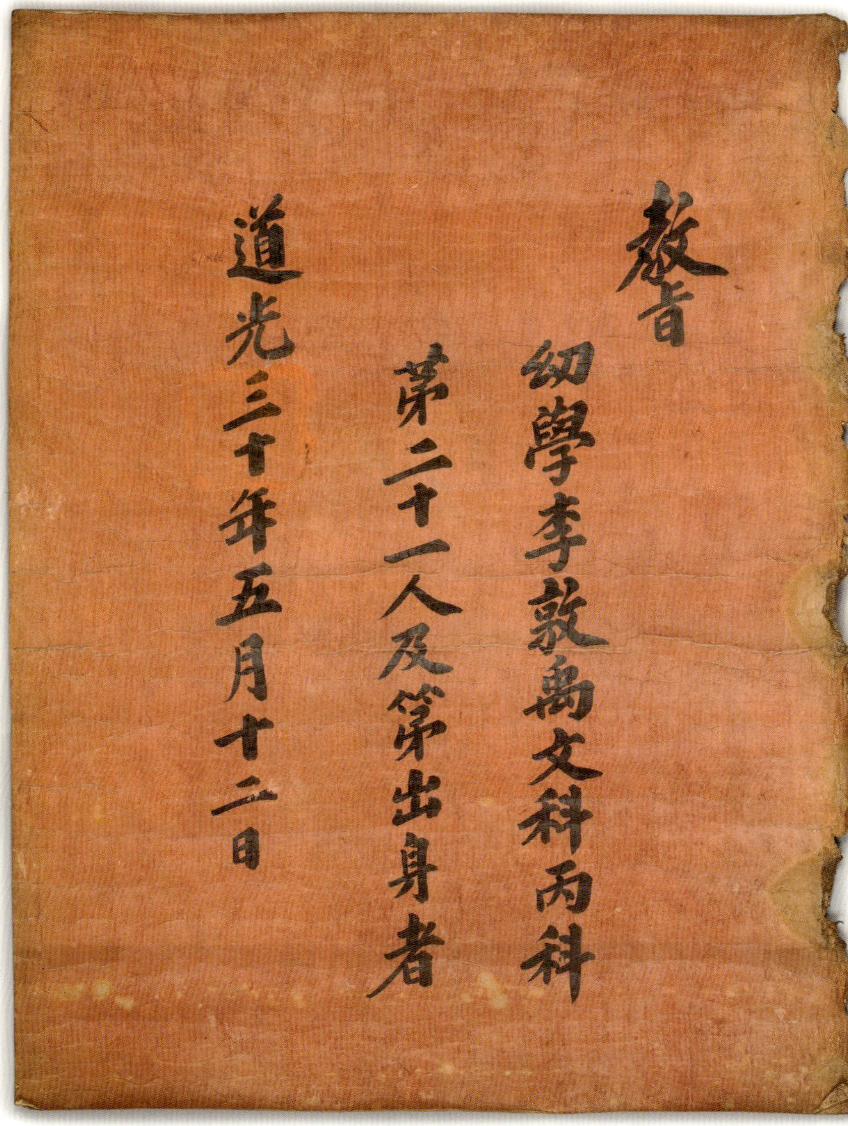

敎旨

幼學李敦禹文科丙科

第二十一人及第出身者

道光三十年五月十二日

이돈우 문과급제 홍패 李敦禹文科及第紅牌

이돈우 | 1849년 | 91.0×67.0 | 기탁 : 한산이씨 대산종가

긍암肯庵 이돈우李敦禹(1807~1884)의 문과급제 홍패로, 병과 21인의 성적으로 급제하였다.

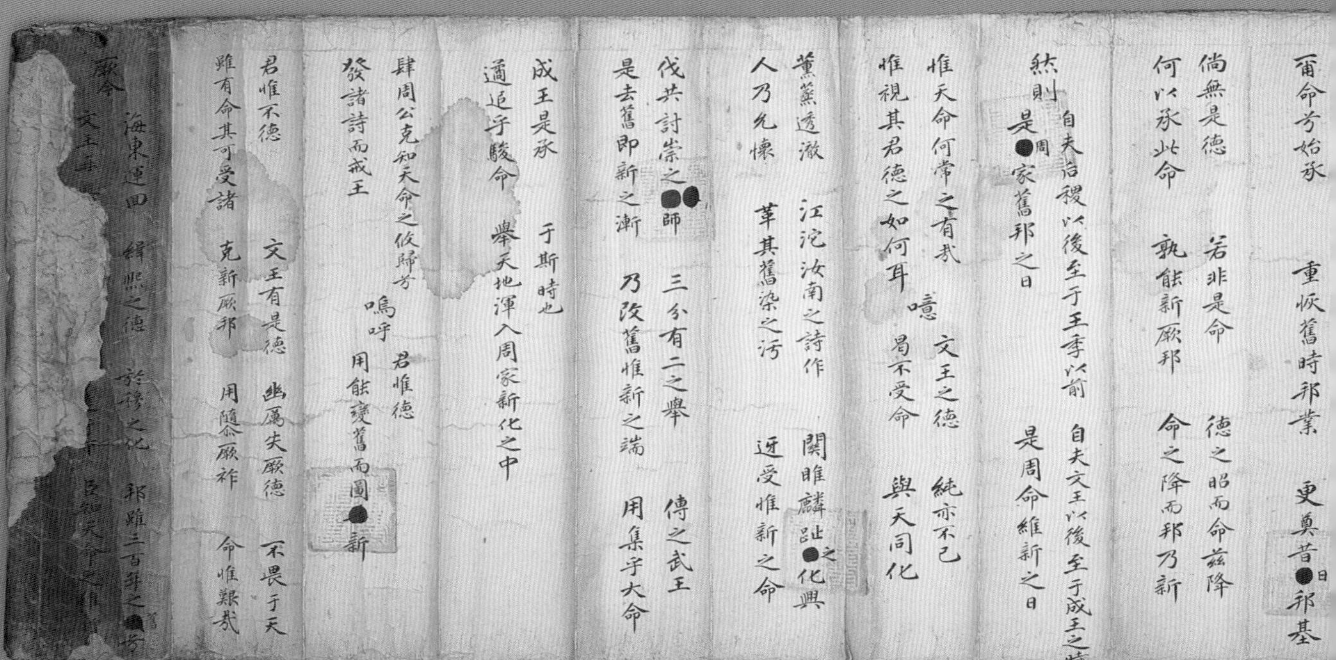

이상정 증광별시 문과시권 李象靖增廣別試文科試券

이상정 | 1735년 | 74.0×288.0 | 기탁: 한산이씨 대산종가

이상정의 문과급제 시권이다. 과제는 유신維新에 대한 것으로, 부賦를 지어 병과 28인의 성적으로 급제하였다. 글자를 수정한 곳에 인장을 찍어 확인하였다.

增廣別試文科丙科第二十八人望

周雖舊邦其命維新 賦 三之二十八

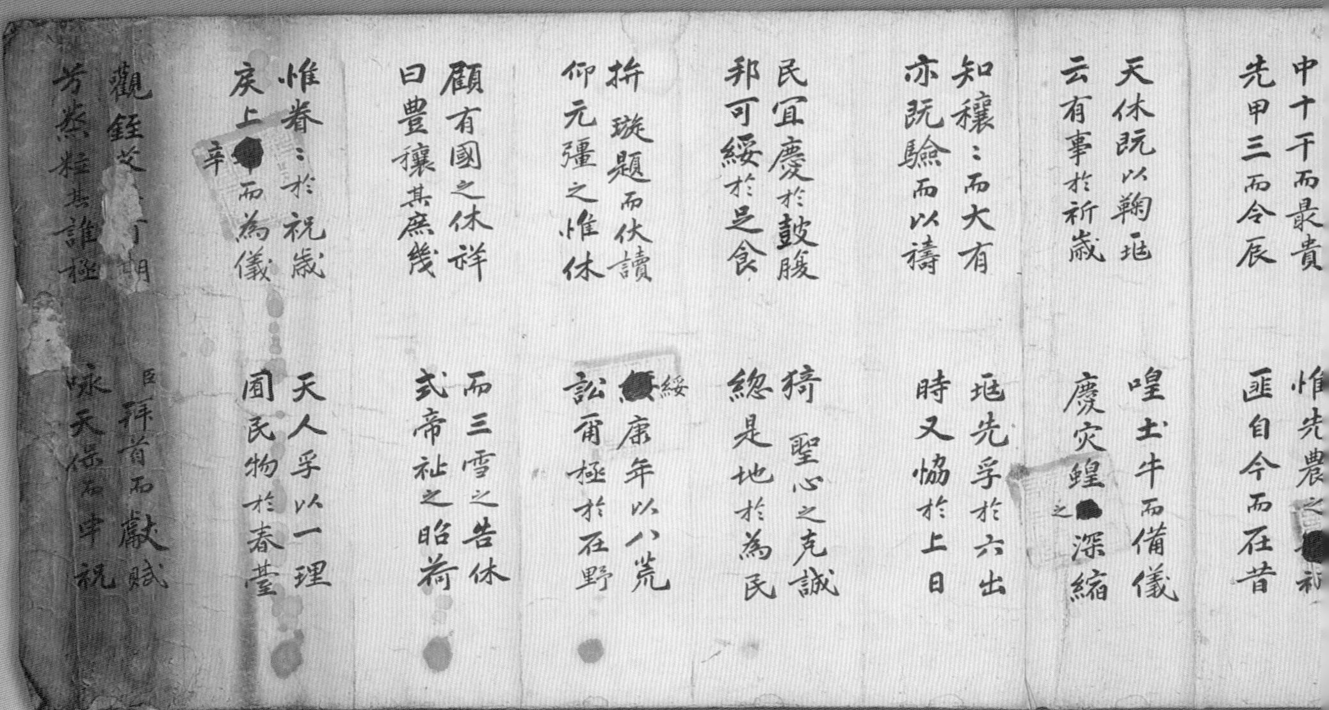

이완 증광별시 문과시권 李埦增廣別試文科試券

이완 | 1774년 | 65.0×250.0 | 기탁 : 한산이씨 대산종가

간암 이완(1740~1789)의 문과급제 시권이다. '납삼험풍 상신기년臘三驗豊上辛祈年'의 주제로 부賦를 지어 병과 17인의 성적으로 급제하였다.

增廣別試文科丙科第十七人望
臘三驗豐上辛祈年賦

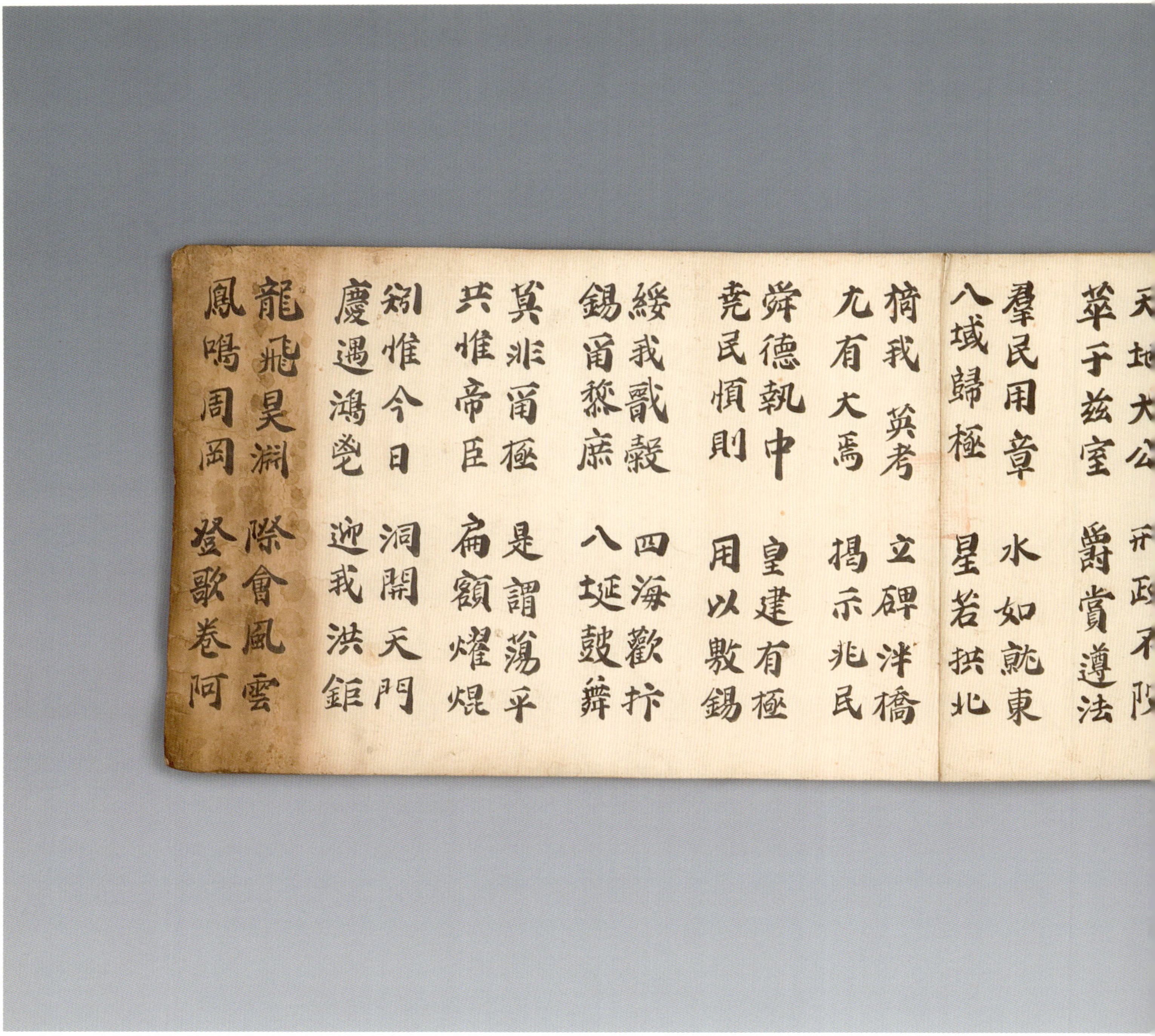

이돈우 경과별시 시권 李敦禹慶科別試試券

이돈우 | 1849년 | 61.0×231.0 | 기탁 : 한산이씨 대산종가

이돈우의 경과별시 시권이다. 철종의 즉위를 기념하여 개설된 1849년 과거에서 『홍범』의 '황극탕평皇極蕩平'을 주제로 명銘을 써서 병과 21인의 성적으로 추천되었다.

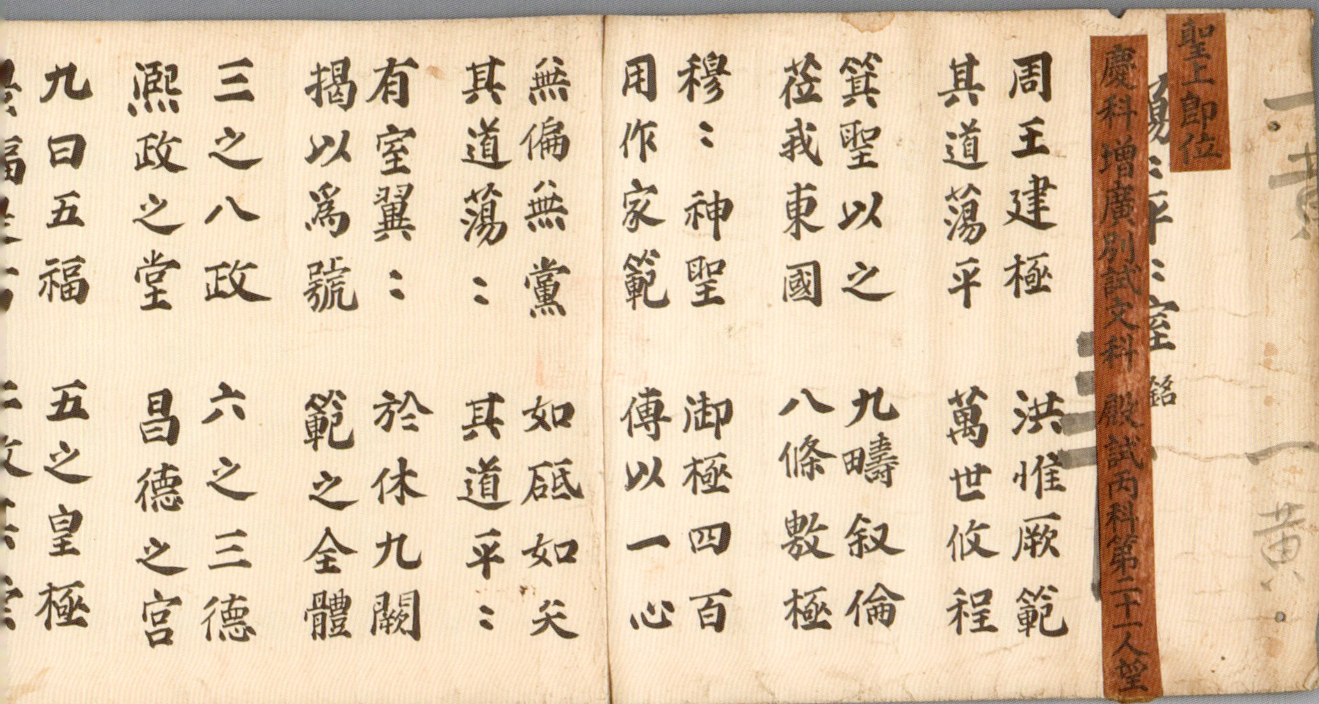
聖上卽位
慶科增廣別試文科殿試丙科第二十一人望

周王建極 洪惟厥範
其道蕩平 萬世攸程
箕聖以之 九疇叙倫
莅我東國 八條敷極
穆穆神聖 御極四百
用作家範 傳以一心
無偏無黨 如砥如矢
其道蕩蕩 其道平平
有室翼翼 於休九闕
揭以爲號 範之全體
三之八政 六之三德
煕政之堂 昌德之宮
九曰五福 五之皇極

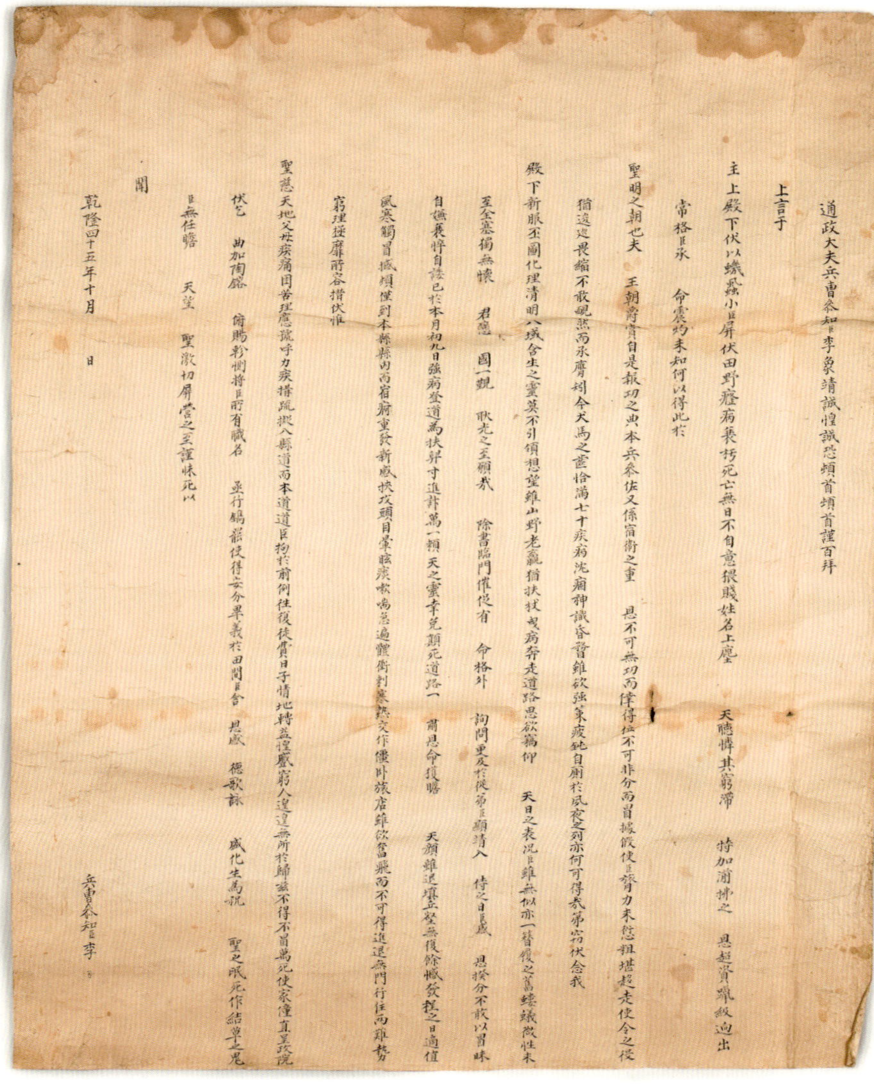

이상정 병조참지 사직상소 李象靖兵曹參知辭職上疏

이상정 | 1780년 | 105.5×84.0 | 기탁 : 한산이씨 대산종가

이상정이 병조참지에 제수되자, 늙고 병들어 그 직임을 감당할 수 없다고 사직을 청하는 상소이다. 사은숙배謝恩肅拜를 위하여 서울로 올라가려 하였으나 중간에 병이 들어 더 이상 가지 못하므로, 그 직책을 면제해달라고 적고 있다.

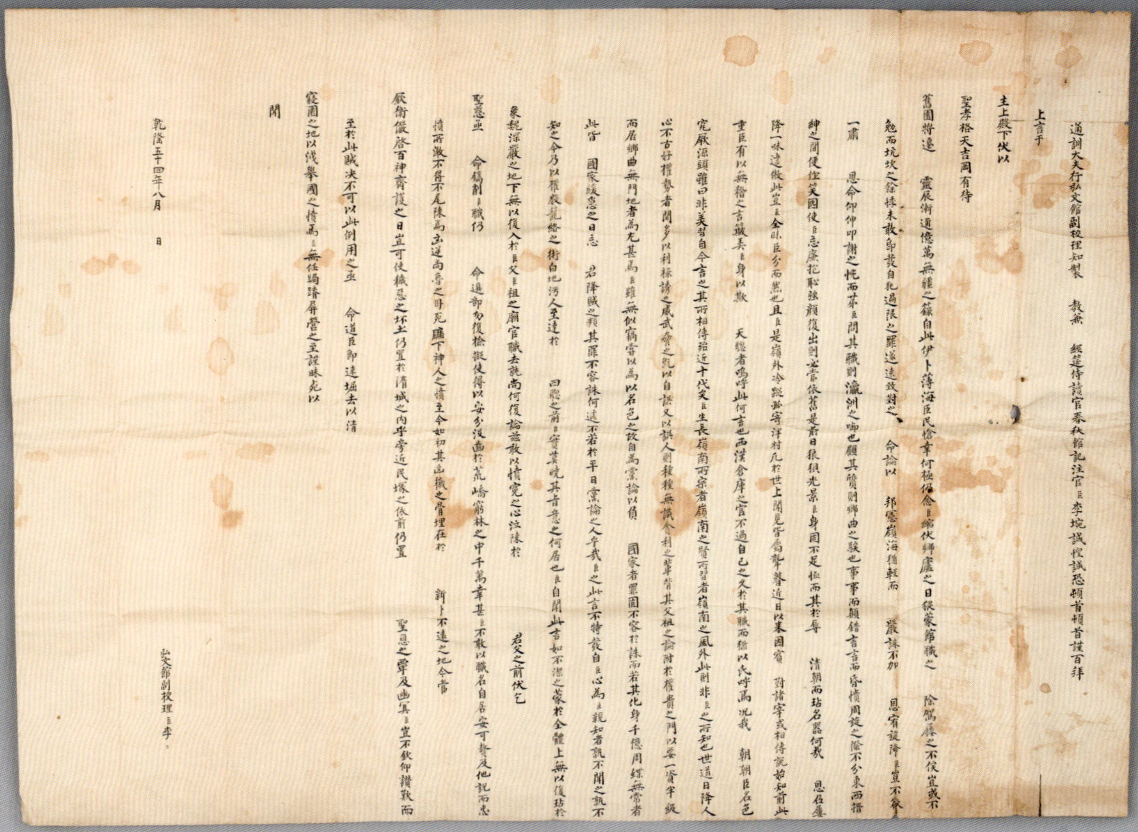

이완 홍문관 부교리 사직상소 李垸弘文館副校理辭職上疏

이완 | 1789년 | 95.0×128.0 | 기탁 : 한산이씨 대산종가

이완이 홍문관 부교리를 사직하면서 올린 상소이다. 자신의 능력으로는 감당하기 힘든 직책이라고 사양하면서, 당론을 주장하여 임금을 기만하는 인물이라는 비방에 대하여 해명하는 내용이다.

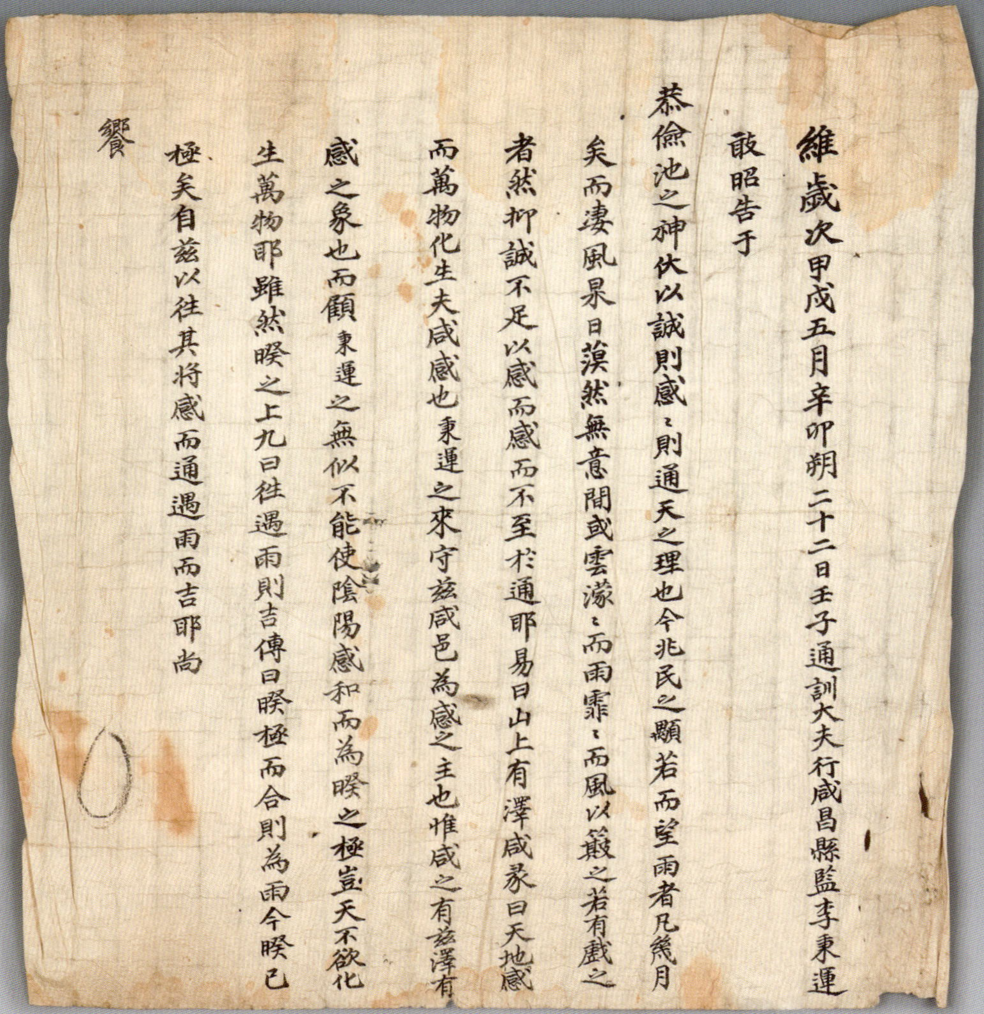

함창현감 이병운 기우제 제문 咸昌縣監李秉運祈雨祭祭文

함창현감 이병운/ 공검지 신 恭儉池神 | 1814년 | 47.0×45.0 | 기탁 : 한산이씨 대산종가

함창현감 이병운이 지은 기우제 제문이다. 몇 달 동안 비가 오지 않아 백성들의 삶이 어려우니 비를 내려달라는 내용이다. 공검지恭儉池는 상주시 함창읍에 있는 공갈못이다.

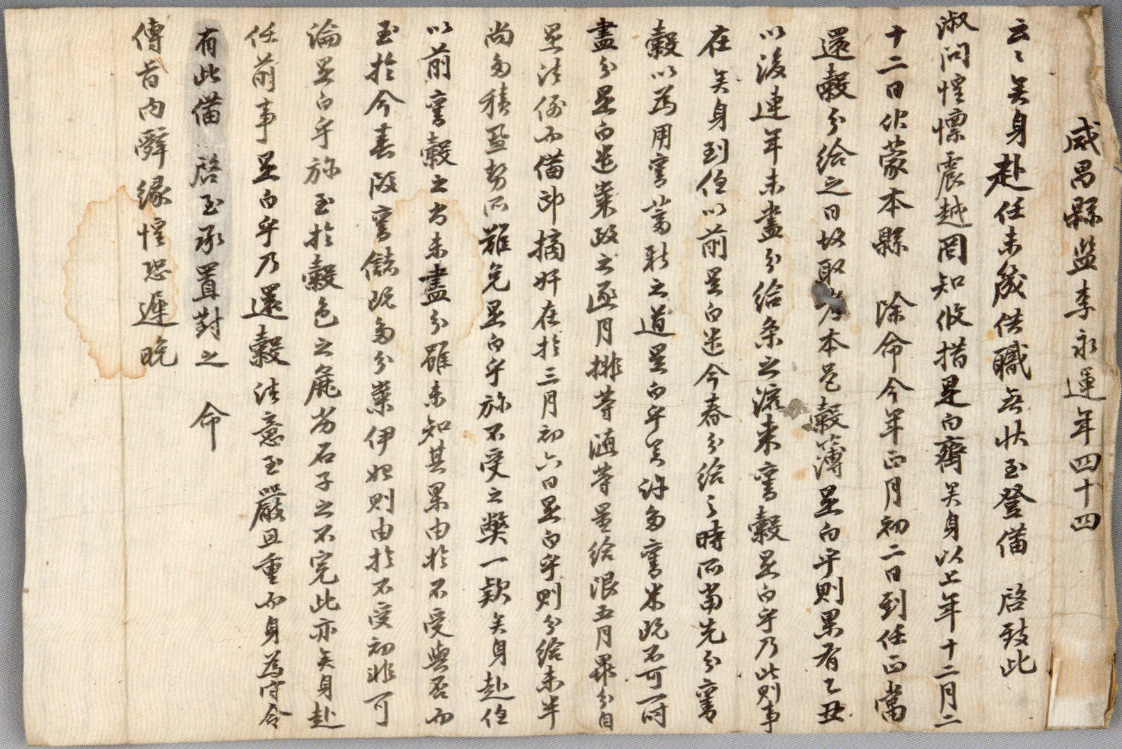

함창현감 이영운 지만 咸昌縣監李永運遲晩

함창현감 이영운 | 1809년 | 32.4×47.8 | 기탁 : 한산이씨 대산종가

함창현감 이영운이 올린 문서로 자신이 부임하기 이전의 환곡에 대하여 보고하고 그 처리방안을 묻는 내용이다. 이영운은 이병운의 개명改名 전 이름이다.

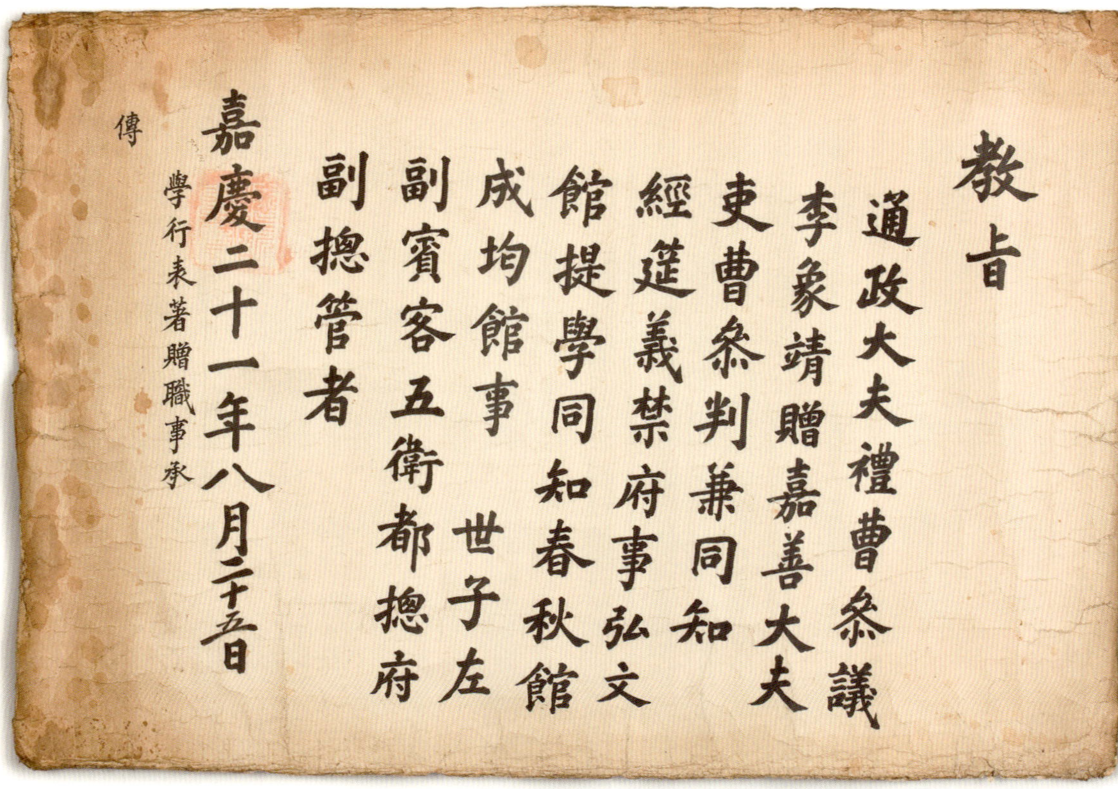

教旨
通政大夫禮曹參議
李象靖贈嘉善大夫
吏曹參判兼同知
經筵義禁府事弘文
館提學同知春秋館
成均館事 世子左
副賓客五衛都摠府
副摠管者
嘉慶二十一年八月二十五日
學行表著贈職事承
傳

이상정 이조참판 증직교지 李象靖吏曹參判贈職敎旨

이상정 | 1816년 | 78.0×111.0 | 기탁 : 한산이씨 대산종가

이상정의 이조참판 증직교지이다. 학행學行이 현저하여 왕명으로 증직되었음을 표시한 주기가 있다.

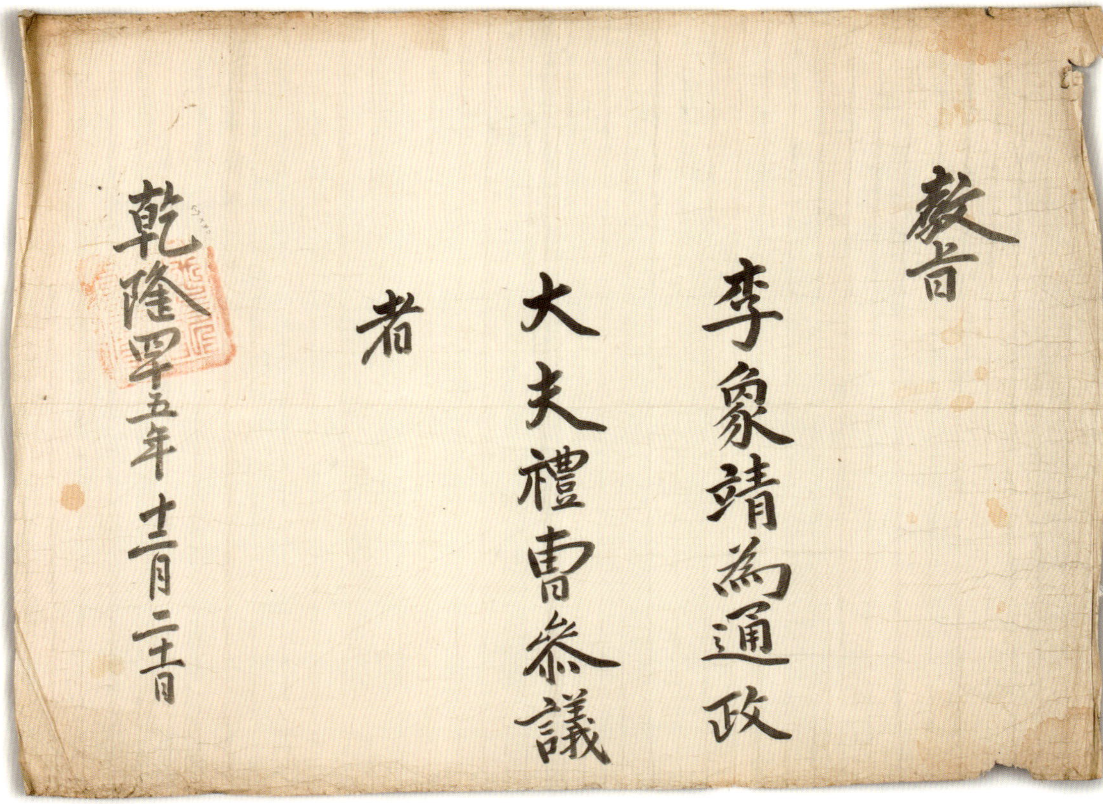
敎旨

李象靖爲通政

大夫禮曹參議

者

乾隆四十五年十二月二十日

이상정 예조참의 교지 李象靖禮曹參議敎旨

이상정 | 1777년 | 59.0×80.5 | 기탁 : 한산이씨 대산종가

이상정을 통정대부 예조참의에 임명한다는 내용이다. 예조참의는 이상정이 실직으로 받은 마지막 관직이다.

敎旨

李敦禹爲嘉善

大夫吏曹參判

者

光緒八年八月 日

除授事承

傳

이돈우 이조참판 교지 李敦禹吏曹參判敎旨

이돈우 | 1882년 | 58.0×80.0 | 기탁 : 한산이씨 대산종가

이돈우(1807~1884)를 가선대부 이조참판에 임명한다는 내용이다. 이돈우는 1850년 증광시 병과로 문과에 급제하여 승문원 정자 · 전적 · 교리 · 형조참의 · 이조참판을 역임하였다.

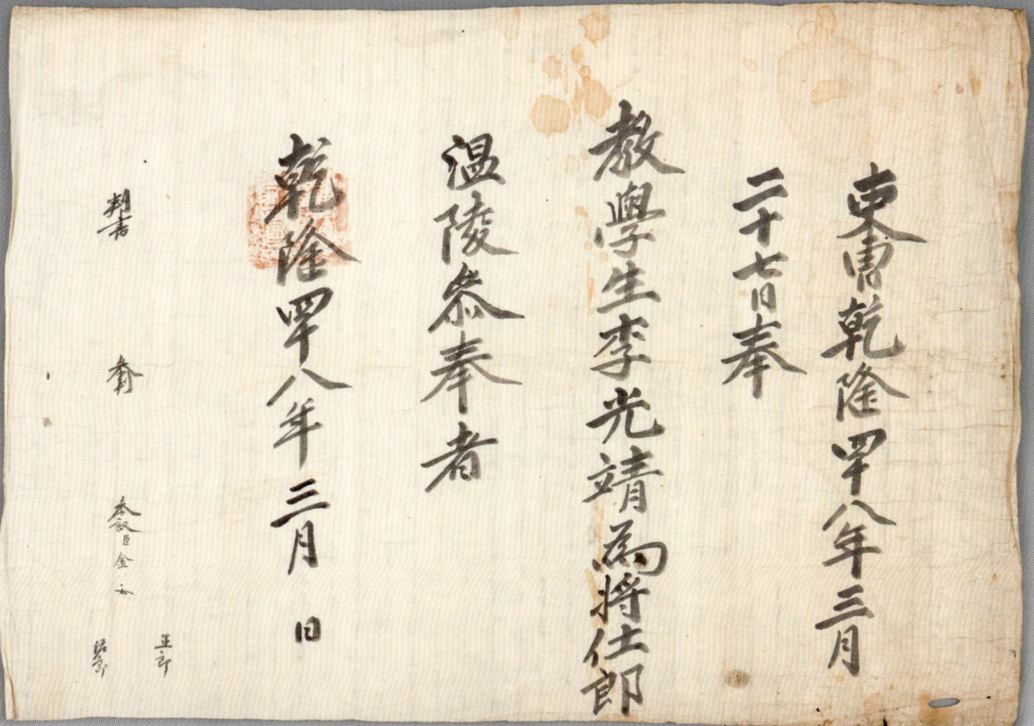
吏曹乾隆四十八年三月
二十七日奉
敎學生李光靖爲將仕郞
溫陵參奉者
乾隆四十八年三月 日

이광정 온릉참봉 교지 李光靖溫陵參奉敎旨

이광정 | 1783년 | 58.0×81.0 | 기탁 : 한산이씨 소산종가

이광정을 온릉참봉에 임명한다는 내용이다. 이광정은 과거를 치르지 않았으나 음서로 관직에 진출하였다.

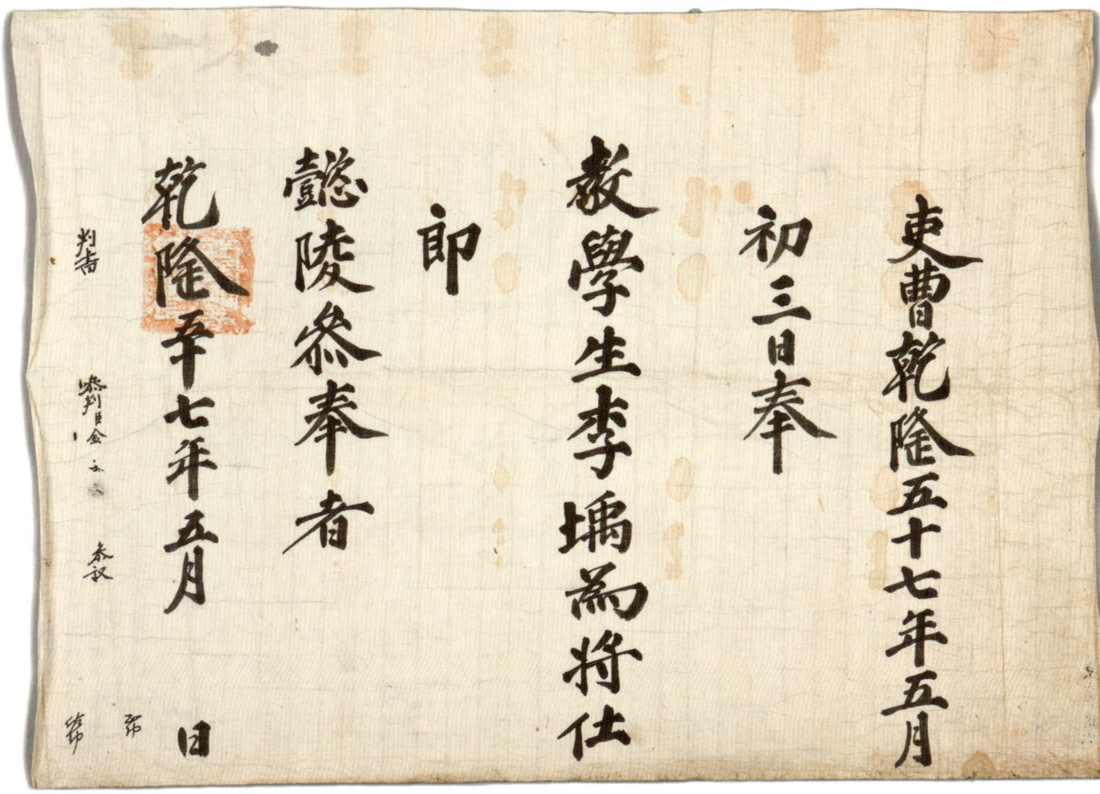

吏曹乾隆五十七年五月
初三日奉
敎學生李㙔爲將仕
郞
懿陵參奉者
乾隆五十七年五月 日

이우 의릉참봉 교지 李㙔懿陵參奉敎旨

이우 | 1792년 | 56.5×76.7 | 기탁 : 한산이씨 소산종가

면암俛庵 이우李㙔(1739~1810)를 의릉참봉에 임명한다는 내용이다. 이우는 1792년 임자 영남만인소의 소수로 사도세자의 복권을 주장하였다. 당시 정조는 이우를 특별히 참봉에 임명하는 조치를 취하였다. 이 교지는 바로 그때의 것이다.

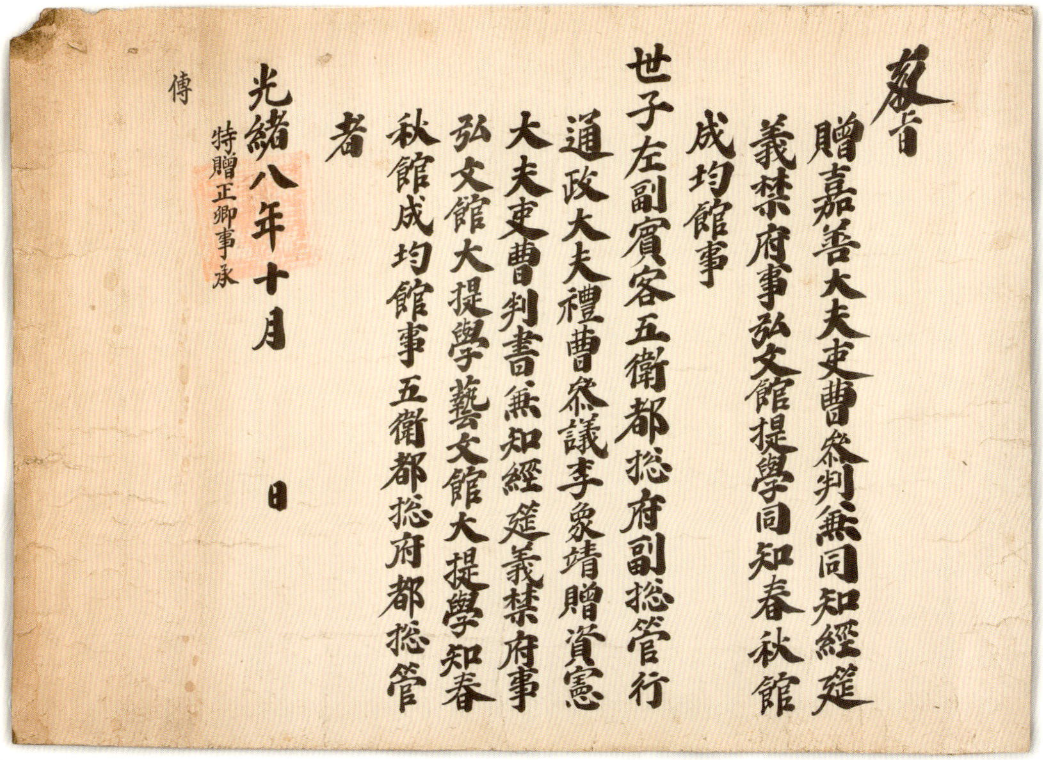

敎旨
贈嘉善大夫吏曹參判兼同知經筵
義禁府事弘文館提學同知春秋館
成均館事
世子左副賓客五衛都摠府副摠管行
通政大夫禮曹參議李象靖贈資憲
大夫吏曹判書兼知經筵義禁府事
弘文館大提學藝文館大提學知春
秋館成均館事五衛都摠府都摠管
者
光緖八年十月　日
特贈正卿事承
傳

이상정 이조판서 증직 교지 李象靖吏曹判書贈職敎旨

이상정 | 1882년 | 66.0×89.0 | 기탁 : 한산이씨 대산종가

대산 이상정(1711~1781)의 증직 교지이다. 대산이 서거한 지 100년 후인 1882년 이조판서에 증직되었다.

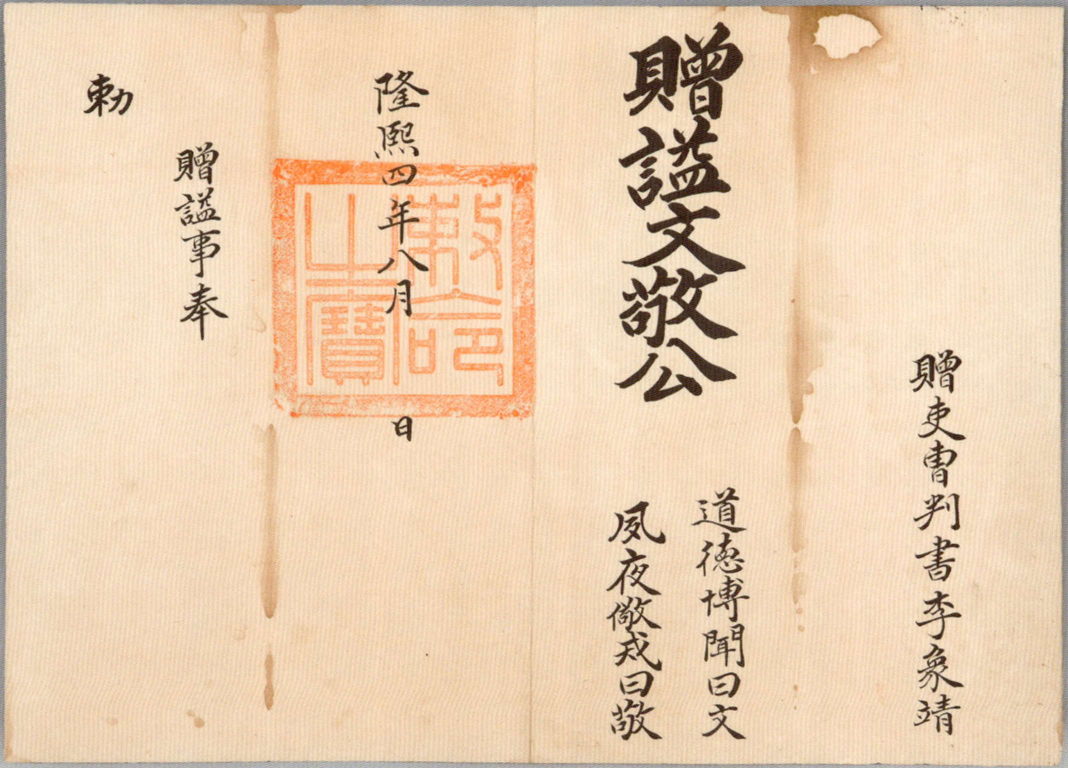

贈吏曹判書李象靖
贈諡文敬公
道德博聞曰文
夙夜儆戒曰敬
隆熙四年八月 日
贈諡事奉
勅

이상정 문경공 증시 교지 李象靖文敬公贈諡敎旨

융희황제/이상정 | 1910년 | 32.7×44.0 | 기탁 : 한산이씨 대산종가

이상정의 시호 교지이다. 도덕이 높고 지식이 많은 것을 문文이라 하였으며, 밤낮으로 공경하여 경계함을 경敬이라 하였다. 연호 위에 칙명지보를 찍었다.

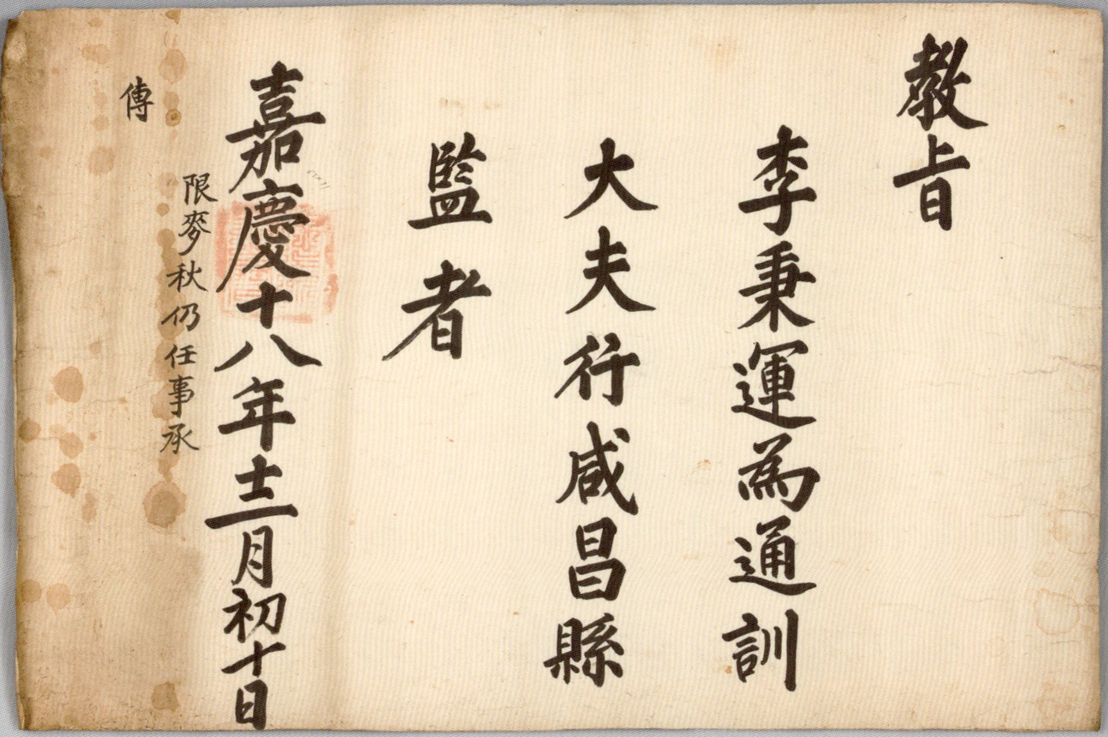

教旨
李秉運爲通訓
大夫行咸昌縣
監者
嘉慶十八年十二月初十日
限麥秋仍任事承傳

이병운 함창현감 교지 李秉運咸昌縣監敎旨

이병운 | 1813년 | 62.5×91.5 | 기탁 : 한산이씨 대산종가

이병운을 함창현감에 임명한다는 내용이다. 보리가 익는 가을까지 계속 근무하라는 단서가 붙어 있다.

선비는 학문과 덕망을 갖춘 사람에 대한 호칭으로 특히 유교이념을 구현하는 사람을 지칭하는 말이다. 선비는 관직을 목적으로 추구하는 것이 아니라 도道를 실행하기 위한 수단으로 보았다. 그러므로 공자의 제자 자장은 '선비가 위태로움을 당하여는 목숨을 바치고, 이익을 얻게 될 때는 의로움을 생각한다'고 하였으며, 증자도 '선비는 마음이 넓고 뜻이 굳세어야 한다'고 하여 선비가 되는 것은 세습적인 신분보다는 마음가짐과 행동임을 강조하였다. 그러므로 인격적으로는 유교의 이상적 인격체인 군자君子와 동일시되는 존재였다. 따라서 선비는 집에 있거나 밖에서 활동하거나 항상 유교적 도덕규범을 실천하고 대중을 교화하는 사회적 책임을 지고 있었다. 즉 선비는 유교사회의 지도자로서의 성격을 가지고 있었다.

조선시대에 들어와 유교적 이념을 통치원리로 삼으면서 선비들은 유교이념을 담당하는 존재로 추앙되었으며, 고려말 절의를 지킨 인물인 이색 · 정몽주 · 길재 등을 삼은三隱으로 존경하면서 선비의식을 강화하였다. 선비가 관직에 나가는 것은 자신의 덕을 사회 속에서 실현하기 위함이었고, 만약 바른 도리가 실현될 가능성이 없거나 직책이 도리에 합당하지 않다고 판단되면 물러날 수 있어야 한다. 즉 선비는 나아가기를 어려워하고 물러나기를 쉽게 생각하여야 했다. 그리고 벼슬길에 나아가지 않으면, 자연 속에서 학문과 도리를 연마하고 후진을 가르치며 벗과 도의를 서로 권하여야 했다. 학문에 깊은 조예를 이루어 후학들을 많이 가르치고 바른 도리를 제시할 수 있으면 선생先生으로 존경받았다.

조선후기에 선비의 전형적인 모습을 보여준 인물이 대산 이상정이라고 할 수 있다. 이상정은 1735년(영조11) 과거에 급제하여 관직에 나아갔지만, 벼슬길에 연연하기 보다는 고향인 안동에서 학문에 힘쓰며 제자들을 양성하였다. 이상정의 후학들이 이상정을 대산 선생으로 높였던 것은 이상정의 삶의 태도를 따라 배우고자 하였기 때문이었다.

이상정은 죽음에 임하여서도 천리天理에 순응하여 죽음을 담담히 받아들이는 모습을 보였으며, 병이 들어서도 제자들을 대상으로 학문을 전수하였고, 죽는 순간까지 아우인 이광정으로 하여금 찾아오는 제자들의 교육에 관심을 기울여 후학 양성에 힘써주기를 당부하였다.

제3장

선비의 자세와 죽음에 임하는 태도

유연대

하석 荷石

예서 | 45.5×73.0 | 기탁 : 한산이씨 대산종가

대산종가에 소장된 편액으로 하석荷石은 '연꽃과 바위'를 뜻한다. 연꽃은 송대의 주돈이가 「애련설」을 지어 찬미한 이래로 군자를 상징하였으며, 바위는 변치 않는 지조와 절개를 의미한다.

만수재 晩修齋

예서 | 25.0×64.0 | 기탁 : 한산이씨 대산종가

대산 이상정의 서재 편액으로 '만년에 학문에 종사한다'는 뜻이다. 소식蘇軾의 시에서 취하여 '만수晩修'라는 호로도 사용하였다.

폐려 弊廬

전서 | 60.0×29.0 | 기탁 : 한산이씨 대산종가

대산종가에 게시되어 있던 당호 편액이다. '폐려弊廬'는 누추한 집이라는 의미로 자신의 거처를 낮춰 부르는 말이지만 소담하면서도 운치가 깃든 말이라고 하겠다. 뒷면에는 소암 이병원이 쓴 기문이 있는데, 이병원이 기문을 쓴 것은 1819년이다.

廬舊在稍北正寢之西茅廬一間先王考存
養四十年蕭然風雨之蔽也晩年四方來者益衆戶外屨無進止處癸巳
年間先人南其址而擴其制堂室各二架後爲夾者各半架王考題其室曰晩修
(東坡詩下士晩聞道聊以拙自修)堂曰素隱(朱子曰素空也無德而隱無位而隱謂素隱)夾之堂曰
松桂(招隱操中語)室
曰藏書晩修齋者王考燕養之地而藏書閣者先人侍省之所也至今堂廡之間宛
然如復見宴坐申夭之容趨庭詩禮之對也廬年久而圮礎之傾者不可以不正柱之朽
者不可以不易己卯秋謀經始而新之堂室樸而不華榱桷茨而不瓦意在存舊以
昭先人之儉也松桂藏書舊有板王考書先人刻也晩修素隱舊有書
今刻之弊廬今所揭也書其顚末刻之板陰不敢自表見聊以徵久遠
也創屋後四十七年己卯重陽節孫男淸河縣監秉遠謹記

초려草廬는 옛날에 정침正寢의 서쪽에서 조금 북쪽 편에 있었다. 띠집 한 칸이 돌아가신 왕고王考께서 존양存養하시던 곳으로 40년이나 쓸쓸히 비바람을 가려주던 곳이다. 만년에는 사방에서 찾아오는 자들이 더욱 많아지고, 지게문 밖에는 방문자가 진퇴할 곳도 없게 되었다.

계사년(癸巳年:1773년)에 선고先考께서 그 남쪽에 터를 닦아 규모를 넓혀 당堂과 실室로 각각 두 칸을 세웠고, 나중에 협실夾室을 각각 반 칸 씩 지었는데, 왕고께서 그 실室에 제액 하시기를 '만수晩修'–동파東坡의 시인 "하사下士가 늘그막에 도를 듣고, 그럭저럭 옹졸하게 스스로 닦는다."라는 말에서 취했다.–라고 하고, 그 당堂을 '소은素隱'–주자朱子가, "소素는 공空이다. 덕이 없으면서 은거隱居하고, 지위가 없으면서 은거隱居하는 것을 일러 '소은素隱'이라 한다"라고 했다.–이라 하고, 옆에 끼고 있는 당堂을 '송계松桂'–「초은조招隱操」 중의 말–라 하고, 실室을 '장서藏書'라 했다.

'만수재晩修齋'는 왕고께서 한가하게 수양하시던 곳이고, '장서각藏書閣'은 선고께서 모시고 보살피던 곳이다. 지금도 본채나 곁채에서 조용히 앉아 계시는 화기롭고 온화한 모습을 완연히 다시 보는 것 같고, 시례詩禮를 배우며 과정지훈過庭之訓을 접하는 것 같다. 초려가 오래되어 주춧돌이 무너지고 기울어진 것은 바로 세우지 않을 수 없고, 노후한 기둥은 교체하지 않을 수 없었다.

기묘년(己卯年:1819년) 가을에 일을 시작하여 신축했다. 당실堂室은 소박하여 화려하지 않게 하고, 최각(榱桷:서까래)은 띠로 덮고 기와를 얹지 않았는데, 그 뜻이 옛날 모습을 보존하여 선고의 검소함을 밝히고자 함이다. '송계'와 '장서'는 옛날에 현판이 있었는데, 왕고께서 쓰신 것을 선고가 판각한 것이었다. '만수'와 '소은'은 옛날에 쓴 글이 있어서 이제 새겨 지금 폐려弊廬에 걸어 놓은 것이다. 그 전말을 써서 목판에다 음각하였다. 감히 스스로 겉으로 드러낼 수 없지만, 우선 훗날에 증거 하고자 한다.

창건 후 47년 기묘년(己卯年:1819년) 중양절重陽節에 손孫 청하현감淸河縣監 병원秉遠이 삼가 기록한다.

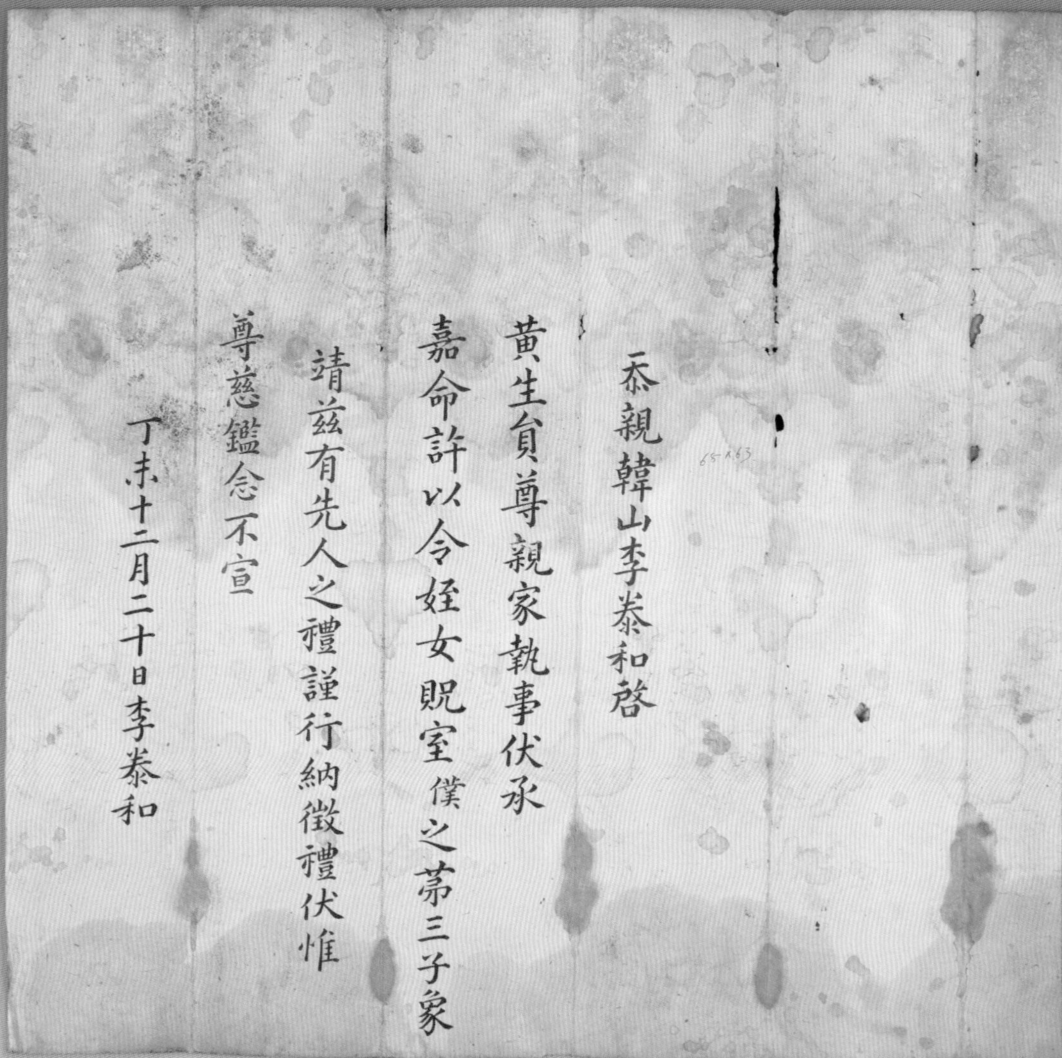

忝親韓山李泰和啓
黃生員尊親家執事伏承
嘉命許以令姪女貺室僕之苐三子象
靖茲有先人之禮謹行納徵禮伏惟
尊慈鑑念不宣
丁未十二月二十日李泰和

혼서 婚書

이태화/황생원 | 1727년 | 65.0×63.0 | 기탁 : 한산이씨 대산종가

이상정의 혼인 때 아버지인 이태화가 보낸 혼서이다. 부인 황씨는 장수황씨로 황혼黃混의 딸이다. 이 혼서에 질녀라고 표기된 것으로 보아 장인이었던 황혼은 이미 사망한 다음이었던 것으로 보인다.

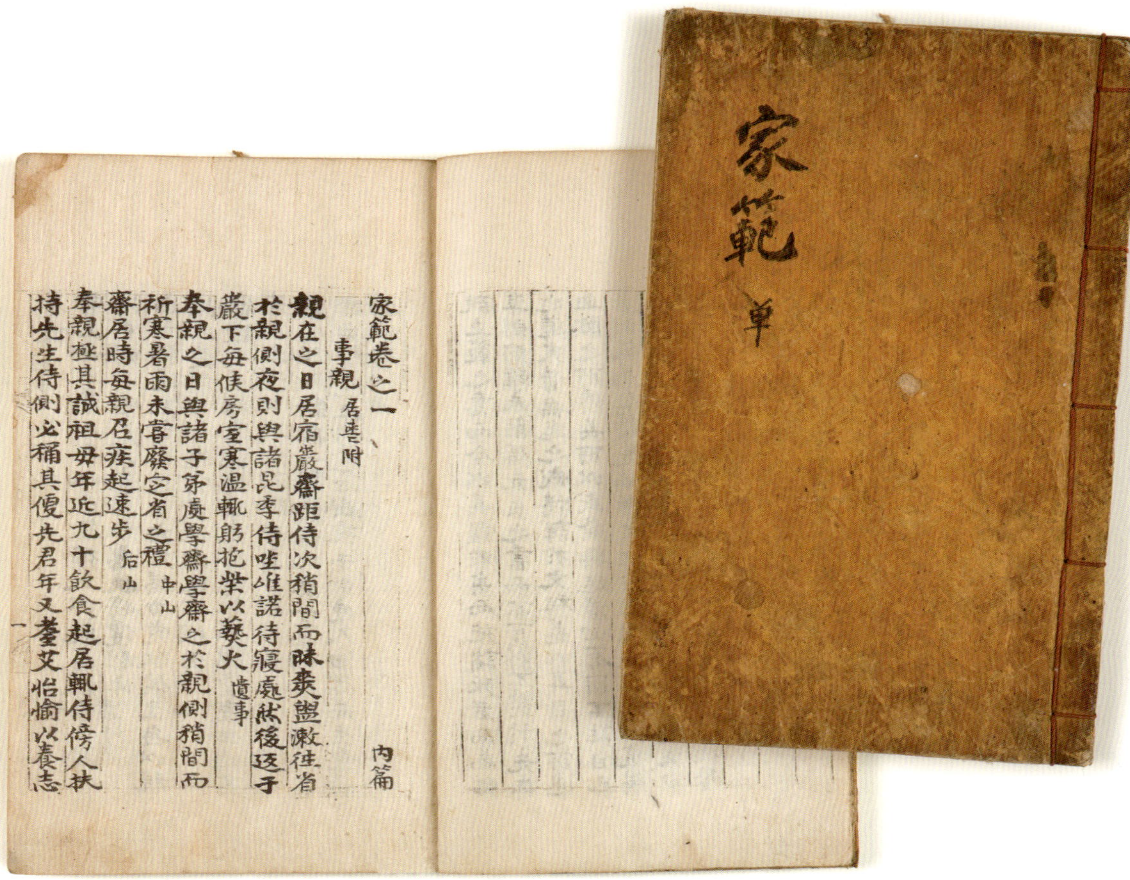

가범 家範

이병원 편 | 2권1책 | 필사본 | 28.8×18.6 | 기탁 : 한산이씨 대산종가

이상정의 일상 언행 및 서한 중에서 일상사에서 지켜야 할 법도와 공부에 임하는 자세에 대한 것을 가려 뽑아 정리한 것이다.

대산역상일기 大山曆上日記

1735~1781년 | 18책 | 필사본 | 34.5×18.0내외 | 기탁 : 한산이씨 대산종가

대산 이상정이 책력 위에 쓴 일기로 25세 때인 1735년부터 세상을 떠나기 이틀 전인 1781년 12월 7일까지 쓴 일기이다. 18년의 일기만 남아 있고, 중간 시기의 것은 대부분 없어졌다.

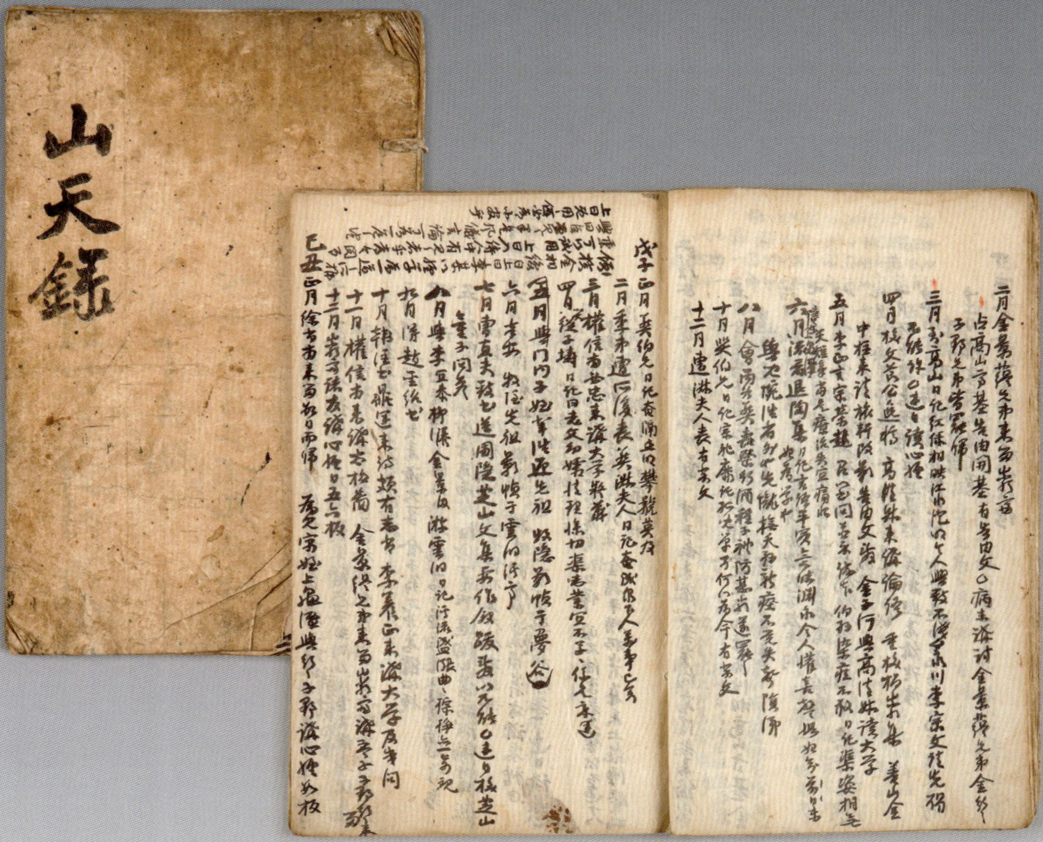

산천록 山天錄

이상정 | 1책 | 필사본 | 26.4×16.5 | 기탁 : 한산이씨 대산종가

이상정의 일기를 초록한 것이다. 이상정의 자필은 아니고 후손들에 의해서 옮겨 적은 것이다. 이상정은 책력 위에 그대로 일기를 썼는데 이 책은 역상일기를 초록한 것이다.

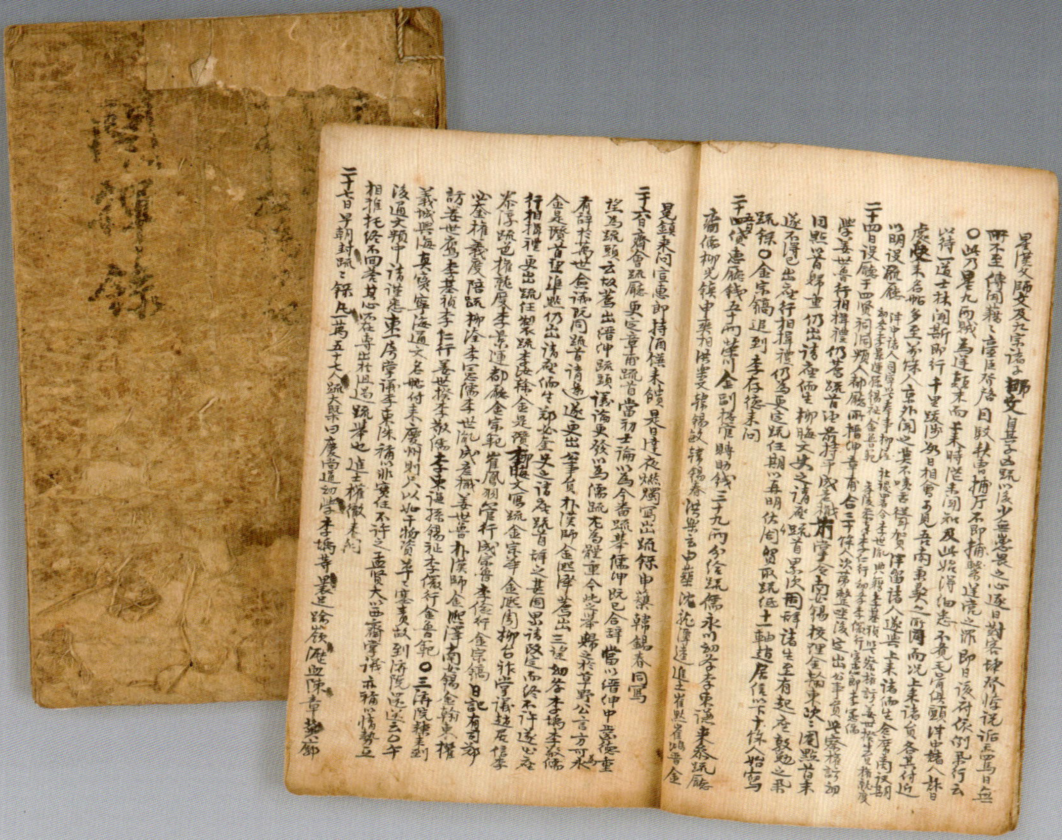

천휘록 闡揮錄

미상 | 1책 | 필사본 | 27.5×17.0 | 기탁 : 풍산류씨 하회마을 화경당(북촌)

1792년 사도세자 신원을 위한 임자 영남만인소 당시의 상소일기이다. 류성한 등이 사도세자의 신원이 부당함을 상소하자 이에 격분한 영남유생들이 상소를 조직하고 상소를 올린 전말을 기록한 것이다. 이우는 이 만인소의 소수疏首로 활동하면서 만인소를 주도했다. 일기는 1792년 3월 초부터 이 상소에 참여한 일행이 해산하는 5월 27일까지를 기록한 것이다.

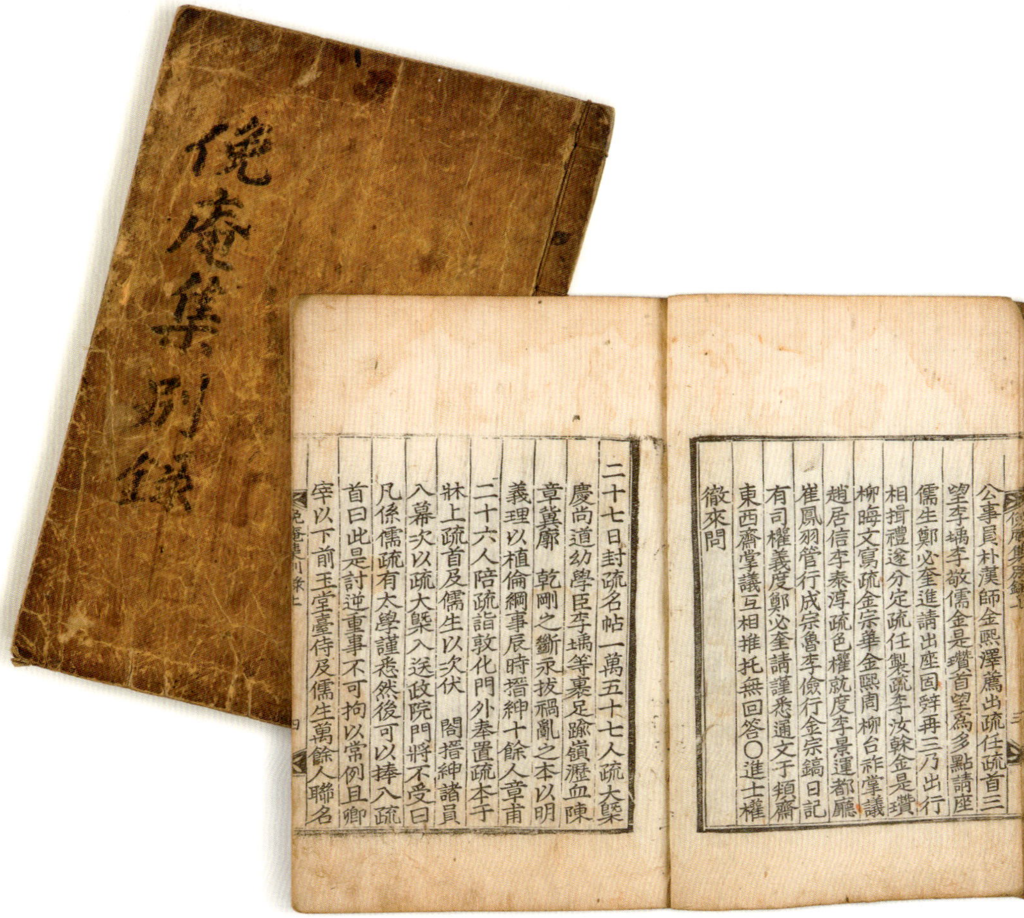

임자소청일록 壬子疏廳日錄

이우 | 32.3×21.0 | 기탁 : 의성김씨 귀미파

영남 최초의 만인소인 임자 영남만인소의 전말을 기록한 일기로, 소수였던 이우의 『면암집』 별책이다. 당시 상소는 사도세자의 죽음이 무고임을 선언하라는 내용으로 영남에서 올려진 최초의 만인소였으며, 이 상소를 계기로 정권에 자신감을 가진 정조는 사도세자의 복권과 화성 경영을 본격적으로 추진하게 된다.

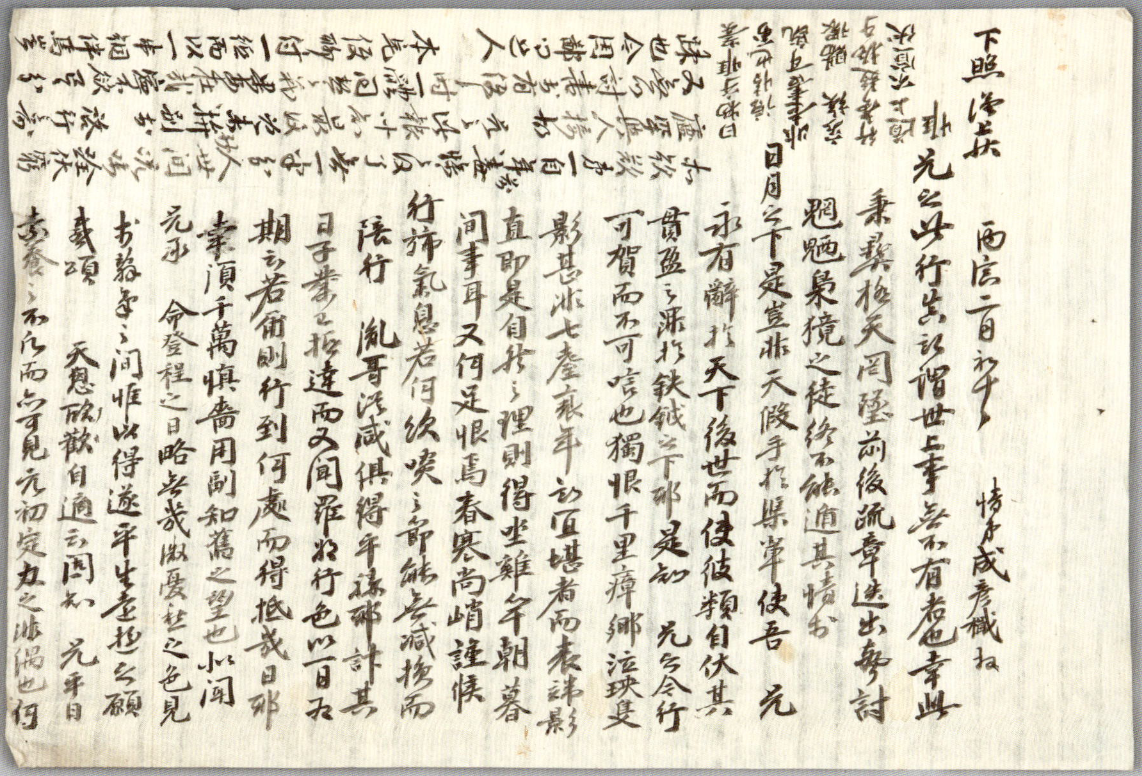

성언집 간찰 成彦檝簡札

성언집/이우 | 1806년 | 34.1×48.7 | 기탁 : 한산이씨 소산종가

성언집成彦檝이 이우에게 보낸 편지로 역적을 토벌하지 못하고 오히려 귀양가게 되었음을 안타까워하면서 건강하게 몸을 잘 보존하고, 돌아오는 길에 만나자는 내용이다. 성언집은 이우와 같이 영남만인소의 소수에 추천되었던 인물이다.

兄之此行眞所謂世上事無不有者也幸此
秉彝極天罔墜前後疏章迭出聲討
魍魎梟獍之徒終不能遁其情於
日月之下是豈非天假手於渠輩使吾兄
永有辭於天下後世而使彼類自伏其
貫盈之罪於鈇鉞之下耶是知兄之今行
可賀而不可唁也獨恨千里瘴鄕泣玦隻
影甚非七耋衰年所宜堪者而表端影
直卽是自然之理則得坐雞竿朝暮
間事耳又何足恨焉春寒尙峭謹候
行旆氣息若何飮啖之節能無減損而
陪行胤哥從咸俱得平勝耶計其
日子業已抵達而又聞羅將行色以一日爲
期云若爾則行到何處而得抵幾日耶
幸須千萬愼嗇用副知舊之望也似聞
兄承命登程之日略無幾微憂愁之色見
於辭氣之間惟以得遂平生遠遊之願
感頌天恩歡欣自適云固知兄平日
素養之不凡而亦可見元初定力之非偶也何
等欽歎弟一自年前毒慘之後了無一半分人世間況味跧伏窮
廬罕與人接故兄之此報聞知最後旣未能拚別於啓行之前
又無以討書於有便之時一體同患之義果安在哉寧不欲區區分
疎也今因鄙鄕送人本宅便聊付一紙而以一串銅伴焉豈
曰物乎惟冀
諒情也萬
非遠書可旣
容竢賜環
行聲趨握于
道上不宣伏
惟
下照謹上狀
丙寅二月初十日 情弟成彦檝拜

형의 이번 행차는 정말 이른바 '세상일이란 없는 것은 없다'는 것입니다. 다행히 타고난 천성을 하늘이 다하도록 실추시키지 않아서, 앞뒤로 소장疏章이 끊임없이 출현하여, 도깨비와 효경梟獍[1]의 무리가 끝내 그 실정을 세상에서 숨길 수 없게 성토하니, 이것이 어찌 하늘이 그들에게서 손을 빌려 우리 형으로 하여금 영원히 천하의 후세에 남도록 하고, 저 무리들이 그들의 하늘 가득한 죄를 도끼 아래에서 자복自伏하게 하는 것이 아니겠습니까. 이로써 형의 이번 행차가 축하를 할지언정 위로하는 것이 아님을 알 수 있을 것입니다. 오직 천리나 먼 장향瘴鄕[2]에 외로운 몸으로 귀양 가는 것이, 70노년의 쇠약한 몸으로 도저히 감당할 수 있는 일이 아니라는 것이 한스러우나, 외모가 단정하면 그림자도 바르니, 곧 이것은 스스로 그러한 이치라서, 문죄를 당하거나 사면을 받는 것도 아침과 저녁 사이일 뿐입니다. 그러니 또한 어찌 한스러워하겠습니까.

봄 날씨가 아직 차가운데, 삼가 행차하시는 기후가 어떻습니까. 드시는 음식은 양이 줄어들지 않으시고, 모시고 가는 아드님과 종조카는 모두 평안합니까. 날짜를 따져보니 벌써 도달하셨을 것 같은데, 또 나장羅將의 행색으로 보아 하루면 될 것 같다고 하던데, 그렇다면 어디쯤 당도하였으며, 목적지에 다다르는 데 며칠이 걸립니까. 바라건대 부디 몸을 삼가고 아껴서 친구의 바람에 부응하시기를 바랍니다.

듣자하니, 형께서 명을 받들어 길을 나서는 날에, 조금도 근심과 슬픈 기색을 형의 말씀에서 찾아볼 수 없고, 오직 평소에 멀리 나들이 가는 소원을 이룩하여, 천은天恩에 감송感頌하고 기뻐하며, 스스로 자적하시는 것 같았다고 하던데, 진실로 형의 평소 소양素養이 범상하지 않음을 알겠고, 또한 애초에 형의 정력定力[3]이 우연이 아니라는 것을 알겠습니다. 얼마나 흠모하고 감탄할 일입니까. 저는 몇 해 전에 독한 참화를 당한 뒤부터, 줄곧 반 푼어치 일지라도 이 세상에서 사는 재미라고는 조금도 없어서, 궁박한 오두막에 엎드려 사람들과 접촉을 거의 하지 않고 있습니다. 그러므로 형의 이 소식은 가장 나중에 들어 알게 되었고, 길을 나서기 전에 부여잡고 전별을 못했을 뿐만 아니라, 인편이 있을 때는 글로 토론하지도 못하였으니, 한 몸처럼 함께 걱정하는 뜻이 과연 어디에 있다고 하겠습니까. 차라리 구구한 변명을 하고 싶지 않습니다.

지금 저의 고을에서 본댁에 보내는 사람에게 우선 편지 한 통과 엽전 한 꿰미를 함께 부칩니다. 어찌 물건이라 하겠습니까마는 단지 저의 정을 헤아려 주시기를 바랄 뿐입니다. 나머지 사연은 멀리서 보내는 편지로는 다 쓸 수 없습니다. 사면을 받아 돌아오는 소식을 기다려 길가로 달려 나가 손을 잡을 수 있도록 해 주시겠습니까? 다 펴지 못합니다. 살펴 주시기 바랍니다. 삼가 글을 올립니다.

병인丙寅 2월 10일에 정제情弟 성언집成彦檝이 절합니다.

1) 효경(梟獍) : 효梟는 어미새를 잡아먹는 올빼미이고, 경獍은 아비를 잡아먹는 짐승으로, 배은망덕하고 흉악한 인물의 비유로 쓰인다.
2) 장향(瘴鄕) : 땅이 축축하고 습기가 있어서 풍토병이 있는 시골로 유배지를 뜻한다.
3) 정력(定力) : 어지러운 생각을 없애고 마음을 한곳에만 쏟는 힘을 말한다.

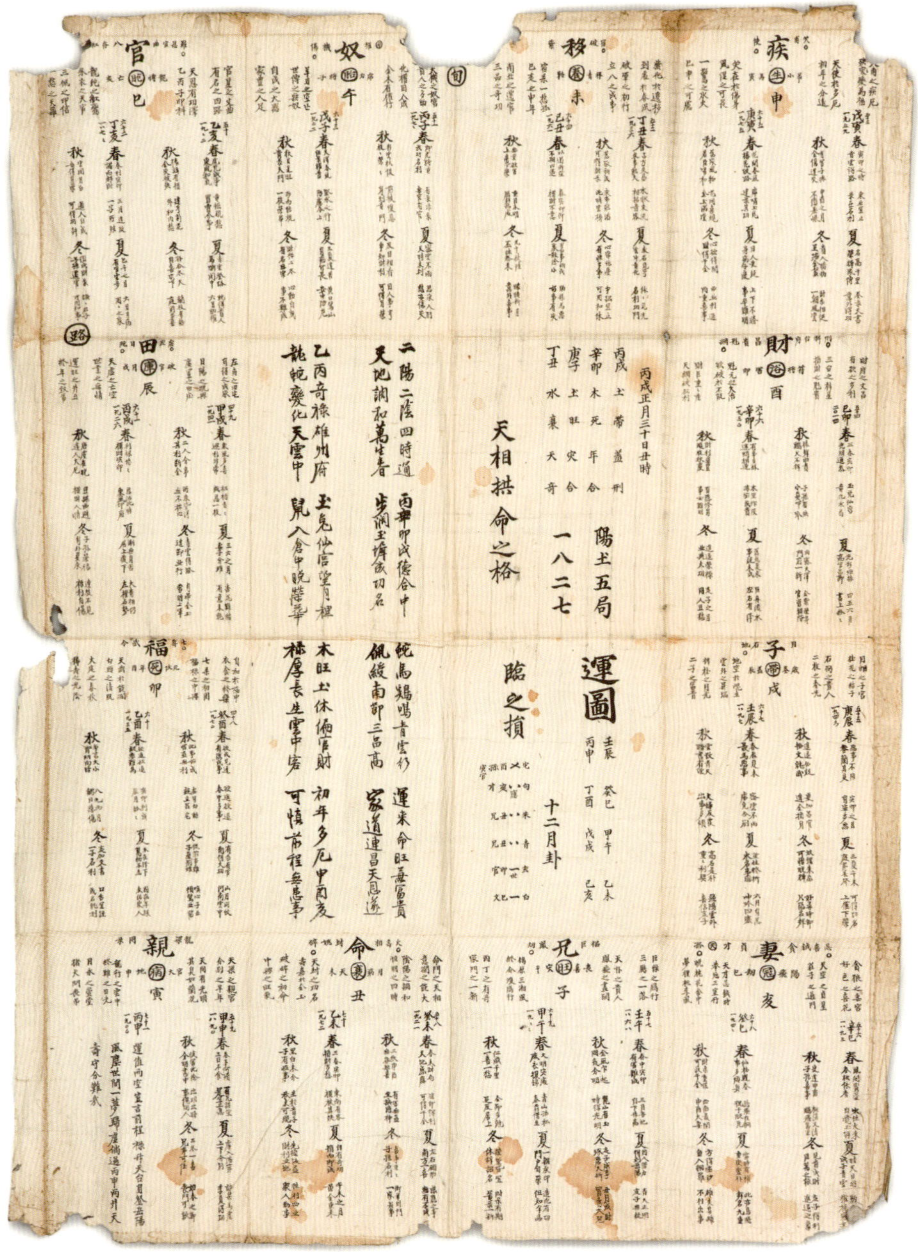

이병운 운도 李秉運運圖

미상 | 111.0×78.6 | 기탁 : 한산이씨 대산종가

한 인물의 사주를 적고 풀이한 내용이다. 사주의 전체 격국格局을 천상공명지격天相拱命之格으로 풀이하였고, 평생운을 풀이하였다. 이 사주의 주인공은 면재 이병운(1766~1841)이다.

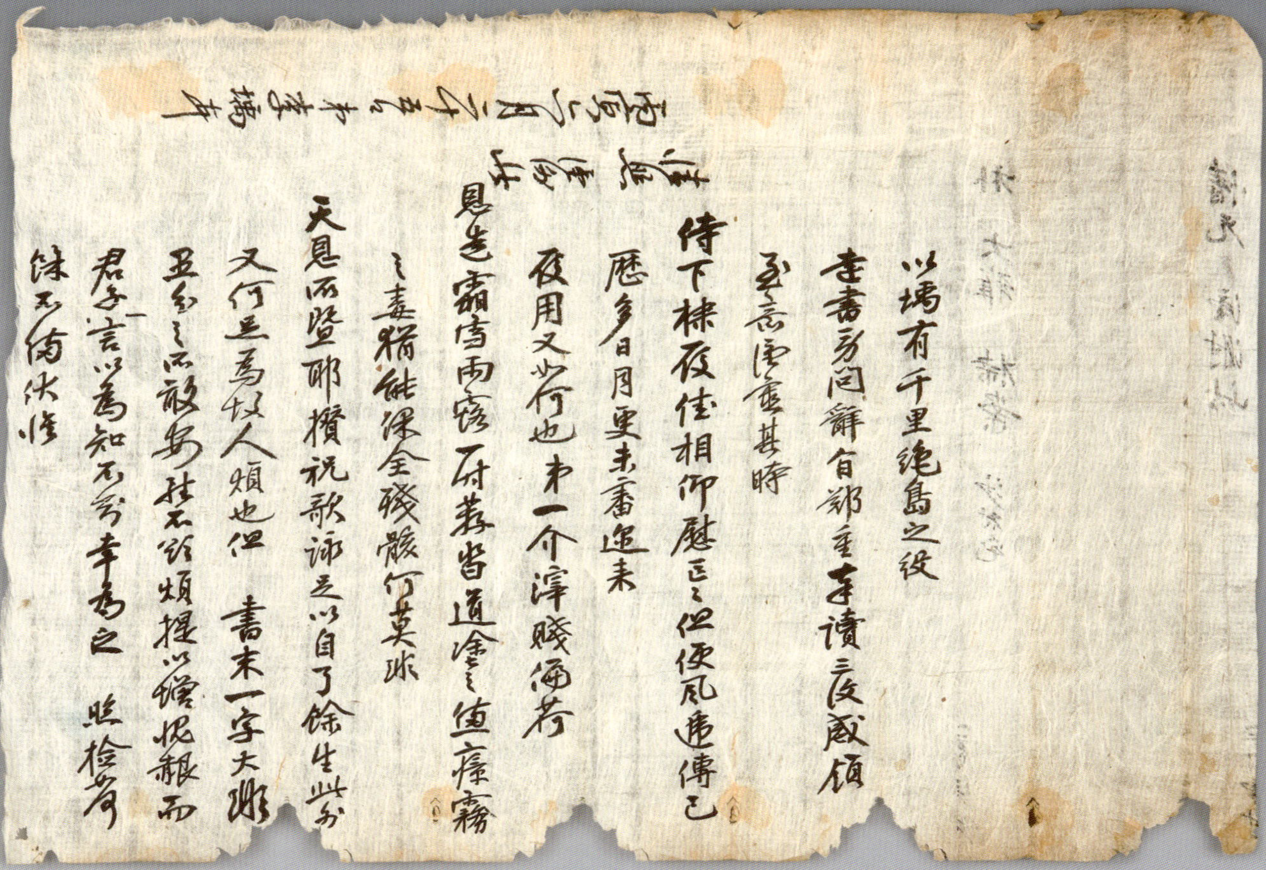

이우 간찰 李瑀簡札

이우/박 대아 | 1806년 6월 | 32.5×46.1 | 기탁 : 한산이씨 소산종가

고금도에 귀양 갔다가 돌아온 이우가 보낸 편지로 다행히 천은을 입어 귀양에서 풀려나오게 되었다고 하며, 또한 보내준 편지에 감사함을 전하고 있다.

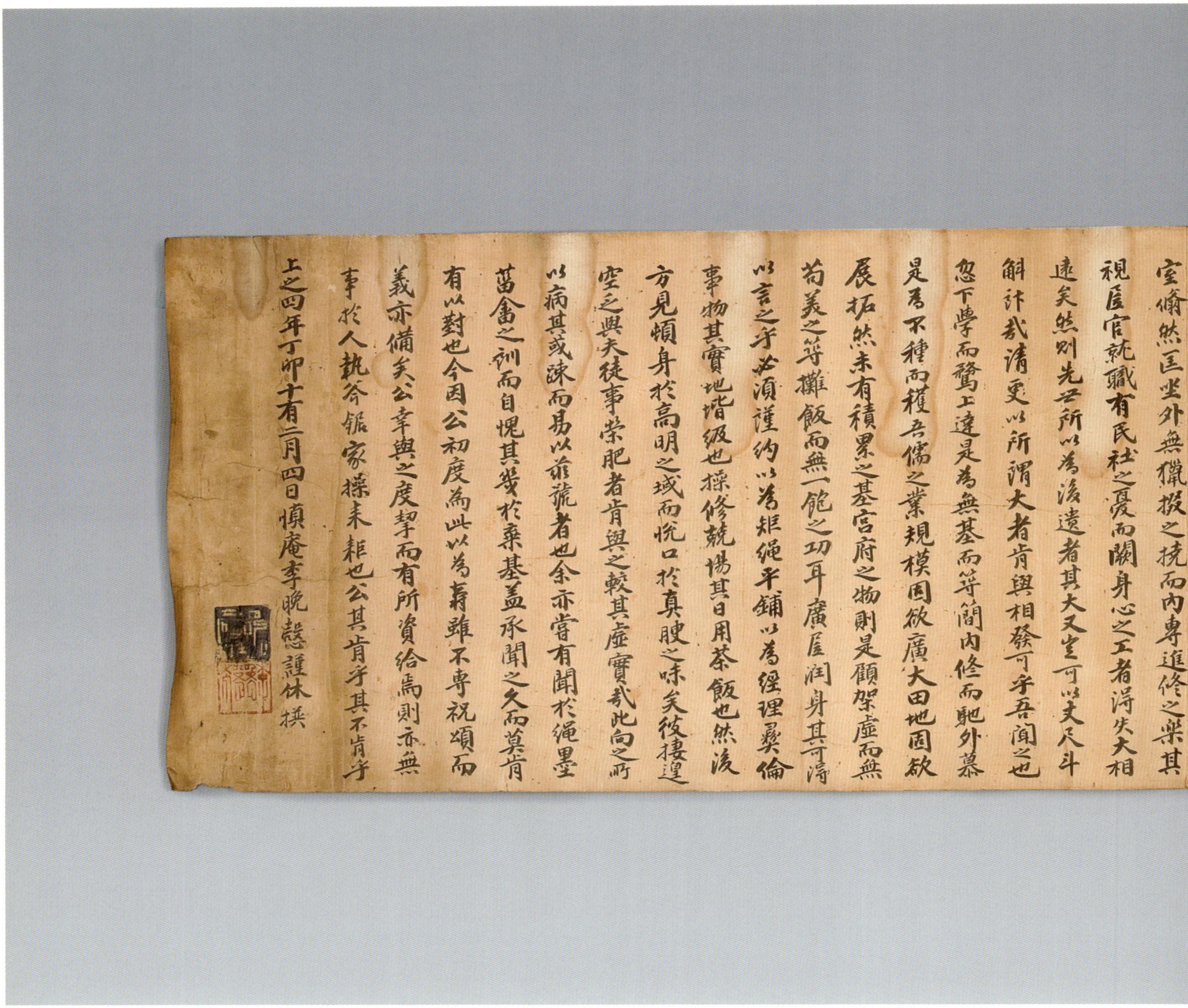

긍암기 肯庵記

이만각 | 1867년 | 32.0×119.5 | 기탁 : 한산이씨 대산종가

신암愼庵 이만각李晩慤이 이돈우의 호인 긍암肯庵을 풀이한 것이다. '대산 선생이 학문을 천명하여 여러 자손을 계발하였으며, 간암艮庵 이하 3 · 4세 동안 가업인 학문을 떨어뜨리지 아니하였으니 실로 선조의 사업을 계승하여 떨어뜨리지 않았다'고 기록하고 있다.

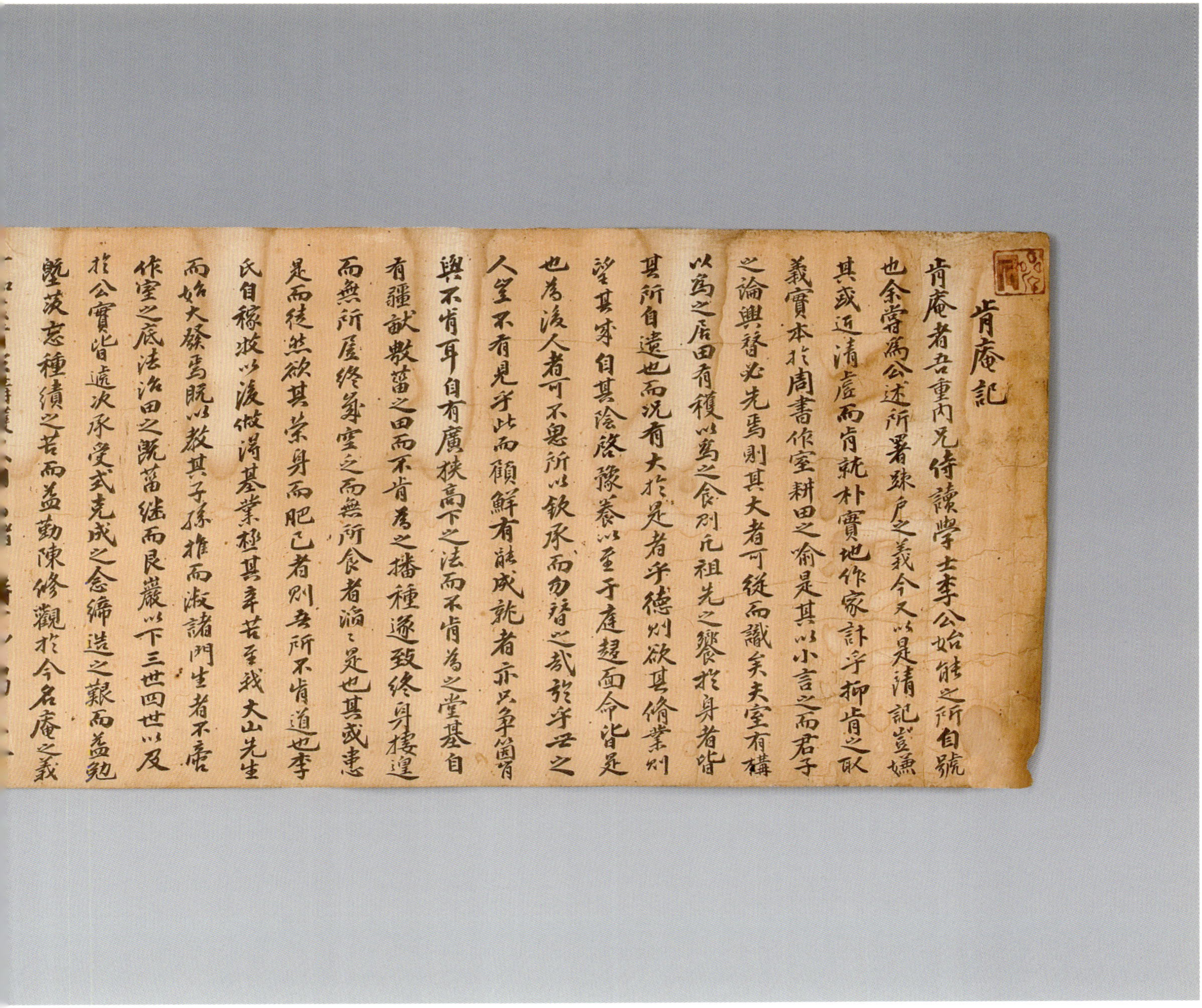

肯庵記

肯庵者吾重內兄侍讀學士李公始能之所自號也余嘗爲公述所署號戶之義今又以是請記豈嫌其或近淸虛而肯就朴實地作家計乎抑肯之取義實本於周書作室耕田之喩是其以小言之而君子之論興替必先焉則其大者可從而識矣夫室有構以爲之居田有穫以爲之食則凡祖先之饗於身者皆其所自遠也而況有大於是者乎德則欲其脩業則望其承自其陰啓蔭養以至于庭趨面命皆是也爲後人者可不思所以欽承而勿替之哉訖乎世之人罔不有見乎此而顧鮮有能成就者亦只爭箇肯與不肯耳自有廣狹高下之法而不肯爲之堂基自有疆畝數菑之田而不肯爲之播種遂致終身樓遑而無所屋終身空之而無所食者滔滔是也其或患是而徒然欲其榮身而肥己者則吾所不肯道也李氏自稼妝以後始得基業極其辛苦至我大山先生而始大發焉既以敎其子孫推而淑諸門生者不啻作室之底法治田之既菑繼而艮巖以下三世四世以及於公實皆遞次承受式克成之念締造之艱而益勉墾芟忘種績之苦而益勤陳修觀於今名庵之義

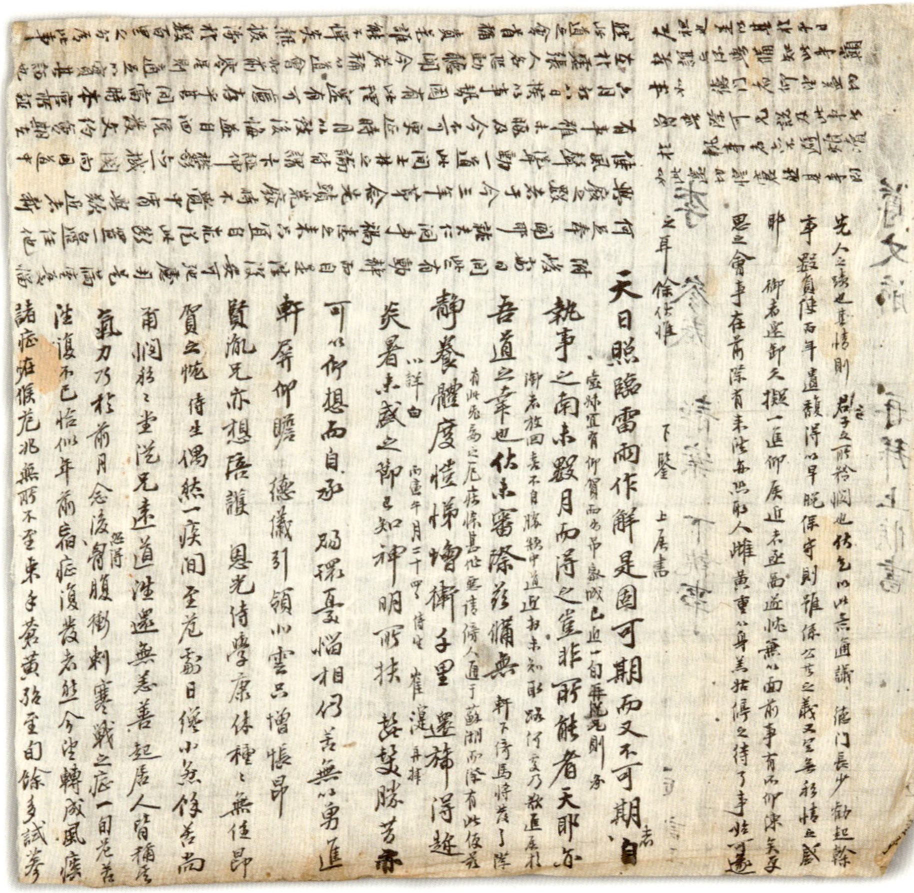

최식 간찰 崔湜簡札

최식/이우 | 1806년 | 35.9×36.9 | 기탁 : 한산이씨 소산종가

고금도에 유배 가 있던 이우가 해배解配된다는 소식을 듣고 보낸 편지로, 해배됨을 축하하는 동시에 대구 부인동 사건을 처리할 방향을 질의하는 내용이다. 부인동 사건은 최식의 조부인 최흥원이 설치한 부인동향약에 반발하여 최씨가의 서얼과 평민 일부가 도회를 열고 관에 소송을 제기한 사건이다.

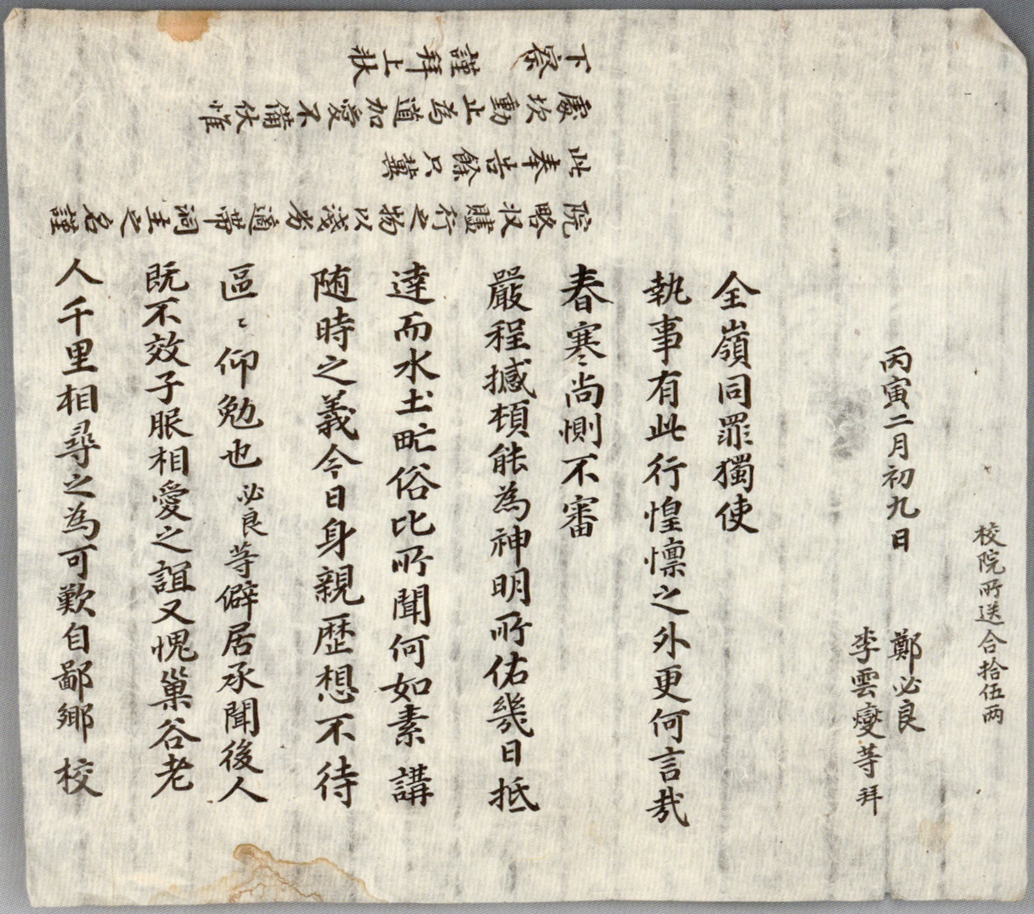
校院所送合拾伍兩

丙寅二月初九日 鄭必良 李雲燮等拜

全嶺同罪獨使
執事有此行惶懍之外更何言哉
春寒尚惻不審
嚴程撼頓能為神明所佑幾日抵
達而水土昛俗比所聞何如素講
隨時之義今日身親歷想不待
區區仰勉也 必良等僻居承聞後人
既不效子眠相愛之誼又愧巢谷老
人千里相尋之為可歎自鄙鄉 校
院略收賻行之物以淺芳適帶祠主之名謹
此奉呈餘只冀
下察 慮坎動止為道加愛不備伏惟
謹拜上狀

정필량 등 간찰 鄭必良等簡札

정필량 등/이우 | 1806년 | 36.0×39.6 | 기탁 : 한산이씨 소산종가

정필량 등이 영남만인소의 문제로 고금도로 유배되는 이우에게 보낸 위로 편지이다. 전 영남이 같은 죄인데 소수였던 이우만이 홀로 귀양을 가게 되었음을 안타까워하면서 귀양살이의 비용으로 15량을 부조하였다.

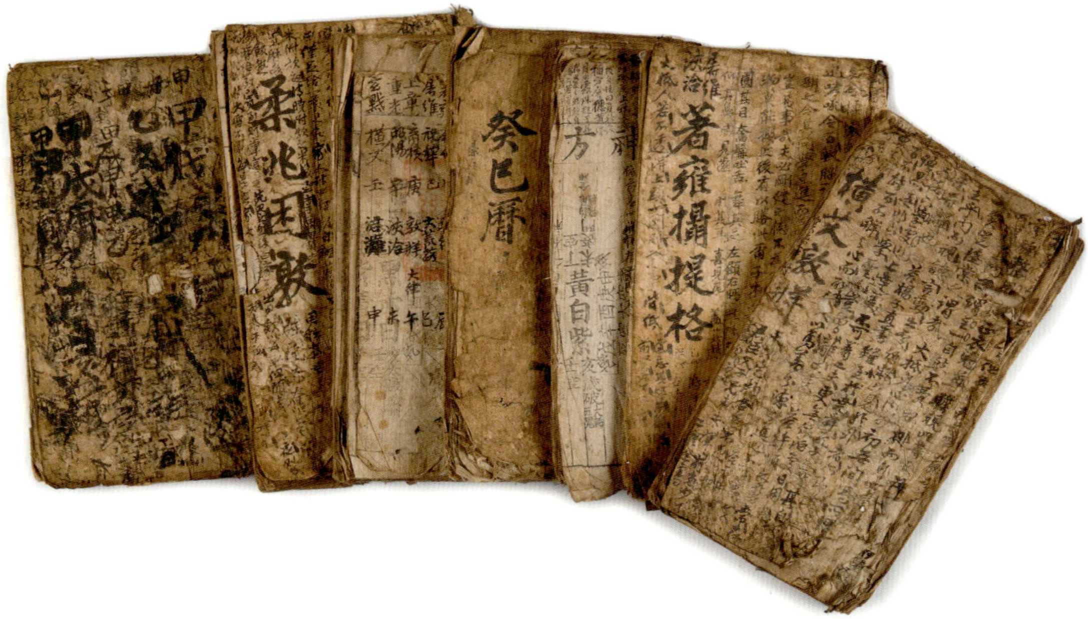

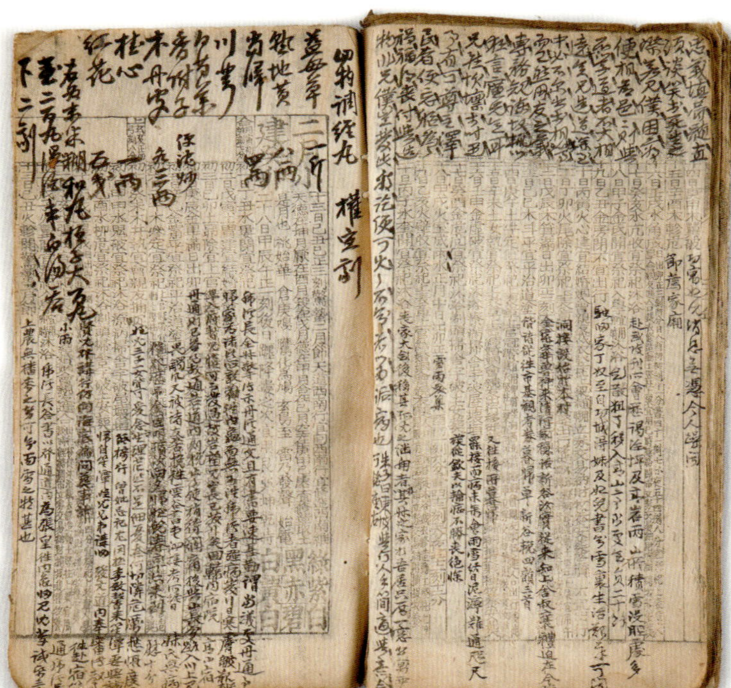

이병탁 역상일기 李秉鐸曆上日記

1818년 | 8책 | 29.0×16.0 | 기탁 : 한산이씨 소산종가

구옹癯翁 이병탁李秉鐸(1760~1832)의 일기로 책력 위에 쓴 것이다. 이병탁은 면암 이우의 아들로 대산 이상정의 문인이다. 모두 8책으로 1814~1822년 동안 겪었던 일을 날짜별로 기록하였다.

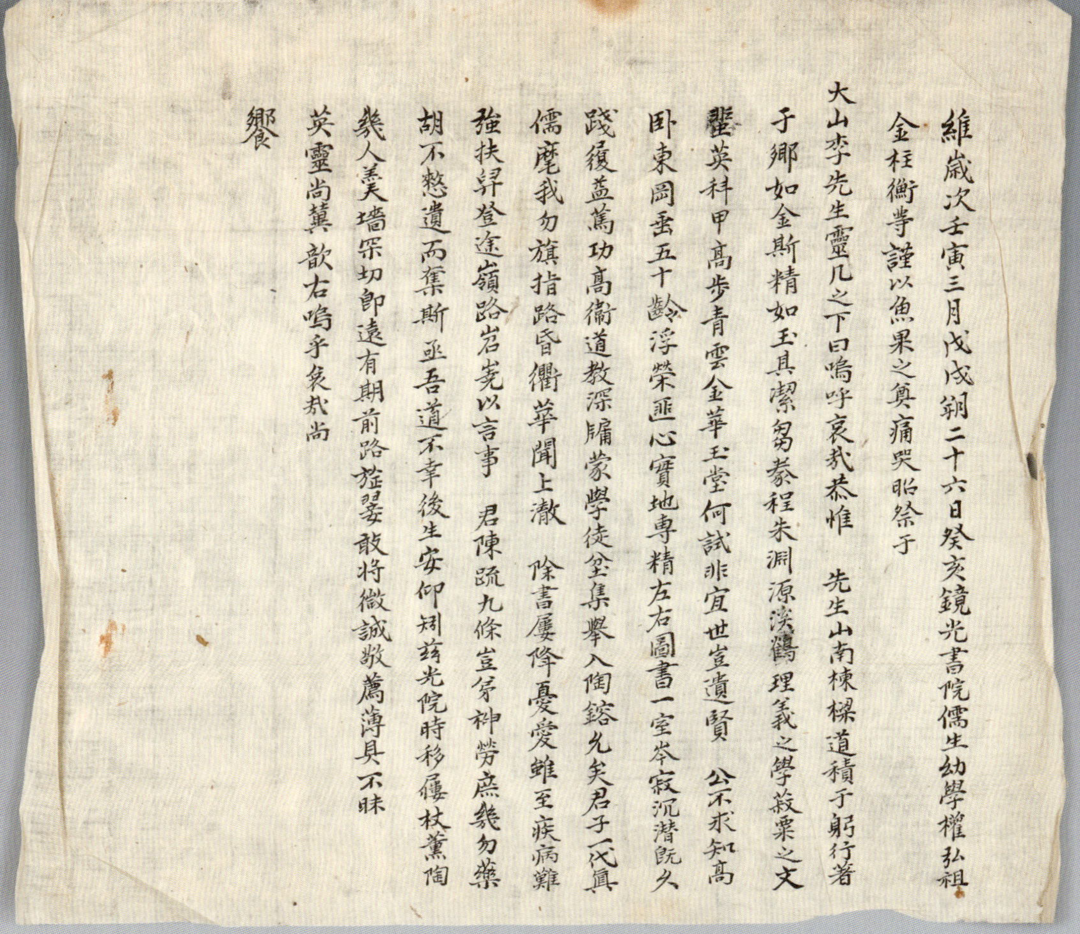
維歲次壬寅三月戊戌朔二十六日癸亥鏡光書院儒生幼學權弘祖
金柱衡等謹以魚果之奠痛哭昭祭于
大山李先生靈几之下曰嗚呼哀哉恭惟 先生山南棟樑道積于躬行著
于鄉如金斯精如玉其潔㴑泝程朱洞源溪鑑理義之學菽粟之文
蜚英科甲高步青雲金華玉堂何試非宜世宣遺賢 公不求知高
臥東岡垂五十齡浮榮匪心實地專精左右圖書一室寂寂沉潛既久
踐履益篤功高衛道教深牖蒙學徒坌集舉入陶鎔允矣君子一代眞
儒魔我力旗指路昏衢華聞上澈 除書屢降憂愛雖至疾病難
強扶舁登途嶺路岩嵬以言事 君陳疏九條宣身神勞庶幾勿藥
胡不慭遺而棄斯丞吾道不幸後生安仰矧茲光院時移屨杖薰陶
幾人羨夫墻宗切卽遠有期前路旌翣敢將微誠敬薦薄具不昧
英靈尚冀 歆右嗚乎哀哉尚
饗

경광서원 유생 제문 鏡光書院儒生祭文

경광서원유생 유학 권홍조 등 | 1782년 | 46.0×51.0 | 기탁 : 한산이씨 대산종가

대산 이상정의 장례를 맞이하여 경광서원의 유생인 권홍조 등이 올린 제문으로 이상정의 학문이 정자 · 주자에서 연원하여 퇴계-학봉으로 이어지는 의리지학義理之學의 정통계승자라고 천명하였다.

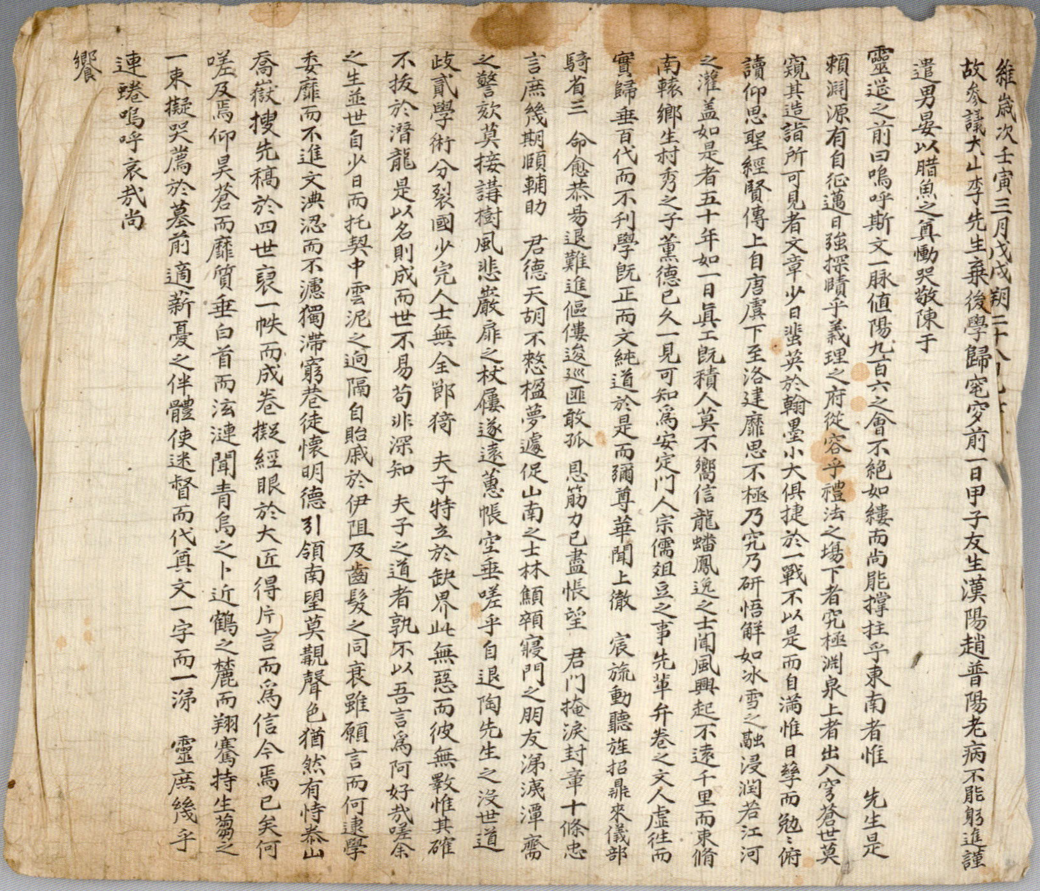
維歲次壬寅三月戊戌朔二十八日
故參議大山李先生襄後學歸窆前一日甲子友生漢陽趙普陽老病不能躬進謹
遣男晏以腊魚之奠慟哭敬陳于
靈筵之前曰嗚呼斯文一脉值陽九百六之會不絶如縷而尚能撑拄乎東南者惟　先生是
賴淵源有自紹邇日强探賾乎義理之府從容乎禮法之塲下者究極淵泉上者出入穹蒼世莫
窺其造詣所可見者文章少日蜚英於翰墨小大俱捷於一戰不以是而自滿惟日孳而勉勉俯
讀仰思聖經賢傳上自唐虞下至洛建靡思不極乃究乃研悟解如氷雪之融浸潤若江河
之灌蓋如是者五十年如一日眞工既積人莫不嚮信龍蟠鳳逸之士聞風興起不遠千里而東脩
南轅鄉生村秀之子薰德已久一見可知爲安定門人宗儒俎豆之事先輩弁卷之文人虛往而
實歸垂百代而不刋學既正而文純道於是而彌尊華聞上徹　宸旒動聽旌招鼎來儀部
騎省三　命愈恭易退難進傴僂逡巡匪敢孤　恩筋力已盡悵望　君門掩淚封章十條忠
言庶幾期顒輔助　君德天胡不憖楹夢遽促山南之士林顚頏寢門之朋友涕淚潭喬
之謦欬莫接講樹風悲巖扉之杖屨遂遠蕙帳空垂嗟乎自退陶先生之沒世道
歧貳學術分裂國少完人士無全節倚　夫子特立於缺界此無惡而彼無斁惟其確
不拔於潛龍是以名則成而世不易苟非深知　夫子之道者孰不以吾言爲阿好哉嗟余
之生並世自少而托契中雲泥之逈隔自貽戚於伊阻及齒髮之同衰雖願言而何逮學
委靡而不進文澌泯而不濾獨滯窮巷徒懷明德引領南望莫覿聲色猶然有恃泰山
喬嶽搜先稿於四世衰一帙而成卷擬經眼於大匠得片言而爲信今焉已矣何
嗟及焉仰昊蒼而靡質垂白首而泫漣聞青鳥之卜近鶴之麓而翔騫持生芻之
一束擬哭薦於墓前適新憂之伴體使迷督而代眞文一字而一涕　靈庶幾乎
連蜷嗚呼哀哉尚
饗

조보양 제문 趙普陽祭文

조보양 | 1782년 | 54.0×62.5 | 기탁 : 한산이씨 대산종가

벗인 조보양趙普陽이 이상정의 장례 때 영전에 바친 제문이다. 학문의 일맥을 지탱하였다고 칭송하였으며, 특히 퇴계 선생이 돌아가신 이후 세도世道가 갈라져 학술이 분열하여 온전한 군자가 없었는데 이상정이 확고하게 학문을 수립하였다고 칭송하였다.

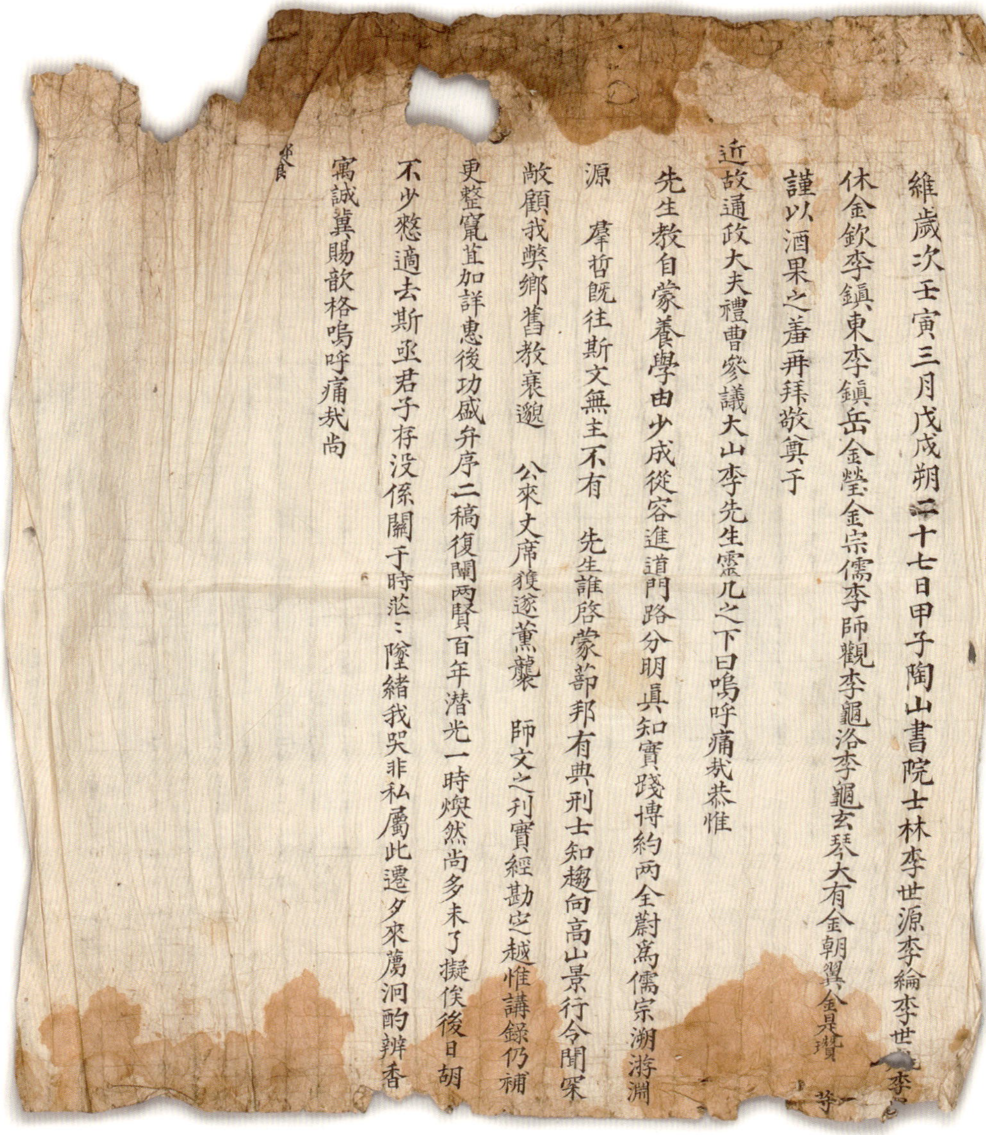

도산서원 사림 제문 陶山書院士林祭文

도산서원사림/이상정 | 1782년 | 69.0×60.0 | 기탁 : 한산이씨 대산종가

이상정의 상을 당하여 도산서원 사림인 김흡, 이진악, 김종유, 김시찬 등이 올린 제문으로 지행을 겸비하고 넓고 축약함이 모두 온전하여 유종이 되었으며, 학문에는 연원이 있었으나 갑자기 세상을 뜨게 되어 막막하다고 하였다.

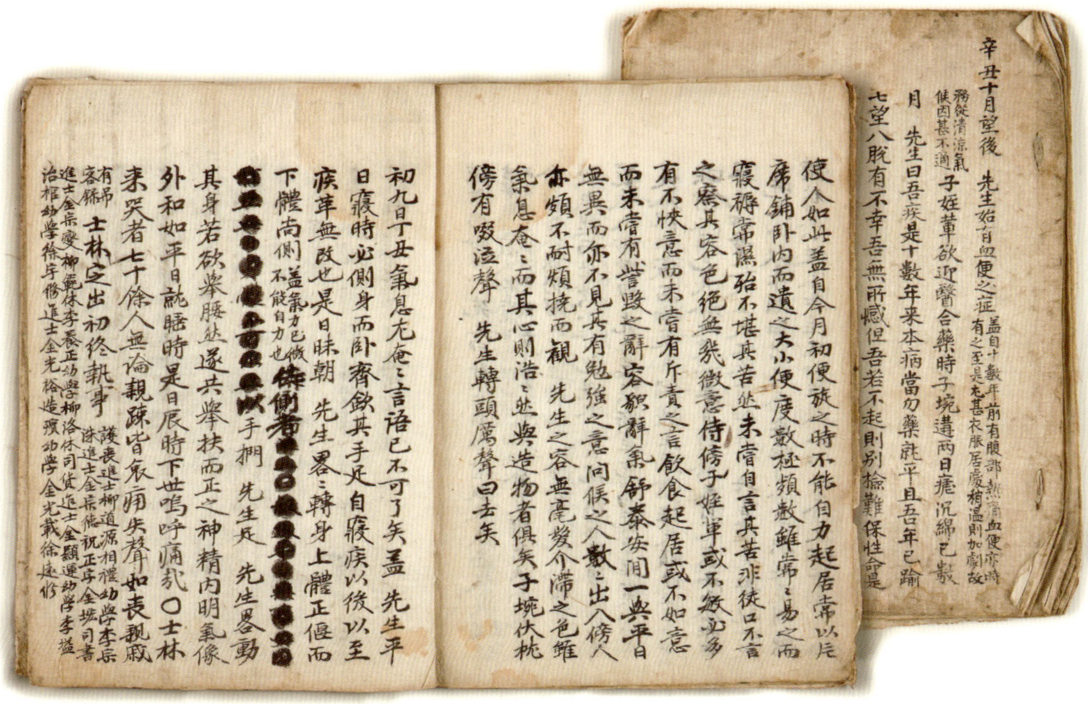

대산선생 고종시일기 大山先生考終時日記

김종섭 · 류범휴 | 1781년 | 1책 | 필사본 | 27.0×19.5 | 기탁 : 한산이씨 대산종가

이상정이 임종할 때의 고종일기이다. 1781년 10월 16일부터 12월 13일까지 기록하였다. 이상정은 죽음이 다가왔을 때도 제자들을 맞이하고 학문에 힘쓸 것을 권유하였다. 죽음에 임하는 한 유학자의 모습을 있는 그대로 보여주는 자료이다.

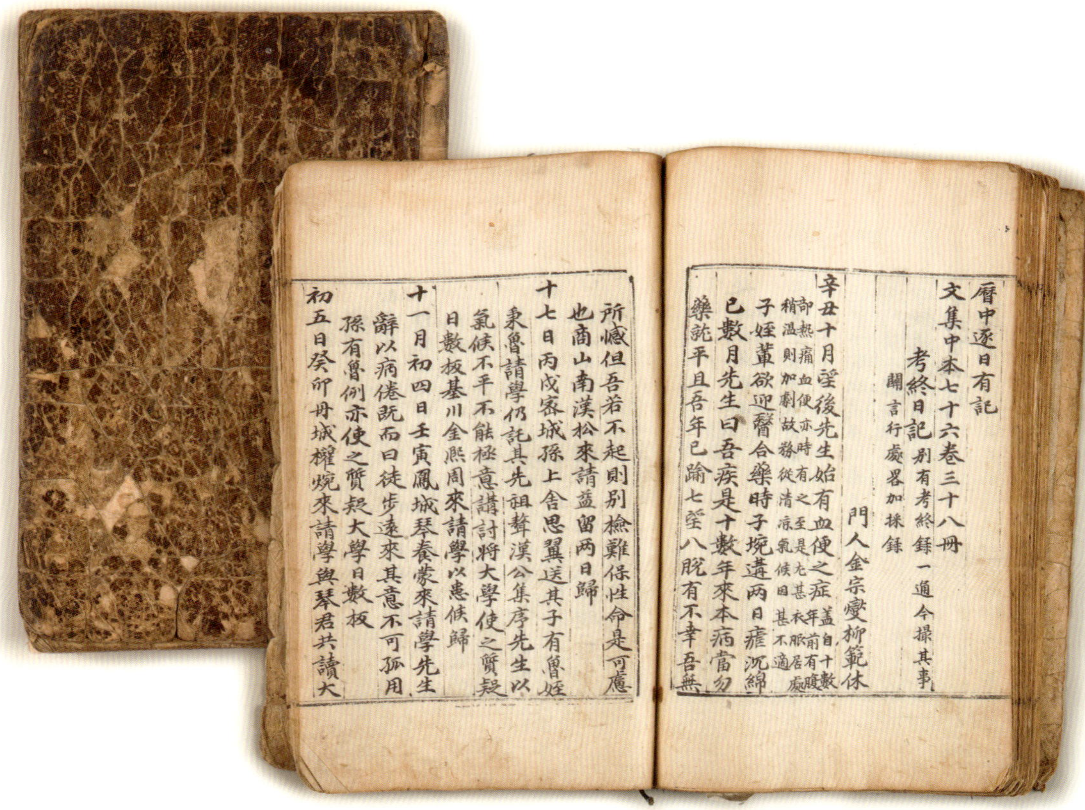

통모록 痛慕錄

미상 | 1책 | 필사본 | 33.0×21.5 | 기탁 : 한산이씨 대산종가

이상정의 연보와 언행을 아들인 이완 등이 기록한 유사와 저술 목록, 그리고 고종일기 부분을 같이 합편하였다. 이상정의 평소 언행을 잘 보여주는 자료이다.

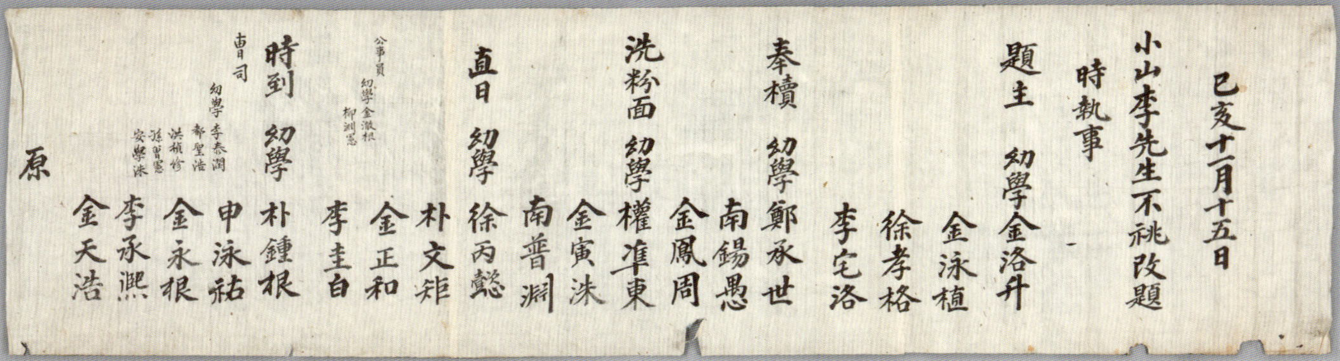

소산이선생 부조개제시집사 小山李先生不祧改題時執事

1899년 | 47.3 ×176.3 | 기탁 : 한산이씨 소산종가

소산 이광정을 불천위로 모시면서 신주를 개제改題할 때의 집사안이다.

소산강당

이완호패 李埦號牌

이완 | 1774년 | 10.0×2.4×0.8 | 기탁 : 한산이씨 대산종가

이돈우호패 李敦禹號牌

이돈우 | 1850년 | 8.5×2.2×0.8 | 기탁 : 한산이씨 대산종가

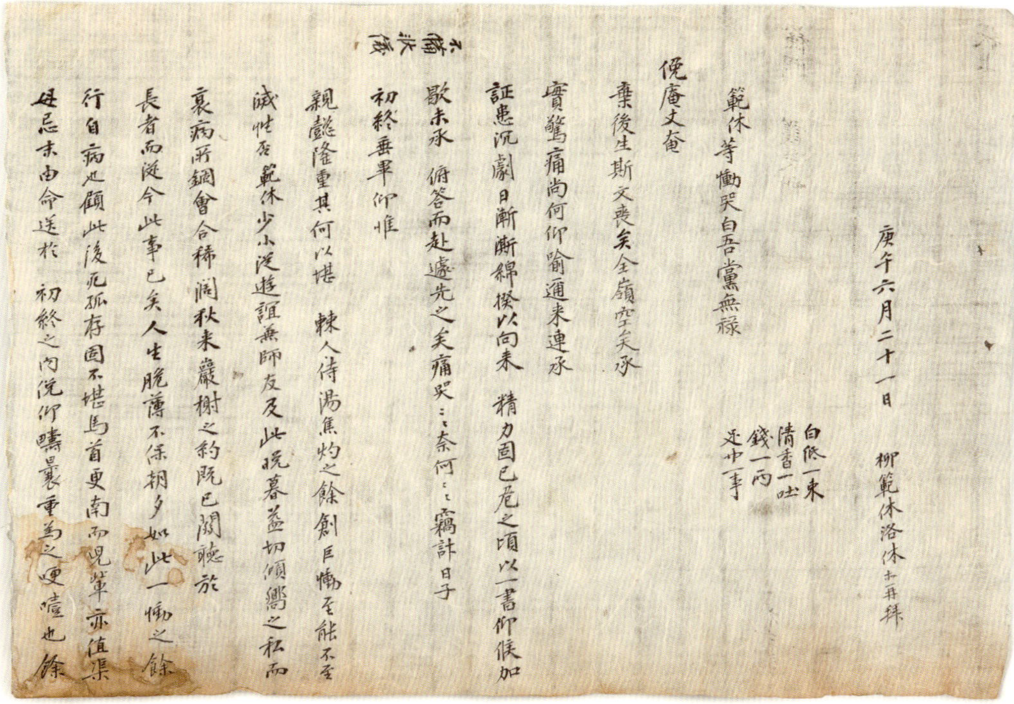

류범휴 간찰 柳範休簡札

류범휴, 류낙휴/미상 | 1810년 | 28.7×40.4 | 기탁 : 한산이씨 소산종가

면암 이우의 서거 소식을 듣고 보낸 편지로 이우의 죽음은 전 영남이 빈 것과 같다고 하였으며, 부조로 백지, 청향 등을 보내었다.

한산이씨 가문은 이곡 · 이색 이래 유학으로 명성을 떨친 가문이었다. 이 가문이 영남 사림파에 접맥된 것은 입향조 이홍조가 서애 류성룡의 외손으로 수암 류진의 훈도를 받으면서부터였다. 이후 입향조의 4세손 대에 크게 번성하여 이상정 · 이광정 형제를 비롯하여 이현정 · 이사정 등이 활약하면서 일약 퇴계학의 중심에 서게 되었다. 이상정 · 이광정 형제는 외조부인 밀암 이재의 문하에서 수학하면서 퇴계–학봉–경당–갈암–밀암으로 이어지는 퇴계학을 계승하여 영남학단에서 큰 비중을 차지하였다.

이상정의 학문은 외조부인 밀암 이재로부터 비롯되었다. 이재는 17세기 최대의 영남 지역 학단을 이끌었던 갈암 이현일의 아들이자 제자이기도 했다. 이재는 부친인 이현일의 학설을 계승하여 강화하였으며, 이상정은 이러한 이재의 철학적 입장을 계승하여 발전시켰다. 특히 대산 이상정은 '소퇴계'로 불릴 만큼 퇴계를 존경하고, 퇴계의 학설을 강화 · 발전시켜 나갔다. 이상정은 『퇴계집』에서 퇴계의 편지만을 뽑아 『퇴계서절요』를 편찬하기도 하였으며, 퇴계의 리기론을 계승 발전시켜 리理의 능동성을 강조하는 '활물活物'설을 제창함으로써 퇴계학의 새로운 단초를 열었다고 할 수 있다. 또한 덕성을 배양하는 일용궁행日用躬行의 실천적 공부에 치중하여야 함을 강조하여 평상시의 도리인 유학의 본지로 돌아가는 일을 몸소 실천하였다.

그리하여 이상정 사후 이상정의 문인들과 동생인 소산 이광정은 이상정을 퇴계 이황의 적전으로까지 규정하였던 것이다.

제4장

퇴계학의 창조적 계승

고산서원 향사

경행사

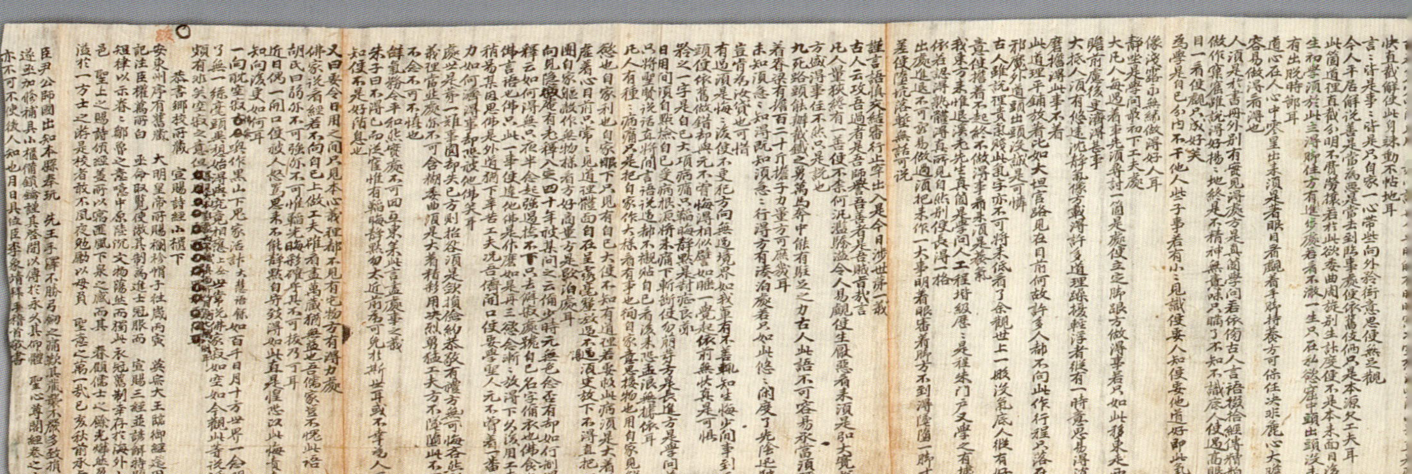

만수록 晩修錄

이상정 | 1739년 | 28.3×175.0 | 소장 : 의성김씨 학봉종택

이상정이 29세 때 자신의 학문하는 방법 및 수양론을 정리한 것이다. 인의예지仁義禮智 사단에 대한 견해 및 출처관 등을 수록하였다. 학문은 좋은 쇠가 용광로 속에 녹아서 다시 단련하는 듯 하여야 한다고 하였으며, 의리와 이해는 생사의 갈림길이니 구분에 투철해야 할 것이라고 하였다.

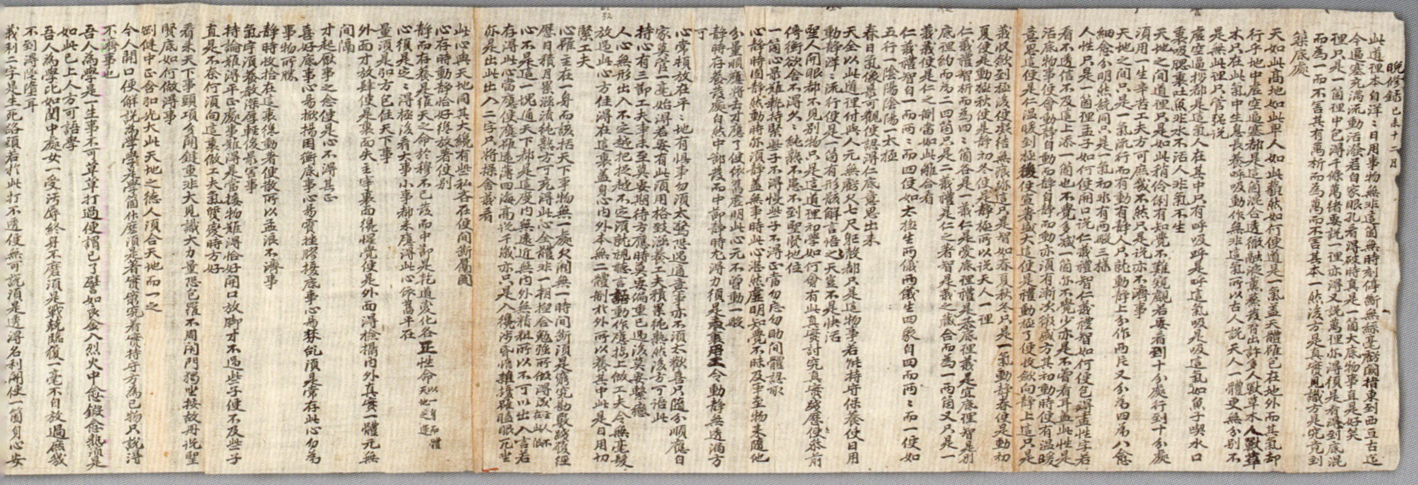

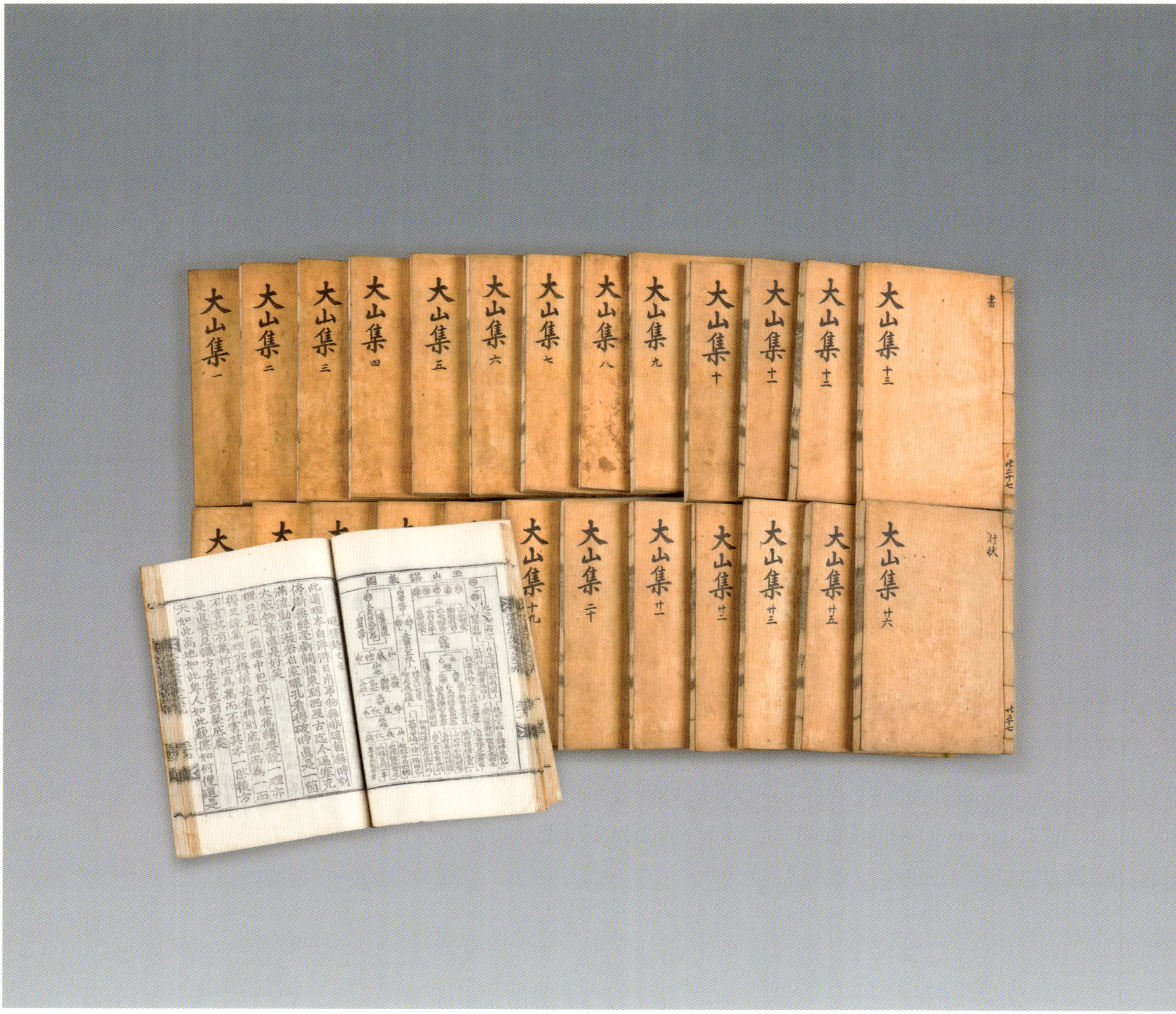

대산집 大山集

1802년 | 54권27책 | 목판본 | 30.7×21.5 | 기탁 : 한산이씨 대산종가

이상정은 외조부 밀암 이재에게서 이황, 이현일로 내려오는 영남 리학理學의 학통을 이어받아 후기의 류치명柳致明, 곽종석郭鍾錫에게 물려준 인물로 평가받고 있다. 문과文科에 급제하여 몇 차례 관직의 제수에 나아가기는 하였어도 평생을 거의 안동에서 강학하며 지냈다. 문집의 간행은 저자 사후에 동생 이광정과 아들 이완을 중심으로 여러 문인들이 참여한 가운데 수집, 편집되었다. 1802년 의성의 고운사에서 54권 27책의 목판본으로 간행하였다.

주자어절요 朱子語節要

이상정 | 1906년 | 4권4책 | 29.8×21.5 | 기탁 : 한산이씨 대산종가

『주자어절요朱子語節要』는 『주자어류朱子語類』 가운데 문인들에게 학문을 하는 큰 방법에 대해 가르치고 있는 것들을 뽑고 편집하여 4책으로 만든 것이다.

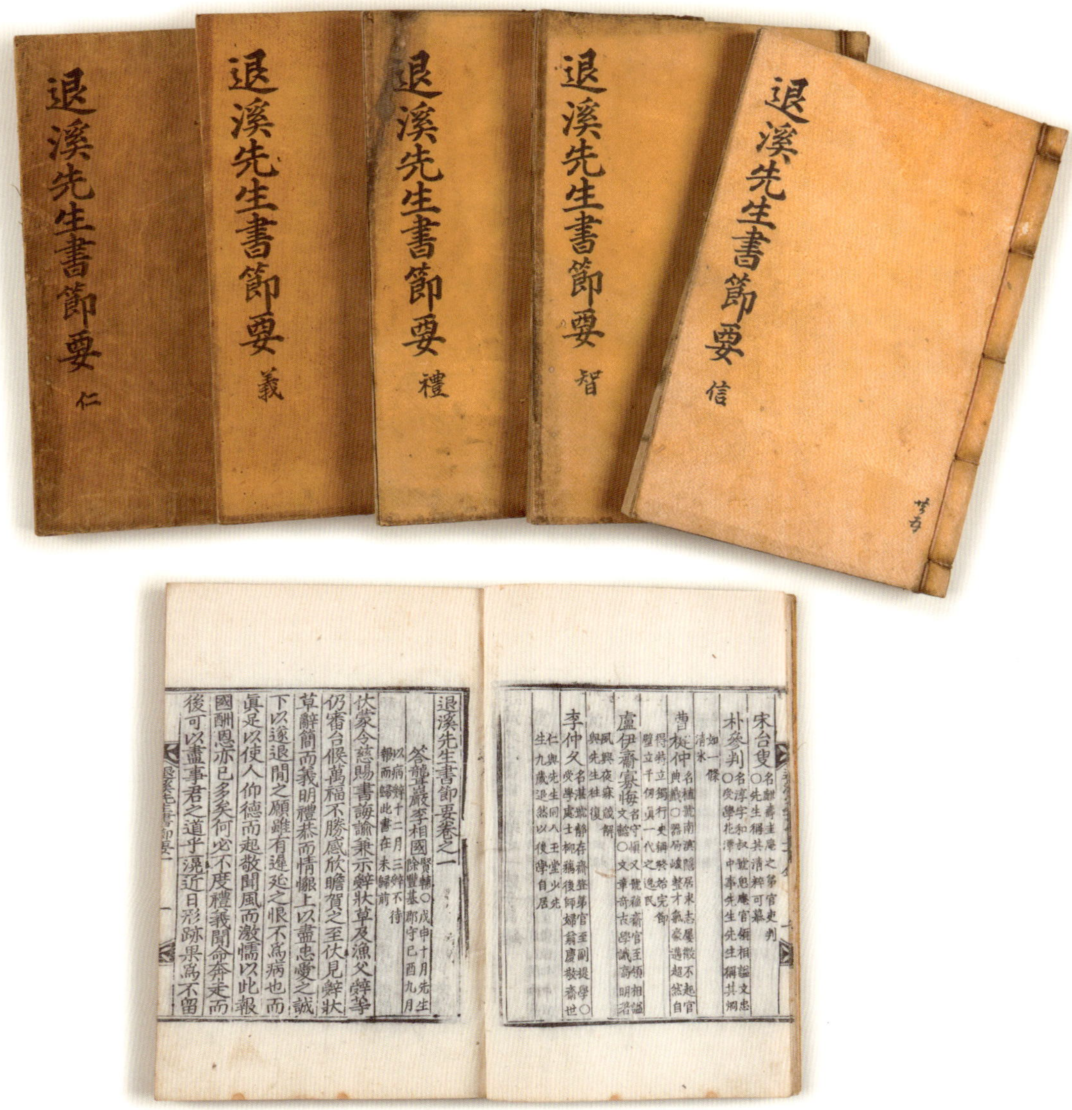

퇴계선생서절요 退溪先生書節要

이황/이상정 편 | 목판본 | 30.5×21.8 | 기탁 : 한산이씨 대산종가

이상정이 『퇴계집』의 간찰 중에서 중요한 내용을 가려 뽑아 편집한 책이다. 이황이 주자를 존경하여 주자의 편지를 뽑아 편집한 것을 본받아 퇴계의 편지를 다시 정리하여 편집한 것이다. 서문은 없으나 문인 정종로, 김굉의 발문이 수록되었다.

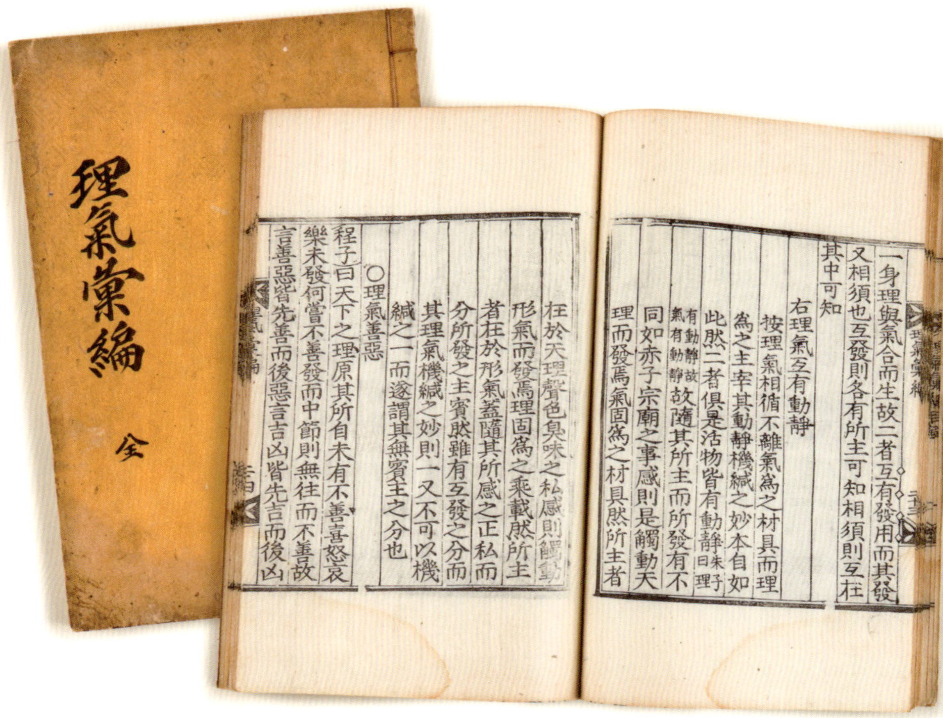

이기휘편 理氣彙編

이상정 | 1925년 | 불분권1책 | 목판본 | 32.3×21.3 | 기탁 : 한산이씨 대산종가

리기理氣 문제에 대하여 제가의 설을 가려 뽑아 자신의 입장을 밝힌 저술이다. 이상정은 리는 무력한 정지체가 아니요 스스로 능히 발하여 운용運用할 수 있는 활물活物이라고 하여 리의 운동성을 인정하였다. 이는 이상정의 학설 중 가장 두드러진 것으로 기는 리가 동정할 수 있도록 하는 바탕〔資〕이 되는 것으로 파악하였으며, 그의 주장은 리의 능동성을 부정한 율곡의 주기설主氣說에 대한 비판적 성격을 갖는다. 1925년 6세손 이성구가 지은 지문이 포함되어 있다.

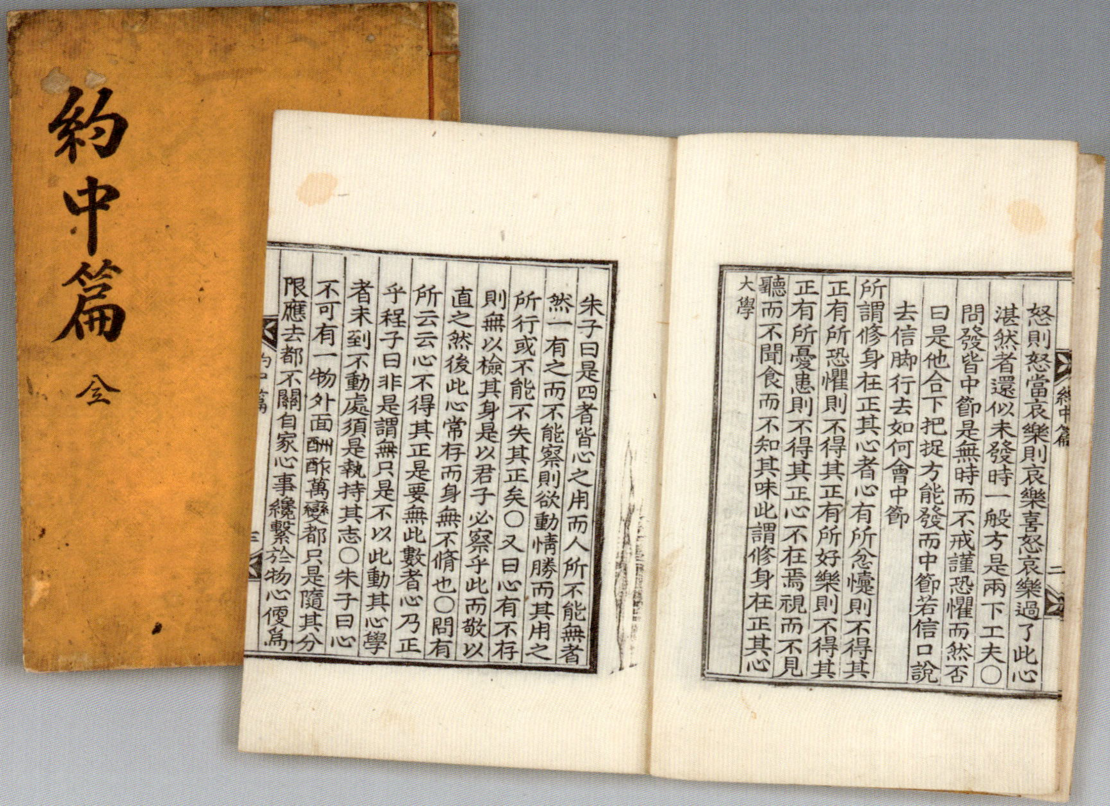

약중편 約中篇

이상정 | 1909년 | 불분권1책 | 목판본 | 31.5×21.0 | 기탁 : 한산이씨 대산종가

이상정의 저술로 사단칠정 중 칠정七情에 대한 제가의 학설 가운데 정수를 모아 편집한 것으로 제목은 정자의 "그 정情을 간소하게 하며 그 중中에 부합하게 하여, 마음을 바르게 하고 그 성性을 기른다"라는 구절에서 따온 것이다. 외증손인 정재 류치명의 발문이 있다.

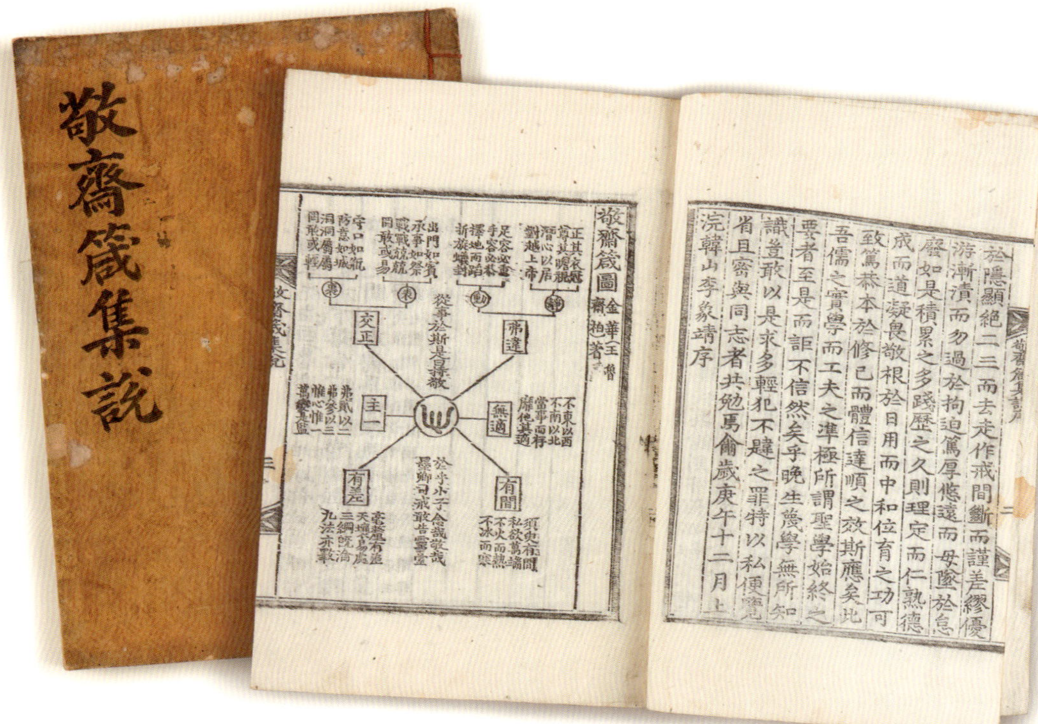

경재잠집설 敬齋箴集說

이상정 | 1750년 | 불분단권 | 목판본 | 31.8×21.5 | 기탁 : 한산이씨 대산종가

이상정이 주자의 경재잠에 대한 여러 학자들의 견해를 모아 편집한 것이다. 「경재잠」은 주자가 장식張栻의 「주일잠主一箴」을 보고 만들었고 노재魯齋 왕백王柏이 그림으로 그려 도식화한 것으로 이황이 「성학십도」에 포함시켰다. 이상정은 여러 선현들의 학설과 그림을 모으고 자신의 해석을 붙여 간행하였다.

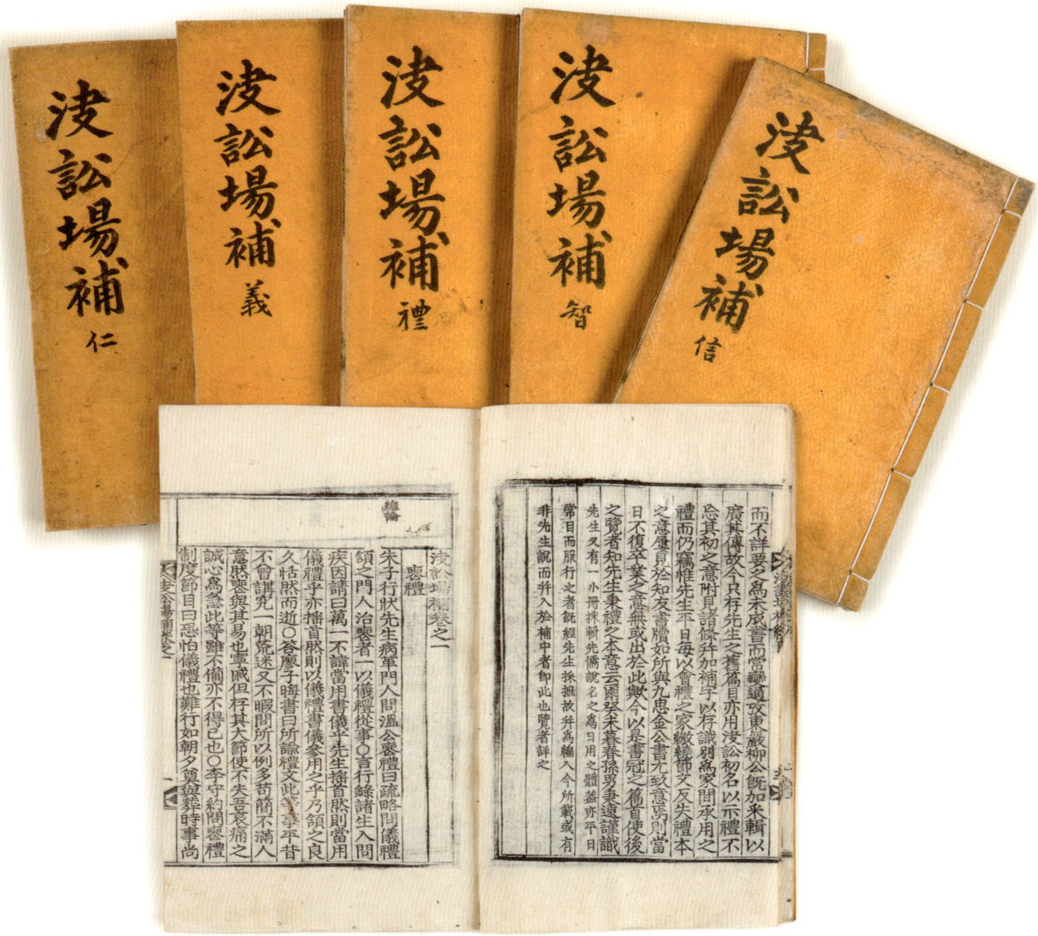

결송장보 決訟場補

이상정 著/이병원 補 | 1926년 | 10권5책 | 석인본 | 29.0×19.0 | 기탁 : 한산이씨 대산종가

이상정이 부친상을 당하여 상례, 제례의 절차에 대한 글을 수집하여 편찬한 후, 종법, 관례, 혼례 등을 덧붙여 편찬한 것을 손자인 소암 이병원이 이상정의 평소 어록을 덧붙여 간행한 것이다.

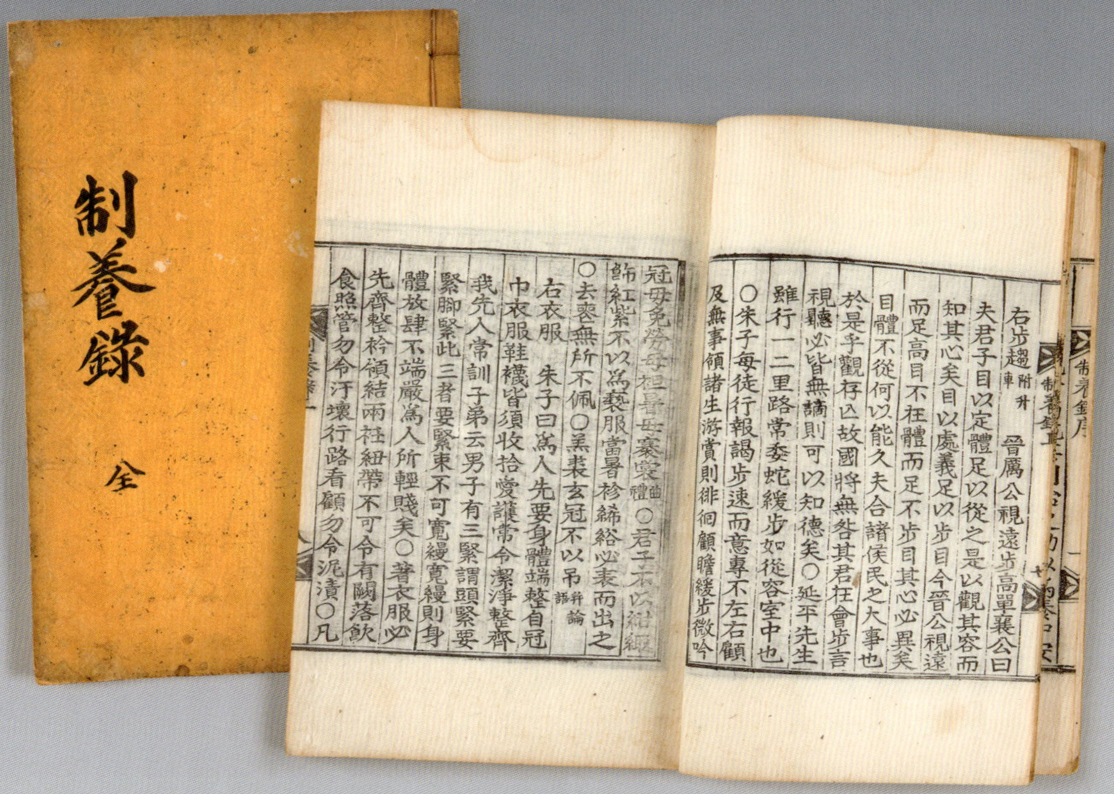

제양록 制養錄

이상정 | 2권1책 | 목판본 | 30.0×22.0 | 기탁 : 한산이씨 대산종가

이상정이 수신修身에 도움이 될 만한 어귀를 경전에서 가려 뽑은 책이다. 서문에 의하면 1741년(영조17)에 저술되었으나 발문이 없는 점으로 미루어 당시에는 간행된 것 같지 않다. 본문은 각 항목에 대해 경전에서 가려 뽑은 문구와 출전을 서술하고 보충설명을 달았다.

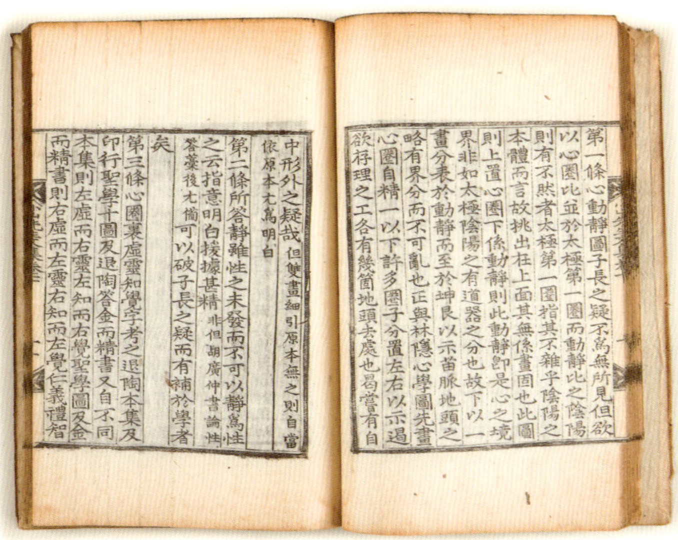

소산집 小山集

이광정 | 13권7책 | 목판본 | 31.5×21.0 | 기탁 : 풍산류씨 충효당

소산 이광정(1714~1789)의 문집이다. 이광정은 외조부인 밀암 이재에게 수학하였다. 형인 대산 이상정과 더불어 학문에 전념하였으며, 과거를 통하지 않고 천거로 참봉에 제수되었다. 생부는 이태화지만 종숙인 이지화가 아들이 없어 이지화의 양자로 입후하였다. 서문과 발문이 없다.

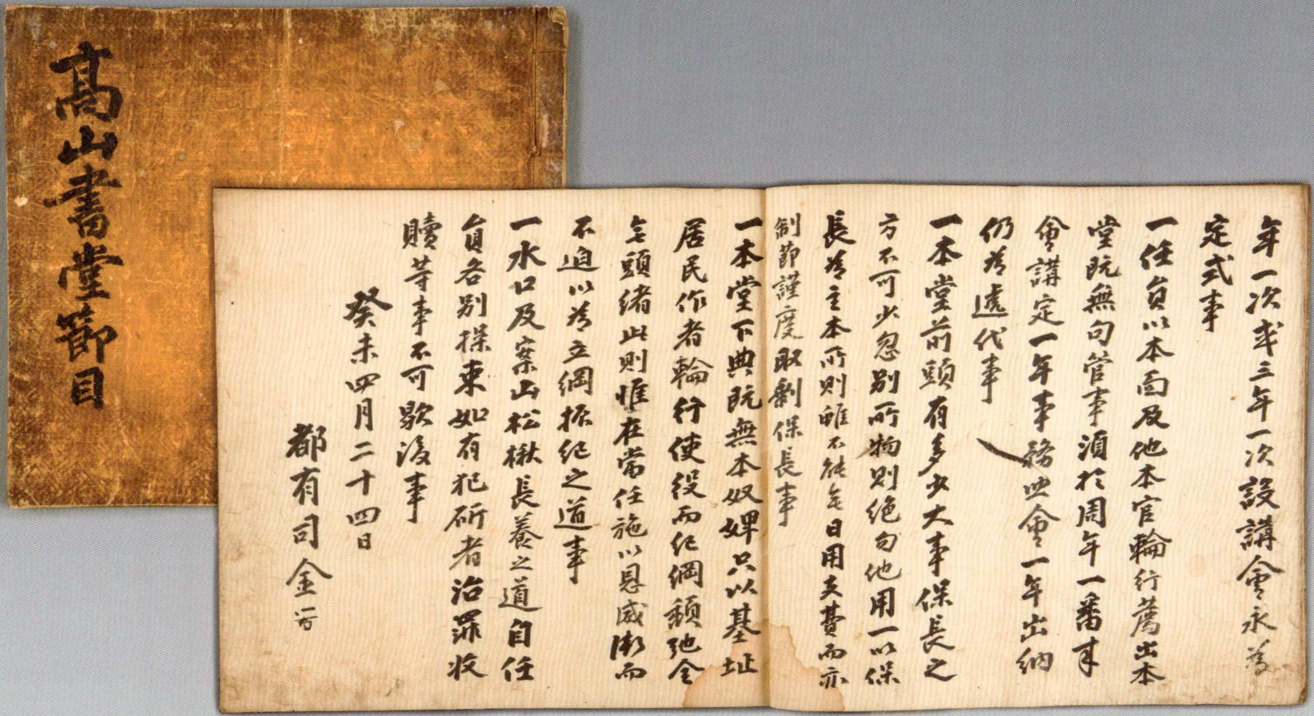

高山書堂節目

年一次或三年一次設講會永爲
定式事
一任員以本面及他本官輪行薦出本
堂既無句管事須於周年一番本
會講定一年事務也會一年出納
仍爲遠代事
一本堂前頭有多少大事保長之
方不可少忽別所物則絶勿他用一以保
長爲主本所則雖不能每日用支費而亦
制節謹度取劃保長事
一本堂下典既無本奴婢只以基址
居民作者輪行使役而任綱頹絶今
之頭緒此則惟在當任施以恩威兩而
不遍以爲立綱振紀之道事
一水口及案山松楸長養之道自任
員各別掌東如有犯斫者治罪收
贖等事不可歇後事
癸未四月二十四日
都有司金

고산서당 절목 高山書堂節目

계미년 | 필사본 | 31.3×34.2 | 기탁 : 한산이씨 대산종가

고산서당을 창건하고 서당의 운영 원칙과 절차를 수록한 것이다. 2년 또는 3년에 한 번씩 강회를 개최하는 것을 원칙으로 하였고, 임원의 임기는 1년으로 정하였다.

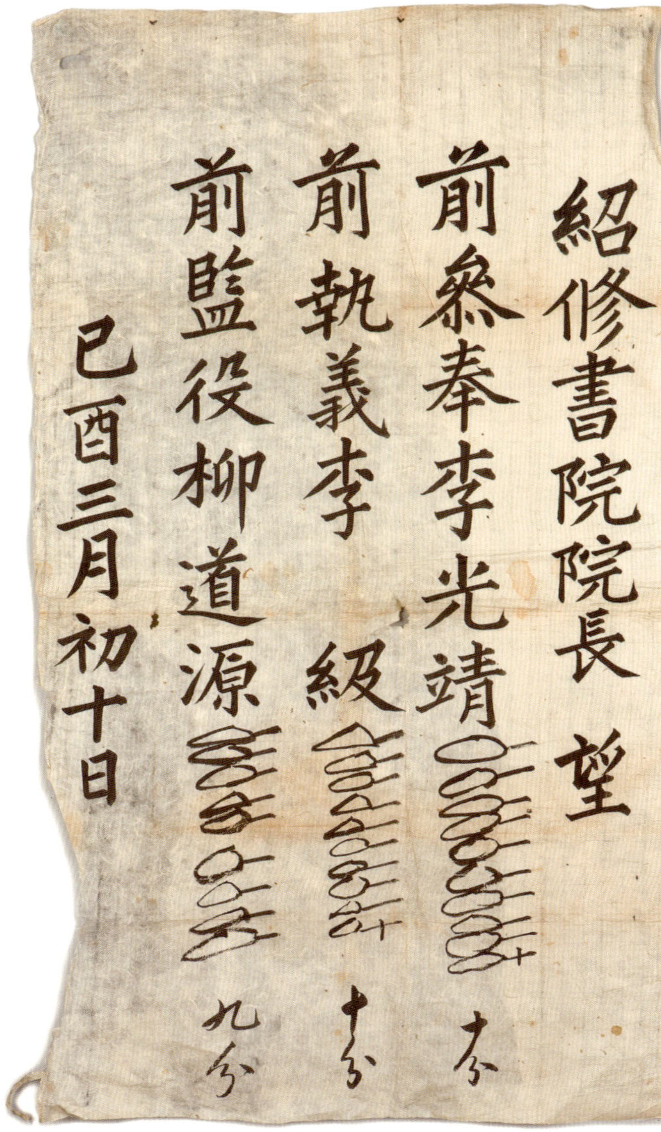

紹修書院院長 望
前叅奉李光靖 十分
前執義李級 十分
前監役柳道源 九分
己酉三月初十日

소수서원 망기 紹修書院望記

1765년 | 106.0×56.0 | 기탁 : 한산이씨 소산종가

소수서원의 원장으로 전참봉 이광정, 전집의 이급李級, 전감역 류도원柳道源을 삼망三望으로 올렸는데 이광정과 이급이 같이 10분을 받아 동율을 이루었으나 이광정이 최종적으로 소수서원 원장에 추대되었다.

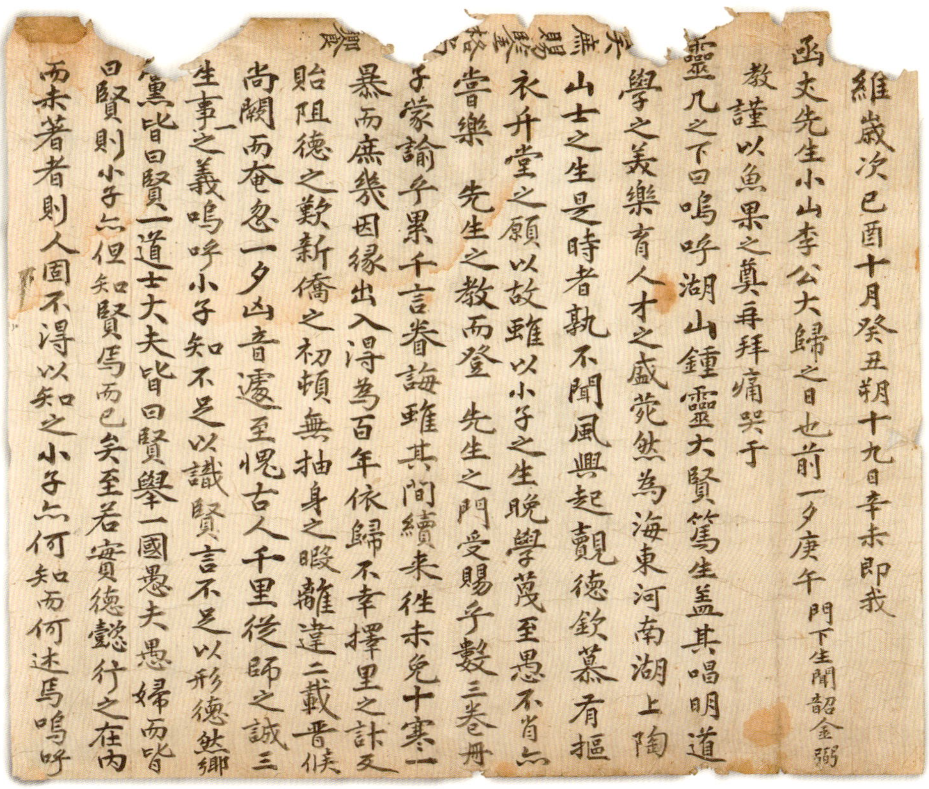

維歲次己酉十月癸丑朔十九日辛未即我
函丈先生小山李公大歸之日也前一夕庚午 門下生聞韶金弼
教謹以魚果之奠再拜痛哭于
靈几之下曰嗚呼湖山鍾靈大賢篤生盖其唱明道
學之美樂育人才之盛蔚然為海東河南湖上陶
山士之生是時者孰不聞風興起覿德欽慕有摳
衣升堂之願以故雖以小子之生晩學蔑至愚不肖亦
嘗樂 先生之教而登 先生之門受賜予數三卷冊
子蒙諭予果千言眷誨雖其間續來往未免十寒一
暴而庶幾因緣出入淂為百年依歸不幸擇里之計又
貽阻德之歎新僑之初頓無抽身之暇離違二載晋候
尚闕而奄忽一夕凶音遽至愧古人千里從師之誠三
生事一之義嗚呼小子知不足以識賢言不足以形德然鄉
黨皆曰賢道士大夫皆曰賢擧一國愚夫愚婦而皆
曰賢則小子亦但知賢焉而已矣至若實德懿行之在內
而未著者則人固不得以知之小子亦何知而何述焉嗚呼

김필교 제문 金弼敎祭文

김필교/이광정 | 1872년 | 38.9×44.9 | 기탁: 한산이씨 소산종가

소산 이광정의 장례 때 제자인 김필교金弼敎가 스승의 영전에 올린 제문이다. 소산은 도학의 아름다움을 창도하여 밝혔고, 자신도 문하에서 가르침을 받았으나 어리석어 따르지 못하였는데 이제 더 이상 가르침을 청할 곳이 없다고 하였다.

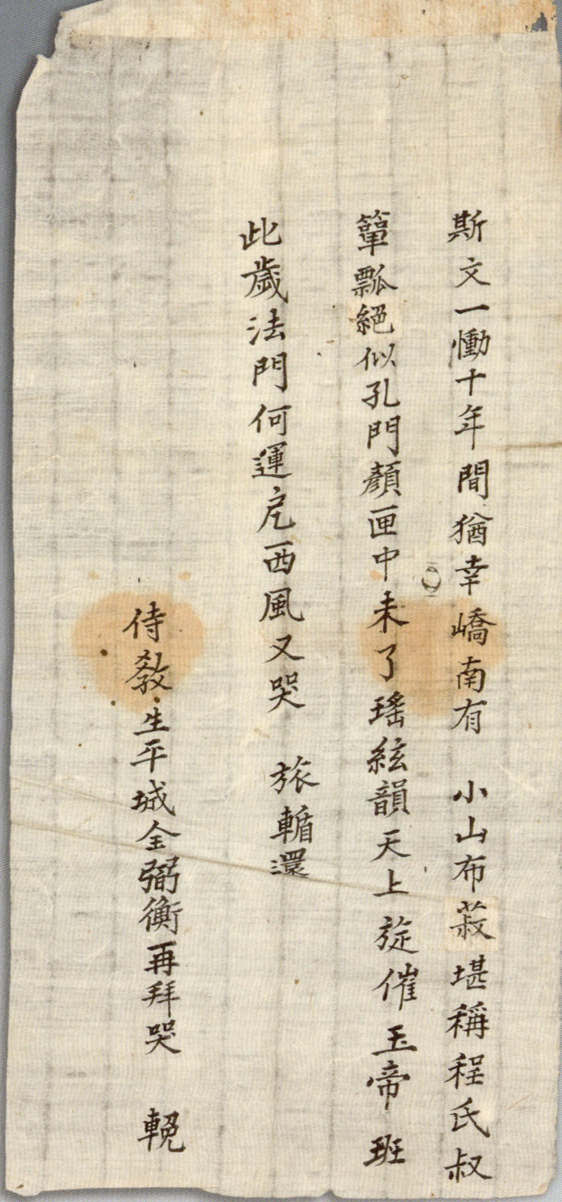

斯文一慟十年間猶幸嶠南有 小山布菽堪稱程氏叔
簞瓢絕似孔門顔囬中未了瑤絃韻天上旋催 玉帝班
此歲法門何運厄西風又哭 旅輤還
侍敎生平城金弼衡再拜哭 輓

김필형 만사 金弼衡輓詞

김필형/이광정 | 1789년 | 57.4×26.0 | 기탁 : 한산이씨 소산종가

소산 이광정의 상을 당하여 김필형金弼衡이 올린 만사이다. 소산 이광정을 공문의 안자, 송대의 정이에 비기었다.

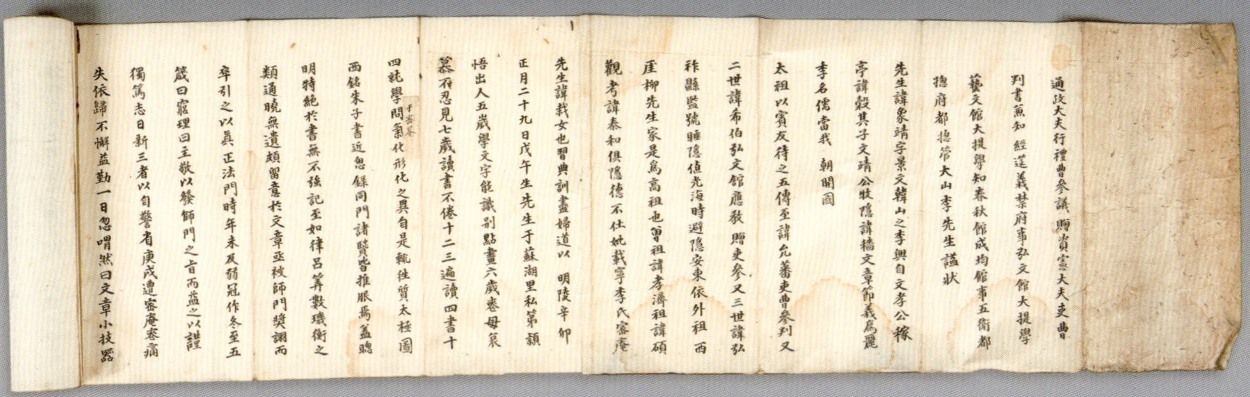

이상정 시장李象靖諡狀

허전/예조 | 19세기 | 필사 | 28.3×457.0 | 기탁 : 한산이씨 대산종가

성재性齋 허전許傳이 찬한 대산 이상정의 시장이다. 시장은 시호를 청하는 글이다. 이상정은 밀암 이재의 외손자로 밀암의 문하에서 수학하였으며, 도학에 힘써 학문하는 기풍을 진작시키는 것을 임무로 하였다고 하였다.

안동시 일직면 소호리 일대는 한산이씨가 대대로 살아온 곳이다. 붉은 암벽이 병풍을 두른 듯한 대석산 남쪽 기슭을 배경으로 앞으로는 넓은 들판이 펼쳐져 있고, 멀리 황학산에서 발원하여 의성의 옥산을 거쳐 80리를 흘러내린 미천이 마을을 감싸고 있다. 1767년 대산 이상정은 대석산 줄기인 제월봉과 미천이 만나는 절벽 위에 서실 3칸을 지어놓고 고산정사라 이름짓고 이 곳 풍경을 읊은 고산잡영을 지었다. 고산칠곡은 이 시에서 연유된 것인데 미천이 고산정사를 지나 낙동강으로 흘러들어가는 일곱 구비를 노래한 것이다.

주자가 무이산의 경치를 사랑하여 무이정사를 짓고 무이도가武夷權歌를 지은 이래, 무이구곡은 주자의 삶과 학문을 보여주는 상징으로 이해되었다. 조선의 유학자들은 16세기 이래 무이구곡을 학문적 이상향으로 간주하였다. 한강 정구는 9폭으로 된 무이구곡도를 만들어 두고 즐겨 감상하였으며, 율곡 이이도 무이도가를 모방하여 고산구곡가를 지었다. 우암 송시열은 율곡 이이가 강학했던 해주의 고산을 배경으로 고산구곡도를 제작하여 율곡의 학통을 계승한 학파의 상징으로 삼았으며, 응와 이원조(1792~1871)도 가야산 기슭에 포천구곡을 정하여 주자를 향한 존경심을 드러내었다.

이상정의 고산칠곡 또한 주자의 학문과 삶의 태도를 본받아 학문에 전념하겠다는 뜻을 드러낸 것으로 미천의 일곱 구비를 정해 시를 짓고 그림으로 남겼다. 고산칠곡은 제1곡 늠연교凜然橋, 제2곡 세심정洗心亭, 제3곡 유연대悠然臺, 제4곡 고산정사高山精舍, 제5곡 심춘대尋春臺, 제6곡 무금정無禁亭, 제7곡 무릉리武陵里이다.

제5장

고산칠곡 자연에서 공부하는 자세를

무금정

고산칠곡도 高山七曲圖

미상 | 채색 | 지본 | 50.0×35.0 | 복제본

고산칠곡을 그린 그림이다. 원본은 첩으로 되어 있고 모두 8면으로 구성되었다. 고산칠곡 총도가 먼저 그려졌고 제1곡 늠연교凜然橋부터 제7곡 무릉리武陵里까지 8면으로 구성되어 있다.

칠곡총도七曲總圖

一曲

公山南畔水幽幽	공산의 남쪽 가 물 깊고 어두운데
亂石參差易覆舟	어지러운 돌 고르지 않아 배 뒤집히기 쉽네
抑恐一心能利涉	조심하여 마음을 모아〔一心〕 건넌다면
瞿塘從古是安流	구당협도 옛날부터 편안한 물길일세

二曲

平郊欲盡水初渟	너른 들 끝나는 곳 물가에
石棧苔磯繞曲汀	돌다리 이끼 낀 자갈밭 모래톱을 둘렀구나
童冠暮春風浴罷	늦은 봄 젊은이와 바람 쐬고 난 뒤
振衣高上洗心亭	옷 털고 높이 오르니 세심정이라

三曲

蒼岸雙開一水深	푸른 강 언덕 둘로 갈라진 곳 물 깊어
煙雲朝暮暗平林	뭉게뭉게 피어오르는 노을 구름 아침저녁으로 평림〔平林〕을 덮는구나
試向悠然臺上坐	유연대에 올라가 앉았으니
千年誰識見山心	천년 세월 누가 알리 산을 보는 마음을

四曲

水静山深自一村　　물은 고요하고 산은 깊어 한 마을을 이루었고

虛齋終日掩柴門　　텅 빈 서재에는 하루 종일 사립문 여는 이 없구나

汀禽欲睡階花笑　　물새는 꾸벅꾸벅 졸고 뜰 앞에 꽃은 활짝 피었는데

一炷爐香坐不言　　한줄기 피어오르는 향에 말을 잊고 앉았다

五曲

尋春臺下水溶溶	심춘대 아래 물 도도히 흐르고
老壁嵯峨古院空	오래된 절벽은 우뚝하나 옛 원〔院〕 터는 비어 있다.
一帶虹橋橫渡口	무지개 다리 나루에 걸쳤으니
何人能辦濟川功	누가 다리 놓아 시내 건너게 하는 공덕 쌓았는가

六曲

斷麓逶遲面玉屛	끊어진 산줄기 아득히 멀고 옥같이 푸른 병풍 눈앞에 있네
石田荒草認遺亭	돌밭 무성한 풀 헤치고 올라가니 옛 정자 하나
等閒聲色無人管	풍류를 등한히 여겨 관리하는 사람 없으니
依舊山空水自淸	산천은 의구하여 산 고요하고 물 또한 맑구나

七曲

野闢山開但平川　넓은 들 산 사이 나지막한 시내 흐르고

隔林籬落見人烟　숲 너머 인가에는 밥 짓는 연기

奇遊欲盡重回首　기이한 경치 구경 끝나려 할 즈음 다시 머리 돌려 보니

去管壺中別有天　호리병 속 무릉도원 있으니 가서 경영하리라

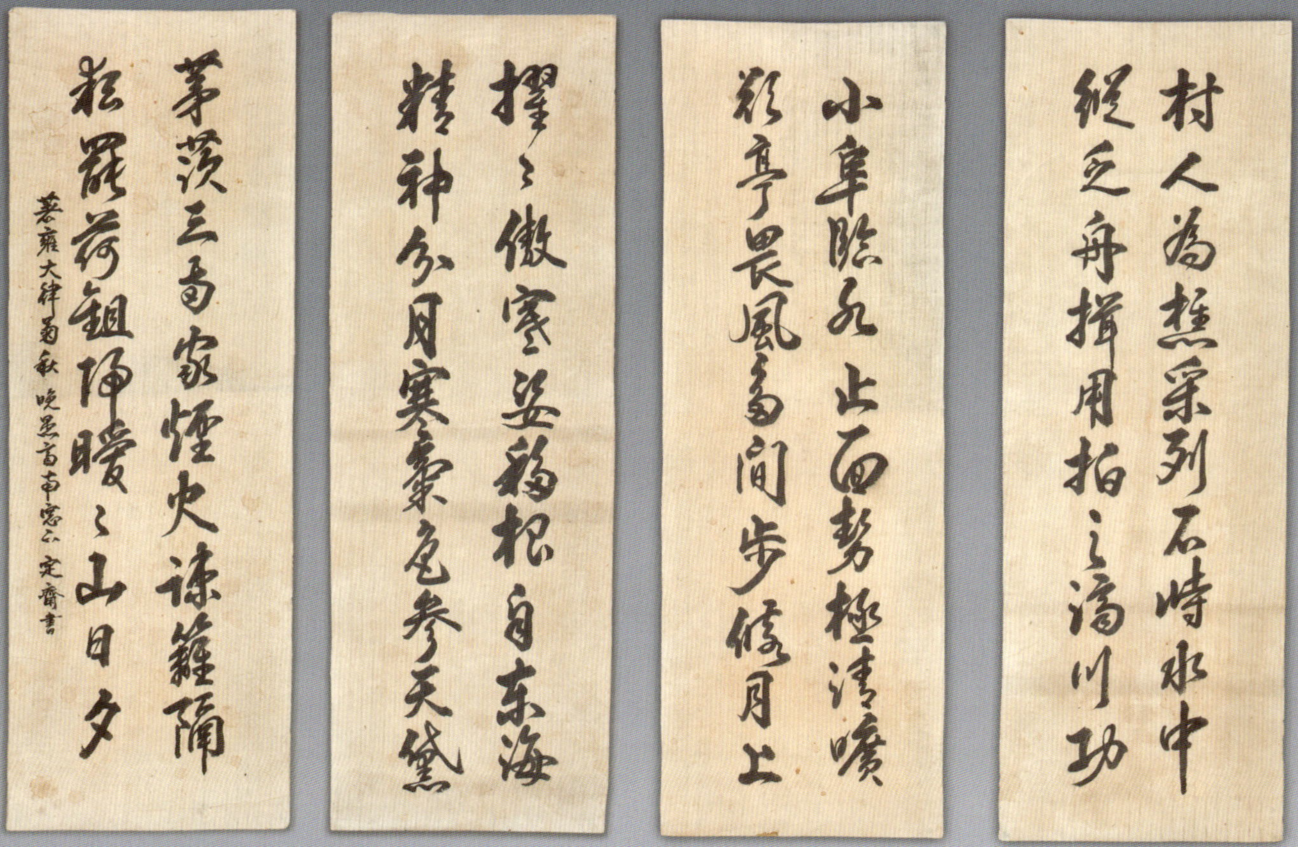

고산16절 병풍 高山十六絕屛風

개인 소장 | 88.2 x 30.1

대산 이상정의 시를 외증손인 정재 류치명이 쓴 것이다. 원래 16절의 오언절구인데 그중 8수만 골라 썼다.

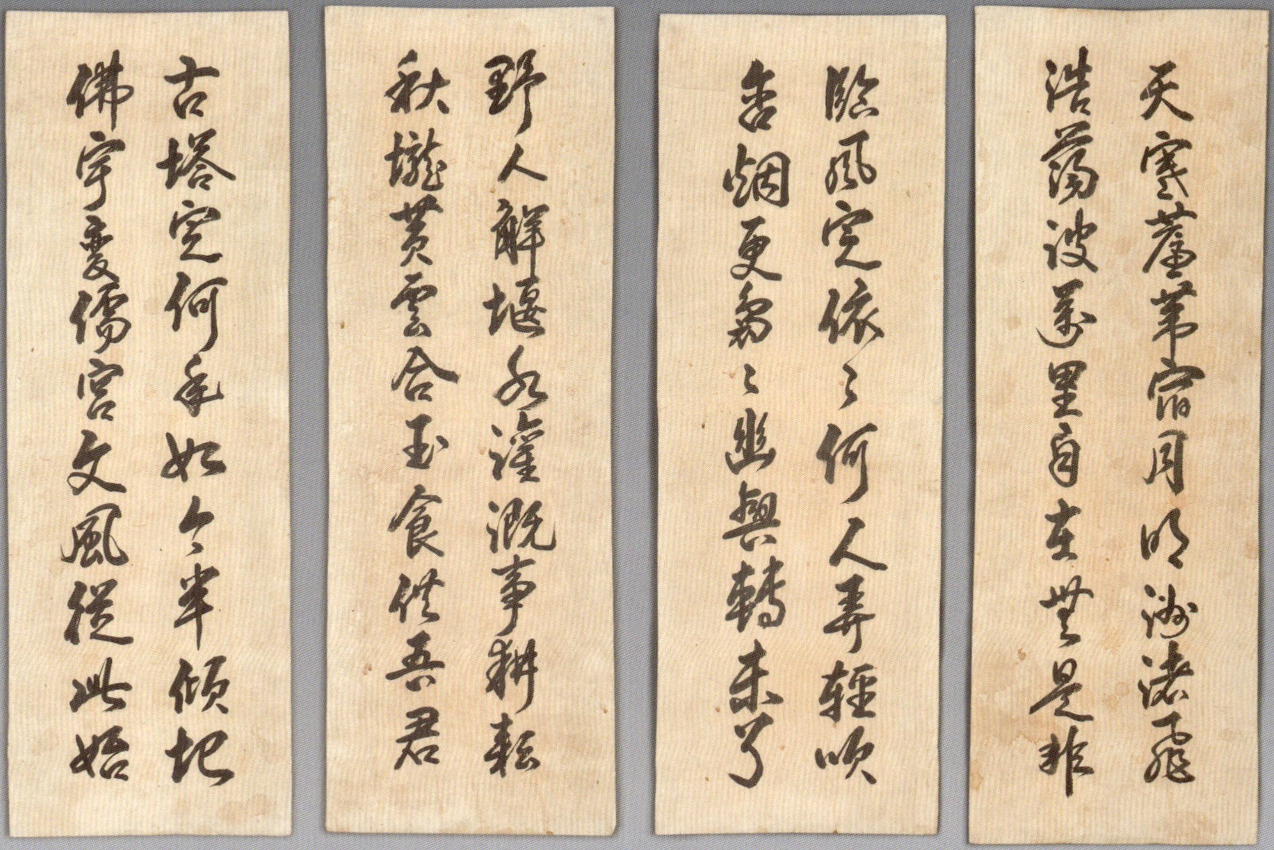

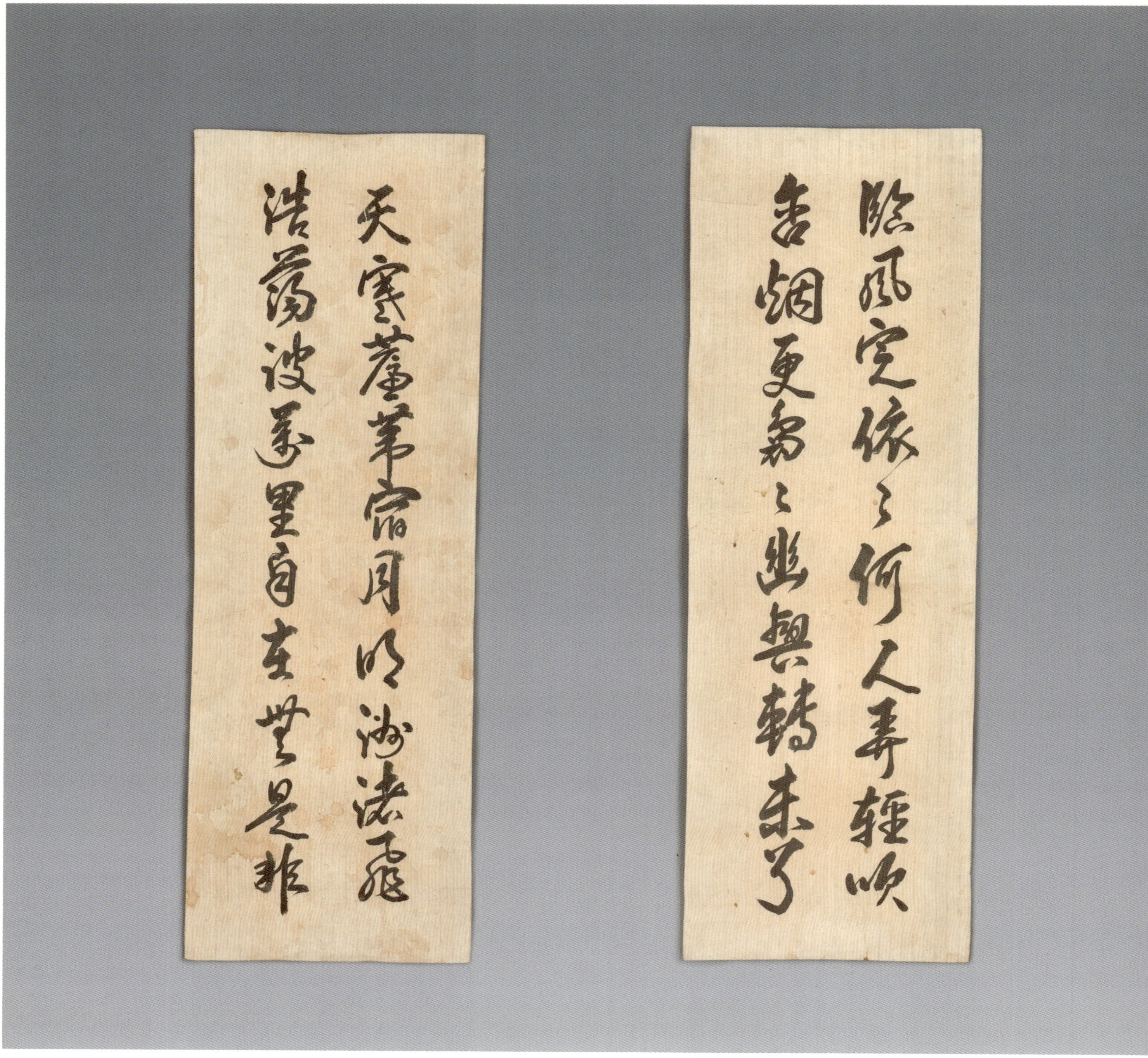

鷗渚　　　　모래섬의 갈매기

天寒蘆葦宿　　차가운 날 갈대숲에서 자더니

月明洲渚飛　　달 밝은 밤 모래 밭 위를 난다네

浩蕩波萬里　　호호탕탕한 파도 만 리 밖에 있으니

自在無是非　　시비에 구애될 것 없어라

烟柳　　　　노을 낀 버드나무 숲

臨風定依依　　바람 부는 데 서서 흔들흔들

含烟更裊裊　　노을과 어울려 다시 하늘하늘

何人弄輕吹　　누가 장난삼아 불었나

幽興轉未了　　그윽한 흥취 아직 끝나지 않았는데

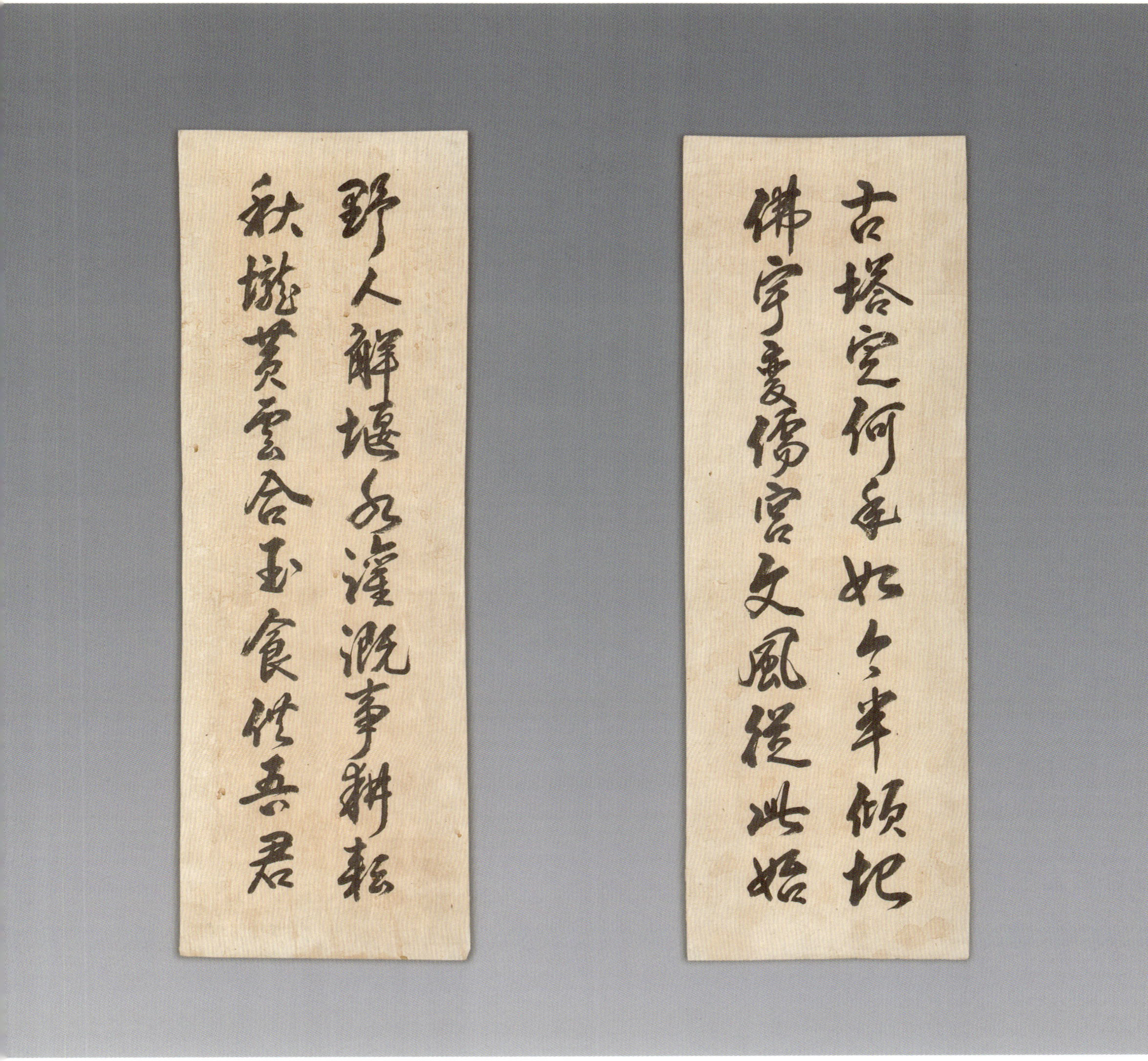

北堰	북쪽 제방
野人解堰水	농부 제방의 물 풀어
灌漑事耕耘	물대어 논밭갈이 하네
秋壟黃雲合	가을 논두렁 누런 구름과 어울릴 터이니
玉食供吾君	쌀밥〔玉食〕 우리 님께 드릴거나

廢塔	폐탑
古塔定何年	옛탑 언제 만들어졌나
如今半傾圯	지금 반쯤 기울어 무너졌네
佛宇變儒宮	절이 변하여 유궁〔儒宮〕 되었으니
文風從此始	문풍은 이로부터 시작되리

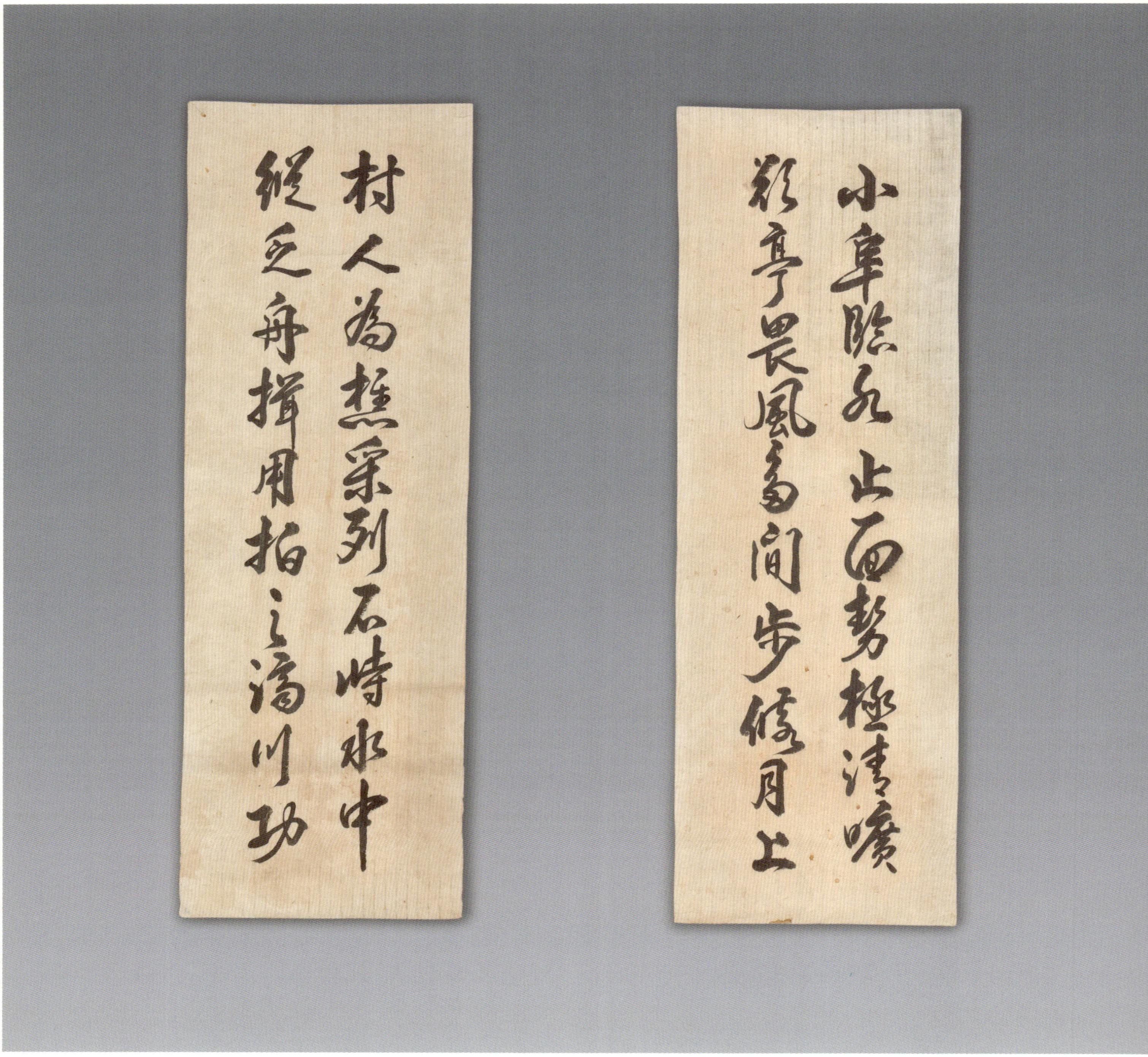

石矼	돌다리
村人爲樵采	촌사람 나무하고 나물 캐는 곳
列石峙水中	늘어선 돌 물 속에서 솟았다
縱乏舟楫用	나룻배 쓰지 않는다 해도
均之濟川功	같이 힘 모아 물 건너는 공덕 이루었네

土墩	흙 돈대
小阜臨水止	작은 언덕 물을 만나 그쳤으니
面勢極淸曠	그 모습 맑고 환하구나
欲亭畏風多	바라노라 바람 많지 않기를
間步候月上	걷는 동안 월궁항아 기다리게

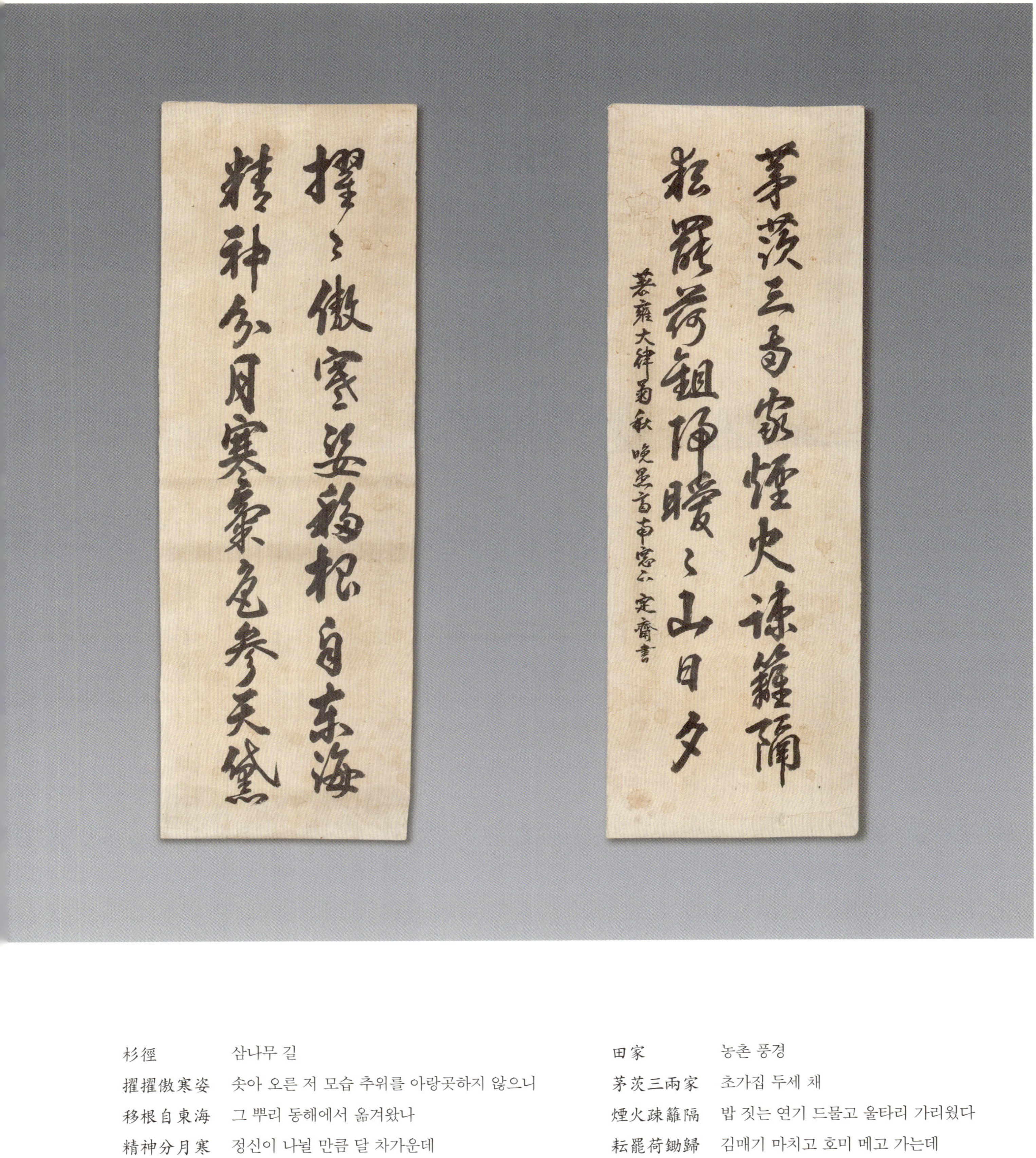

杉徑 삼나무 길

擢擢傲寒姿 솟아 오른 저 모습 추위를 아랑곳하지 않으니

移根自東海 그 뿌리 동해에서 옮겨왔나

精神分月寒 정신이 나뉠 만큼 달 차가운데

氣色參天黛 기품과 자태는 하늘을 찌를 듯하네

田家 농촌 풍경

茅茨三兩家 초가집 두세 채

煙火疎籬隔 밥 짓는 연기 드물고 울타리 가리웠다

耘罷荷鋤歸 김매기 마치고 호미 메고 가는데

曖曖山日夕 어스름한 저녁 해는 서산에 걸려있네

著雍大律菊秋 晚愚亭南窓下 定齋書

1858년 국화꽃 피는 가을 만우정 남쪽 창가에서 류치명 쓰다

청죽장

대나무 | 길이: 170.5 | 기탁 : 한산이씨 대산종가

대산 이상정이 짚고 다니던 지팡이로 종가에 전해내려 오던 것이다.

소산재기 小山齋記

이광정 | 1739년 | 31.8×54.5 | 기탁 : 한산이씨 소산종가

이광정이 소산재를 짓고 자로와 안자를 본받아 가난과 곤욕에 처하더라도 학문에 힘쓸 것을 다짐하는 내용을 적고 있다.

대산서당 현판 大山書堂懸板

해서 | 48.3×157.9 | 기탁 : 한산이씨 대산종가

이상정이 문중의 자제들을 교육하는 공간으로 창설한 서당의 현판이다. 이상정의 호인 '대산'도 서당이 있던 대석산에서 따온 것이다.

高山精舍

고산정사 현판 高山精舍懸板

예서 | 38.5×50.2 | 기탁 : 한산이씨 대산종가

예서체의 글씨로 이상정이 학문 진작과 후진 양성을 위하여 1768년(영조44)에 창건한 고산정사의 현판이다. 고산정사는 후에 고산서원으로 발전하였으며, 건물은 현재 고산서원 경내에 있다.

제6장

호상의 묵향

대산종택

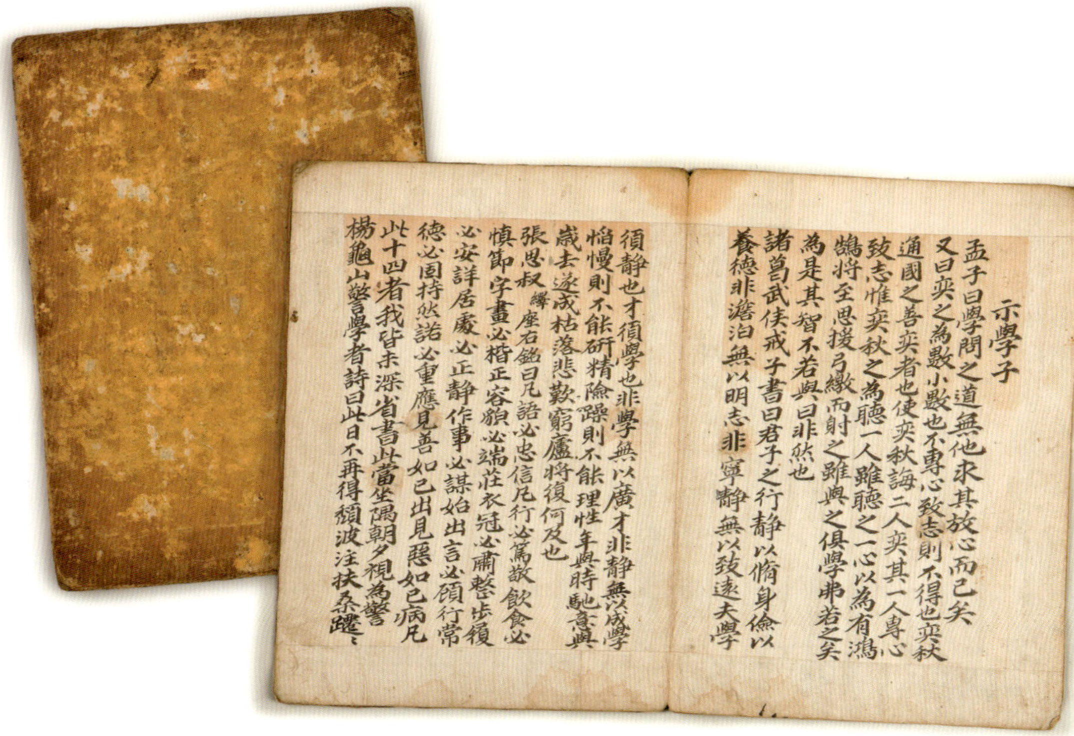

시학자 示學子

이재 | 1713년 | 32.5×23.0 | 기탁 : 한산이씨 대산종가

밀암 이재가 후손들에게 학문에 힘쓰기를 권하면서, 맹자 · 제갈량 · 주자 등의 글에서 뽑아 학문하는 방법에 대하여 알려준 것으로 '근근勤謹' 두 글자를 공부의 지침으로 삼으라고 권하였다. 소산 이광정에게 준 글에도 이러한 내용이 있는 것으로 보아 외손자들에게 준 것으로 보인다.

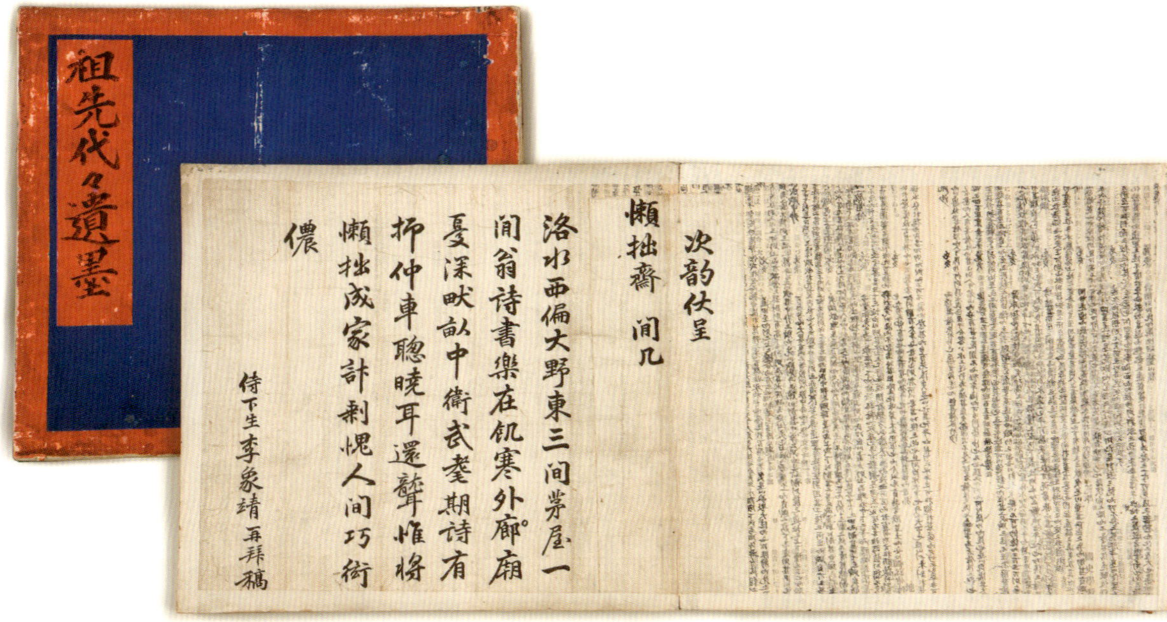

次韻伏呈懶拙齋閒几　　차운하여 난졸재 선생께 드리다

洛水西偏大野東　　낙동강 서쪽 큰 들 동쪽
三間茅屋一閒翁　　세 칸 초가집 한가로운 노인 한 분
詩書樂在飢寒外　　詩書의 즐거움은 기한 밖에 있고
廊廟憂深畎畝中　　나라를 위한 근심은 밭고랑 사이에도 있구나
衛武耄期詩有抑　　衛武公은 늙어서도 시를 지어 자신을 경계하였으며
仲車聰曉耳還聾　　徐積은 귀가 먹었어도 세상일에 통달하였다지
惟將懶拙成家計　　게으르고 졸렬함으로 집을 이룰 계획을 세웠으니
剩愧人間巧衒儂　　세상의 재주 팔러 돌아다니는 자 부끄럽구나

侍下生 李象靖 再拜稿　　시하생 이상정이 두 번 절하고 짓다

조선대대유묵 祖先代代遺墨

이후정 · 이상정 · 이완 등 | 필사 | 호접장 | 25.7×28.3 | 기탁 : 한산이씨 대산종가

이후정, 이상정, 이완 등 한산이씨 문중 인사들의 시문과 간찰들을 수습하여 필첩으로 만든 것이다.

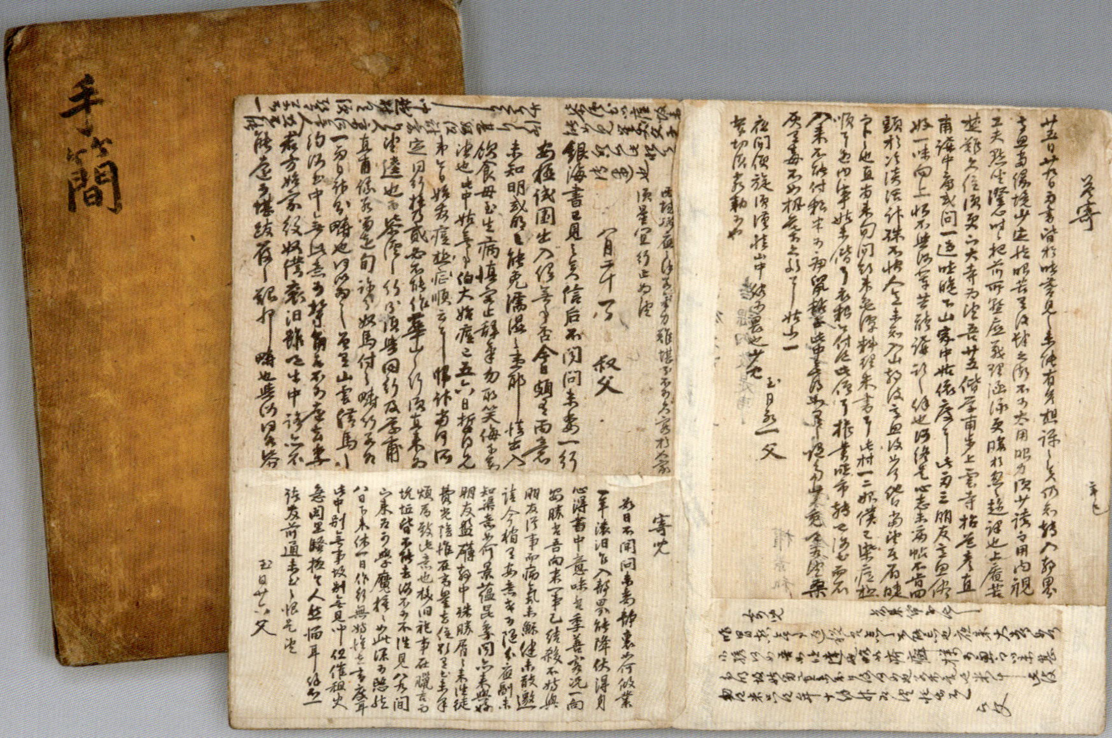

수간 手簡

불분권1책 | 필사 | 호접장 | 39.0×27.0 | 기탁 : 한산이씨 대산종가

이상정의 편지를 모은 필첩이다. 주로 아들과 조카들에게 보낸 편지로 학문에 힘쓸 것과 집안 가사에 정성을 기울일 것을 당부하는 내용이다.

寄兒書

昨因壽洞人付書或不浮沈否日來調況何似自西方來者皆言受針後元氣大虛似生他病深可慮念卽欲送馬率來而馬子適出外昨還今始送去雖未備一次須稟于金丈卽還歸可也來時須着揮項勿太觸風若踰嶺行步則易下汗須取路苦谷洞自丹池峴出於一直上洞爲可水路無妨則自儉岩夢谷(꿈실)取路高岩亦好耳主人丈或言留住無妨遠慮殊甚期於還歸可也此處人多有受針而生他病者深可慮也主人丈前有書耳此去書須傳送于愚洞李進士可也餘在面見不能一一 卄五父

아이에게 부침

어제 수동壽洞 사람을 통해 부친 편지가 혹시 전해지지 않은 것 아니냐? 요즘 조섭調攝하는 근황은 어떠냐? 서방西方에서 온 사람들이 모두 침을 맞고 난 뒤엔 원기가 크게 허약해져, 다른 병이 난 것 같다고 말하니 매우 걱정되고 염려된다. 곧바로 말을 보내어 거느리고 오도록 하고 싶지만, 마침 말이 밖에 나갔다가 어제 돌아오는 바람에 이제야 보내게 되었다. 비록 한 차례 미비한 점은 있으나, 모름지기 김씨 어른께 여쭙고 바로 돌아오는 것이 좋겠다. 올 때 반드시 휘항(揮項:방한모)을 쓰고 바람을 너무 쐬지 않도록 하여라. 만약 재를 넘어 걸어온다면 땀을 흘리기 쉬울 것이니, 반드시 고곡동苦谷洞 길로 들어서 단지丹池 고개로부터 일직一直의 상동上洞으로 오는 것이 좋을 것이다. 물길도 상관없다면 검암儉岩의 꿈실에서 고암高岩으로 오는 것도 좋을 것이다. 주인어른이 혹시 머물러도 무방하다고 말하더라도, 멀리서 걱정이 이만저만이 아니니 돌아오도록 하는 것이 좋겠다. 이곳 사람들이 다들 침을 맞고 다른 병이 난 것은 매우 염려스러운 일이다. 주인어른께 보내는 편지도 있다. 이번에 가는 편지를 우동愚洞 이진사李進士에게 전해 주는 것이 좋겠다. 나머지는 만나서 이야기 하자. 일일이 다 적지 않는다.

25일 아비.

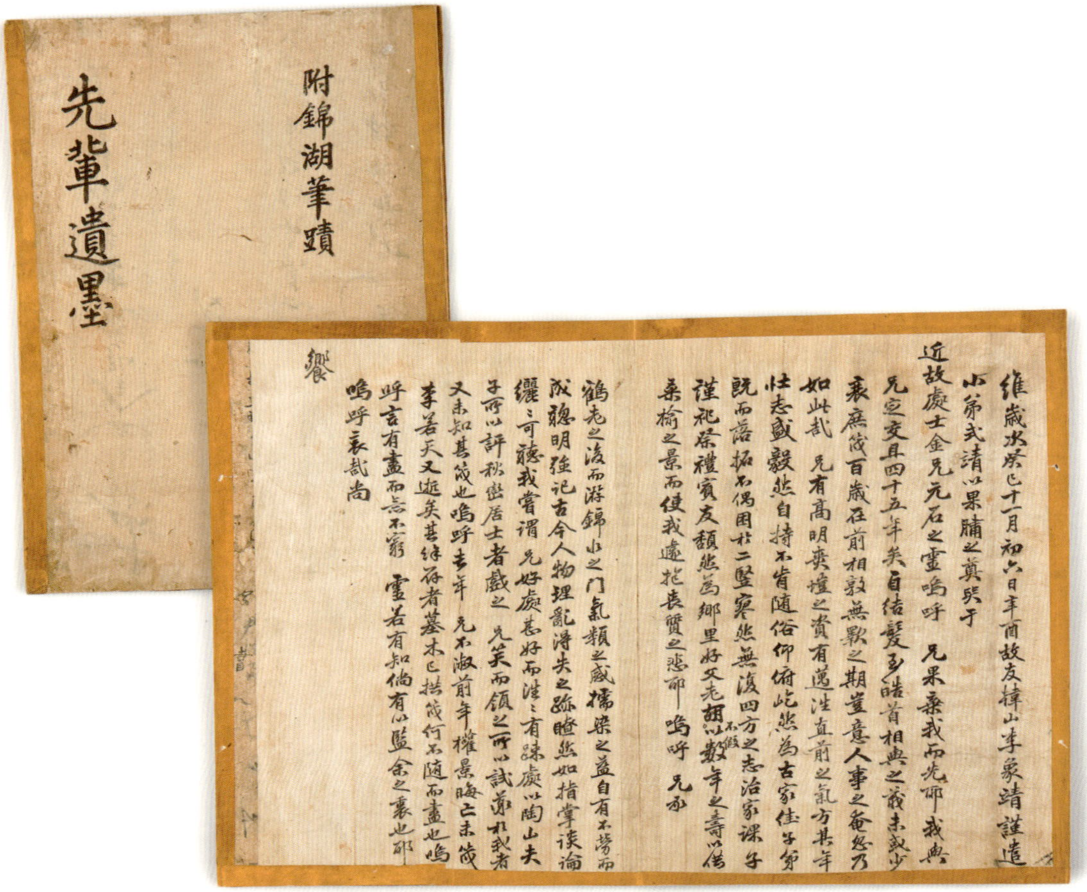

금호필적 錦湖筆蹟

호접장 | 46.5×34.0 | 소장 : 의성김씨 학봉종택 | 보물 제905호

제현들의 필적을 첩으로 엮은 것이다. 권위, 권욱 등의 글씨와 함께 밀암 이재, 대산 이상정의 글씨를 배접하여 첩으로 엮었다. 이 부분은 이상정이 1773년 벗인 김주국金柱國(1710~1771)의 영전에 올린 제문이다. 45년 동안 사귀어 교분이 깊었던 김주국의 죽음을 애도하면서 고매한 뜻과 기상을 가지고 있었지만 그 뜻을 펴지 못함을 아쉬워하였다. 김주국은 학봉의 종손으로 밀암 이재의 문인이었다.

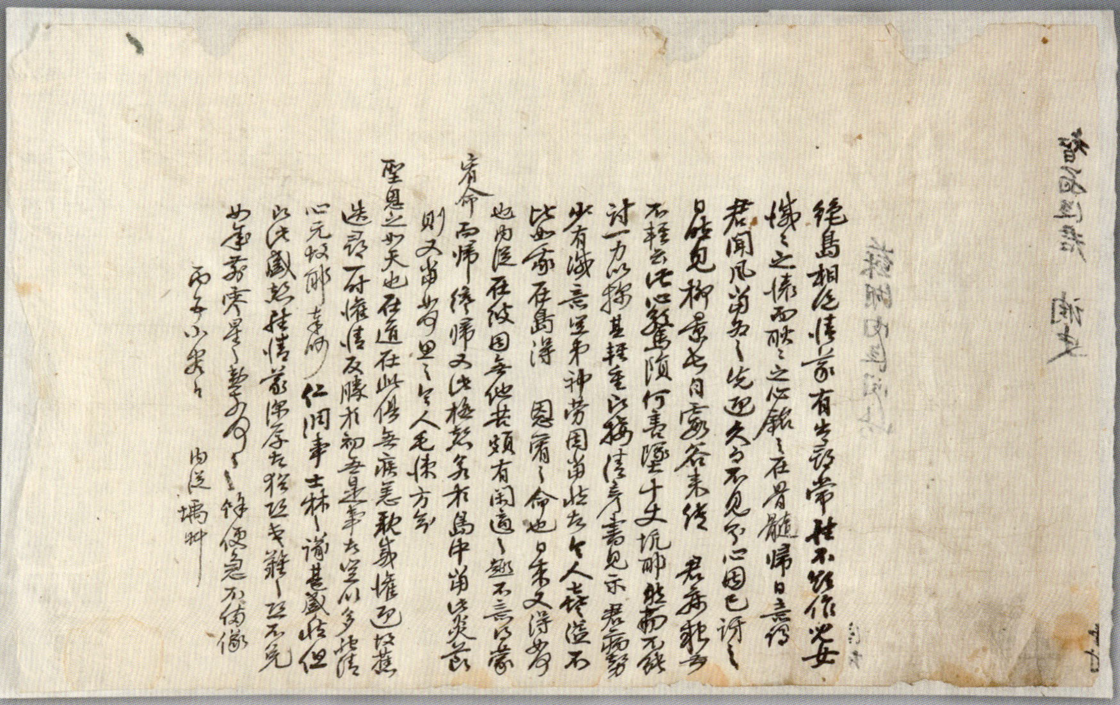

이우 간찰 李㻩簡札

이우/지옹종군 | 1806년 | 26.5×41.7 | 기탁 : 한산이씨 소산종가

고금도에서 이우가 외사촌에게 보낸 편지로 자신의 해배解配 소식을 들었다고 전하는 내용이다.

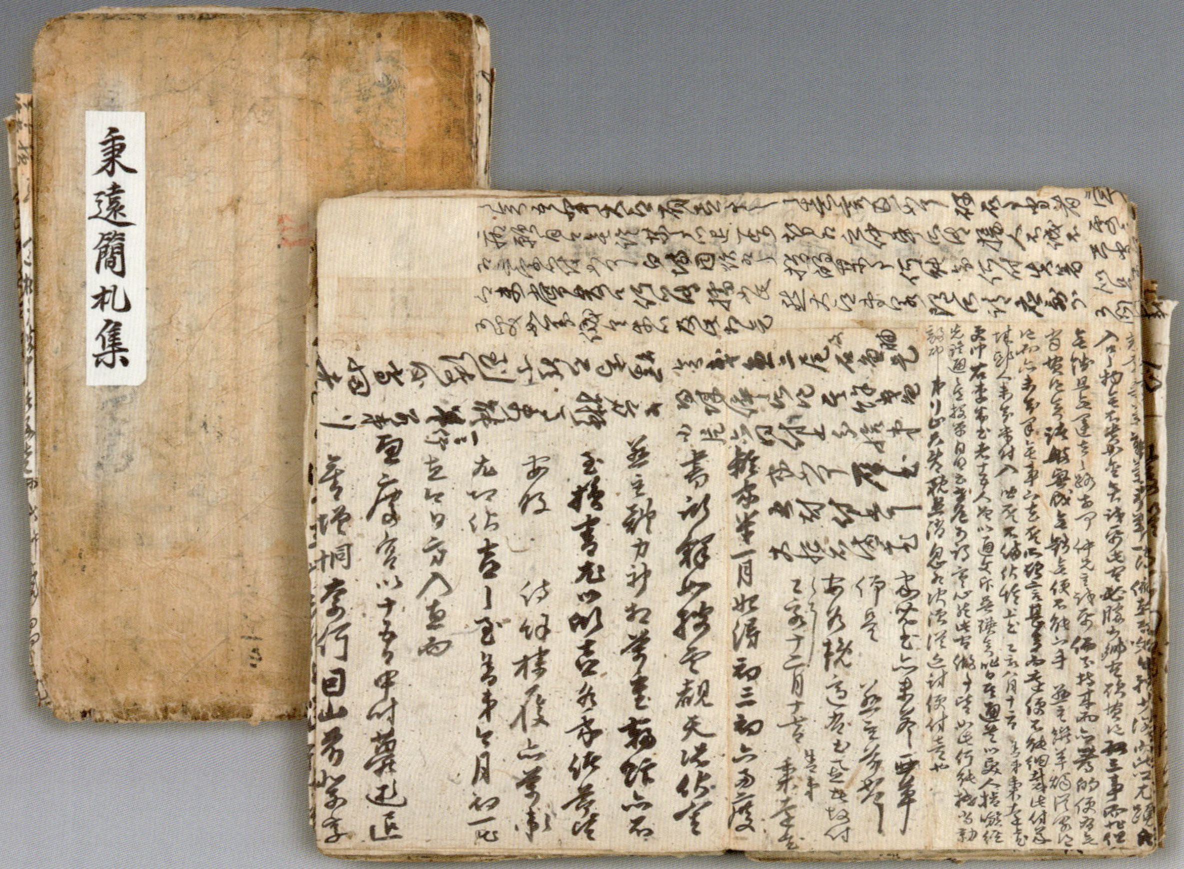

병원간찰집 秉遠簡札集

불분권1책 | 필사 | 38.5×24.0 | 기탁 : 한산이씨 대산종가

소암所庵 이병원李秉遠(1764~1840)의 간찰을 모은 서간첩이다. 큰 형인 면재 이병운에게 보낸 편지가 대부분이다.

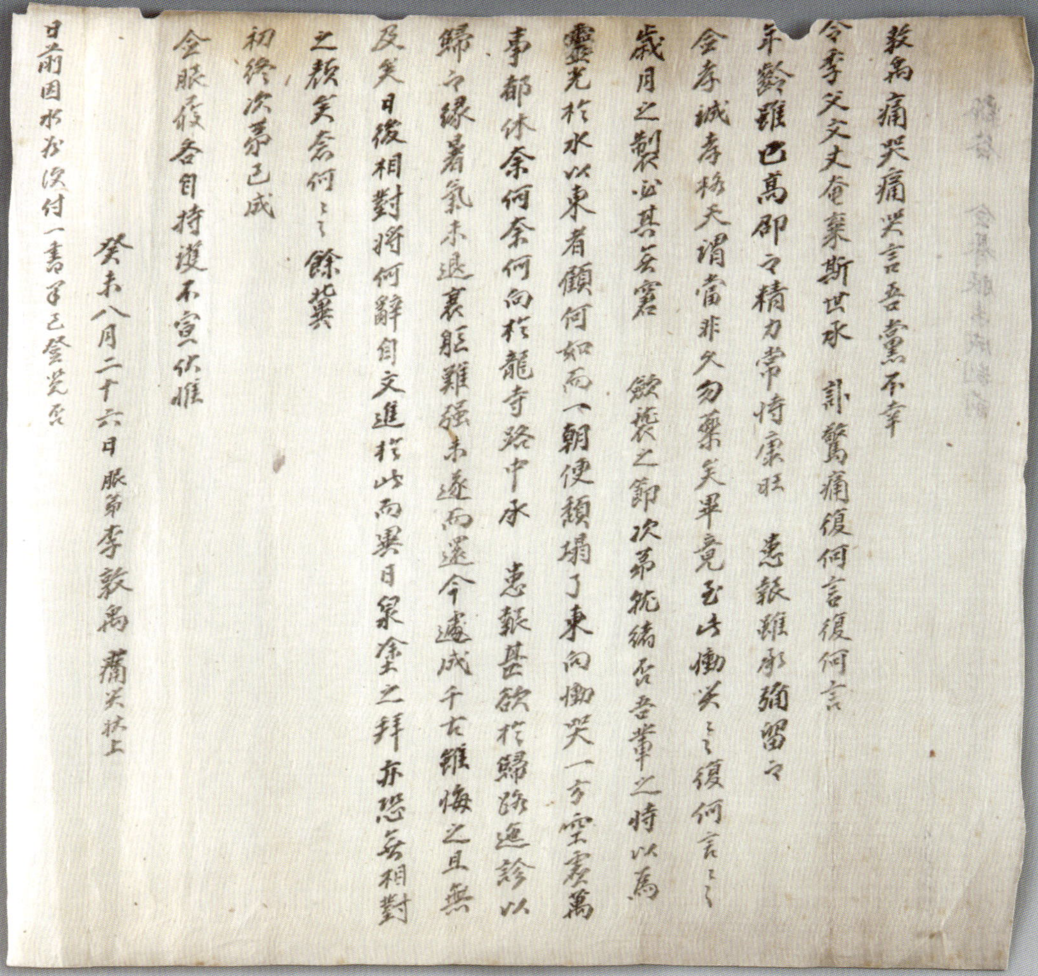

이돈우 간찰 李敦禹簡札

1883년 | 27.2×28.2 | 기탁 : 전주류씨 박실 웃댁 수정재고택

1883년 이돈우가 수곡의 전주류씨 문중의 인물에게 보낸 위로편지이다. 편지의 수급자는 계부상을 당하였으며, 이돈우는 용수사로 가는 도중에 병환소식을 들었다고 하였다. 편지의 수급자는 류기호로 짐작된다.

긍암 肯菴

행서 | 42.5×68.0 | 기탁 : 한산이씨 대산종가

긍암肯庵 이돈우李敦禹의 서재 편액으로 '긍암肯菴'은 '선조의 사업을 계승하여 성취한다'는 뜻이다. 이돈우는 이상정의 현손으로 정재 류치명의 문인이며 이조참판을 지냈다.

만은 晩隱

전서 | 25.0×52.0 | 기탁 : 한산이씨 대산종가

대산종가에 보관되어 있던 편액으로 '만은晩隱'은 '만년에 은거한 곳'이란 뜻으로 선비가 학문에만 전심하면서 수양하는 공간을 가리킨다. 만은은 대산 이상정의 강학처를 일컫는 것으로 쓰였다. 퇴계는 임종 즈음하여 자신의 빗돌에 '퇴도만은'이라 써줄 것을 유언하였다. 대산을 보통 '소퇴계'라 부르는데 퇴계를 본받은 삶의 자세를 보여주는 편액이라 하겠다.

이상정은 18세기 영남지역 최대의 학파를 이루었다. 이상정의 문인은 모두 273명에 달하는데 문인들의 출신지는 고향인 안동을 비롯하여, 의성 · 영주 · 순흥 · 칠곡 · 대구 · 상주 · 영천 · 삼가 · 김해 · 함안 · 고성 등 경상도 전역을 아우르고 있었다.

이들 중 호문삼로湖門三老로 불리는 이종수(1722~1797) · 류장원(1724~1796) · 김종덕(1724~1797)은 이상정 사후 이광정과 더불어 대산학파를 이끌면서 이상정을 퇴계학통의 적전으로 높이고자 노력하였다. 이들은 이상정이 죽은 지 2년 뒤인 1783년 모임을 갖고 이상정을 생전에 강학하던 고산정사에 향사할 것을 결의하고 김종덕이 지은 상소를 올려 고산정사를 서원으로 승격시키기 위한 노력을 기울였다. 또한 류장원은 『상변통고』를 지어 대산학파의 예론을 정리하였으며, 류장원의 제자 류건휴(1768~1834)는 『계호학적』을 지어 이상정이 이황을 계승하였음을 천명하였다.

호문삼로가 사망한 뒤에도 이상정의 문인들은 스승의 학설을 다시 확인하고 보급하고자 많은 노력을 기울였다. 특히 1811년 3월의 고산정사에서 열린 강회講會는 대산학설을 '의리의 근원'이요 '학문의 핵심'이라고 천명하는 자리가 되었다.

이후 이상정의 학통은 남한조-류치명을 거쳐 확고히 자리잡게 되었다. 류치명은 『대산실기』를 지었으며, 류치명 문하의 제자들은 대산의 학문을 호학湖學으로 정리하고, 류치엄이 『호학집성』을 편찬함으로써 퇴계학의 정수를 계승하였음을 선언하였다.

이러한 대산학맥은 조선후기 영남지역 최대의 학파를 건설하였을 뿐만 아니라 조선말 국난에 임해 의병 · 독립전쟁에 솔선하여 나섬으로써 선비가 가져야 할 삶의 자세를 행동으로 분명히 보여 주었다.

제7장

대산학파와 계승자들

山書院

고산서원

대산학파 학맥도

- 이재(密菴, 1627~1730)
  - **이상정**(大山, 1711~1781)
    - 류도원(蘆厓, 1721~1791)
    - **이현정**(約窩, 1721~1789)
    - 이종수(后山, 1722~1797)
      - 이가순(霞溪, 1768~1844)
    - **이사정**(華巖, 1724~1788)
    - 류장원(東巖, 1724~1796)
      - 류건휴(大埜, 1768~1834)
      - 류정문(壽靜齋, 1782~1839)
    - 최주진(東溪, 1724~1763)
    - 김종덕(川沙, 1724~1797)
      - 이종주(北亭, 1753~1818
      - 이야순(廣瀨, 1755~1831)
      - 남한호(誠齋, 1760~1821)
      - 정필규(魯庵, 1760~1831)
      - **이병운**(俛齋, 1766~1841)
      - **이병원**(所庵, 1774~1840)
    - 김진동(素巖, 1727~1800)
    - 김종경(苟齋, 1732~1785)
    - **이택정**(龜陰, 1728~1813)
    - 신체인(晦屛, 1731~1812)
    - 김 굉(龜窩, 1739~1816
    - 정종로(立齋, 1738~1816)
      - 이원조(凝窩, 1792~1872
    - **이 우**(俛庵, 1739~1810)
    - **이 완**(艮巖, 1740~1789)
    - 권 방(鶴林, 1740~1808)
      - 권규도(溪西, 1782~1852)
    - 류범휴(壺谷, 1744~1823)
    - 남한조(損齋, 1744~1809)
      - 조승수(梅隱, 1760~1830)
      - 류휘문(好古窩, 1773~1827)
      - 김양휴(栗園, 1777~1854)
      - 류치명(定齋, 1777~1861)
    - 이주정(大溪, 1750~1818)
    - 배상열(槐潭, 1759~1789)
    - 김희주(葛川, 1760~1830)
  - **이광정**(小山, 1714~1789)

- 금서술(素無軒, 1791~1872)
- 금시술(梅軒, 1783~1851)
- 이휘재(雲山, 1795~1875)
- 김도혁(巖塘, 1794~1814)
- 이진상(정재문인)
- 권연하(頤齋, 1813~1862)
  - 이만도(響山, 1842~1910)
    - 김도현(碧山, 1852~1914)
- 김대진(訂窩, 1800~1871)
- 류치호(東林, 1800~1845)
- 류치임(起軒, 1805~1876)
- **이돈우**(肯庵, 1807~1884)
- 류치엄(萬山, 1810~1876)
- 류기호(石隱, 1823~1886)
- 박치복(晩醒, 1824~1894)
- 김도화(拓菴, 1825~1912)
  - 류인식(東山, 1865~1928)
  - 송기식(海窓, 1878~1949)
- 김흥락(西山, 1827~1899)
  - 이긍연(流水閣, 1847~1925)
  - 김상종(云山, 1847~1909)
  - 이상룡(石洲, 1858~1932)
  - 이중업(起巖, 1863~1921)
  - 김대락(白下, 1845~1914)
  - 류연집(汎菴, 1853~1933)
  - 김형모(柯山, 1856~1930)
  - 권상익(省齋, 1863~1953)
  - 김동삼(一松, 1878~1937)
- 권세연(星臺, 1830~1899)
- 류필영(西坡, 1841~1924)
- 이진상(寒洲, 1818~1886)
  - 허 유(后山, 1833~1904)
  - 김진호(勿川, 1845~1908)
  - 윤주하(膠宇, 1846~1906)
  - 곽종석(俛宇, 1846~1919)
    - 하용제(約軒, 1854~1919)
    - 서병오(石齋, 1862~1935)
    - 이인재(省窩, 1870~1929)
    - 이병헌(眞菴, 1870~1940)
    - 하겸진(晦峰, 1870~1946)
    - 송상도(騎驢子, 1871~1946)
    - 조긍섭(深齋, 1873~1933)
    - 김창숙(心山, 1879~1962)
    - 김 황(重齋, 1896~1978)
  - 이승희(韓溪, 1847~1916)
  - 이정모(紫東, 1846~1875)
  - 이두훈(弘窩, 1856~1918)
  - 장석영(晦堂, 1851~1920)

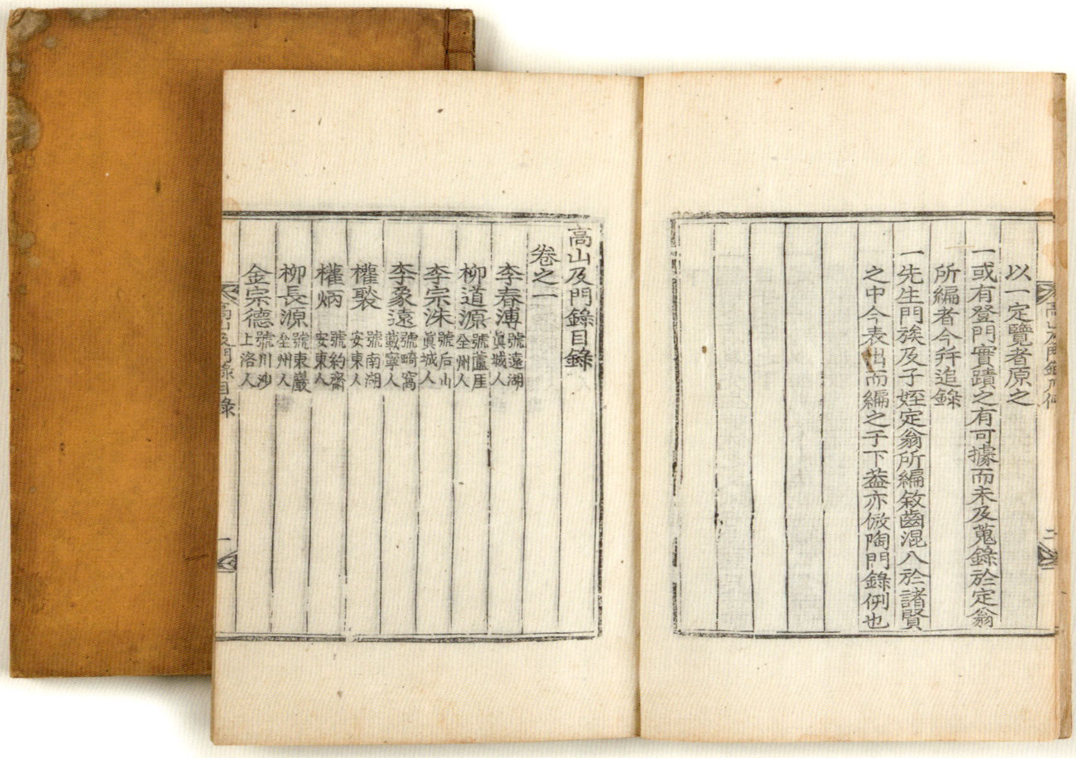

고산급문록 高山及門錄

1940년 | 4권2책 | 목판본 | 31.2×21.1 | 기탁 : 한산이씨 대산종가

대산 이상정의 문인록으로 이상정의 손자인 소암 이병원이 초고를 작성하였지만 완성을 보지 못하고, 후에 정재 류치명이 완성하였다. 모두 273명의 급문제자가 수록되었다.

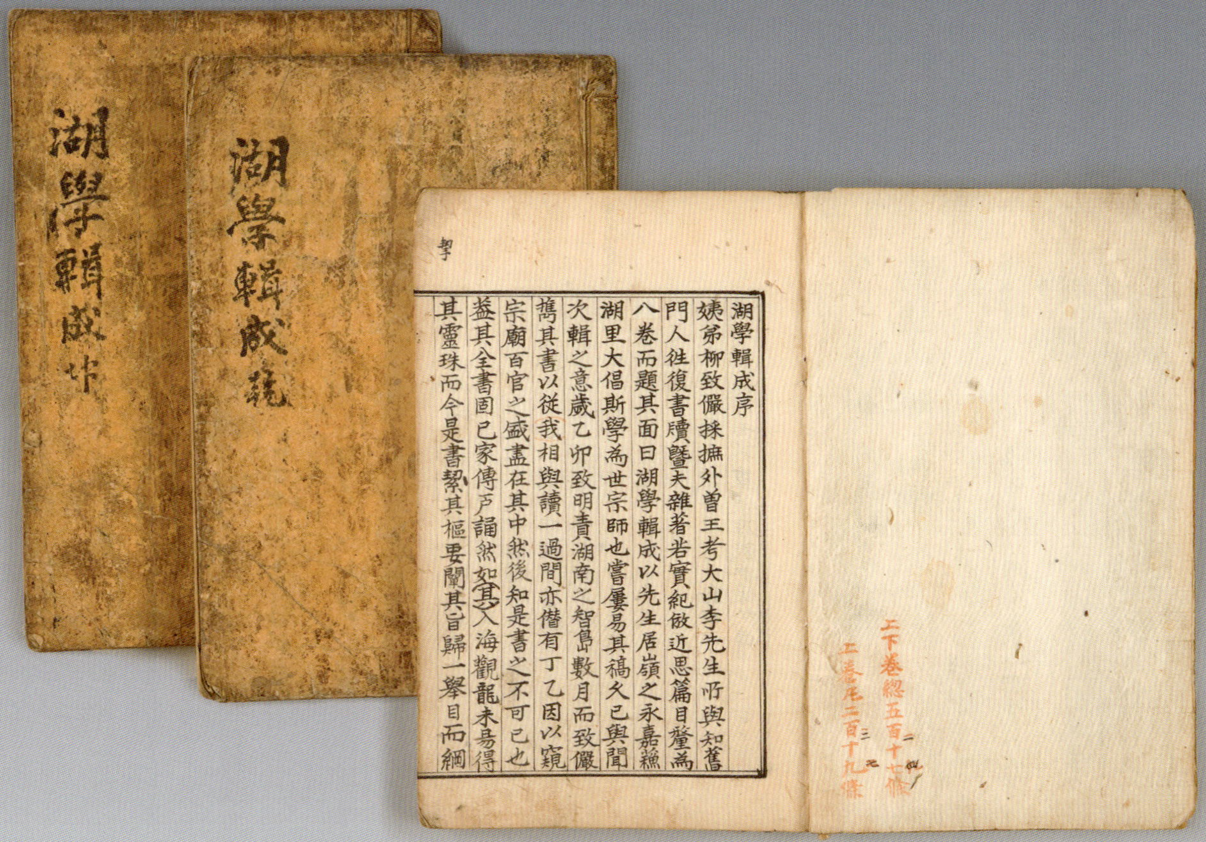

호학집성 湖學輯成

류치엄 편 | 1852년 | 8권2책 | 필사본 | 31.8×20.8 | 기탁 : 한산이씨 대산종가

류치엄이 이상정의 저술 중에서 중요한 구절을 『근사록』의 체제를 모방하여 8권 2책으로 선록한 것이다. 편집자 류치엄은 정재 류치명의 문인으로 대산의 아들 이완의 외손자이다.

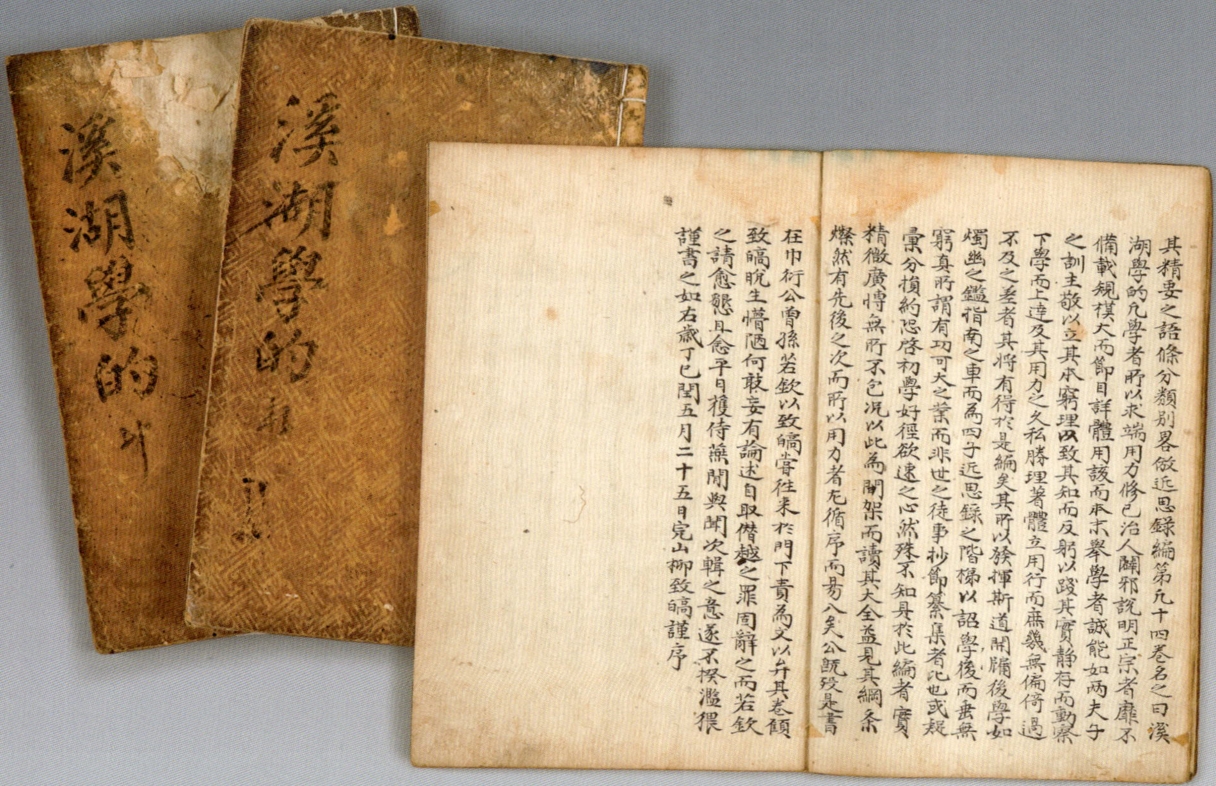

계호학적 溪湖學的

류건휴 편 | 1857년 | 13권2책 | 필사본 | 29.8×20.0 | 기탁 : 전주류씨 수곡파 대야고택

류건휴柳健休가 퇴계 이황과 대산 이상정의 저술 중에서 중요한 구절을 뽑아 선록한 것이다. 이 책의 저술목적은 이상정이 퇴계의 학설을 계승한 정맥임을 천명하기 위한 것이었다.

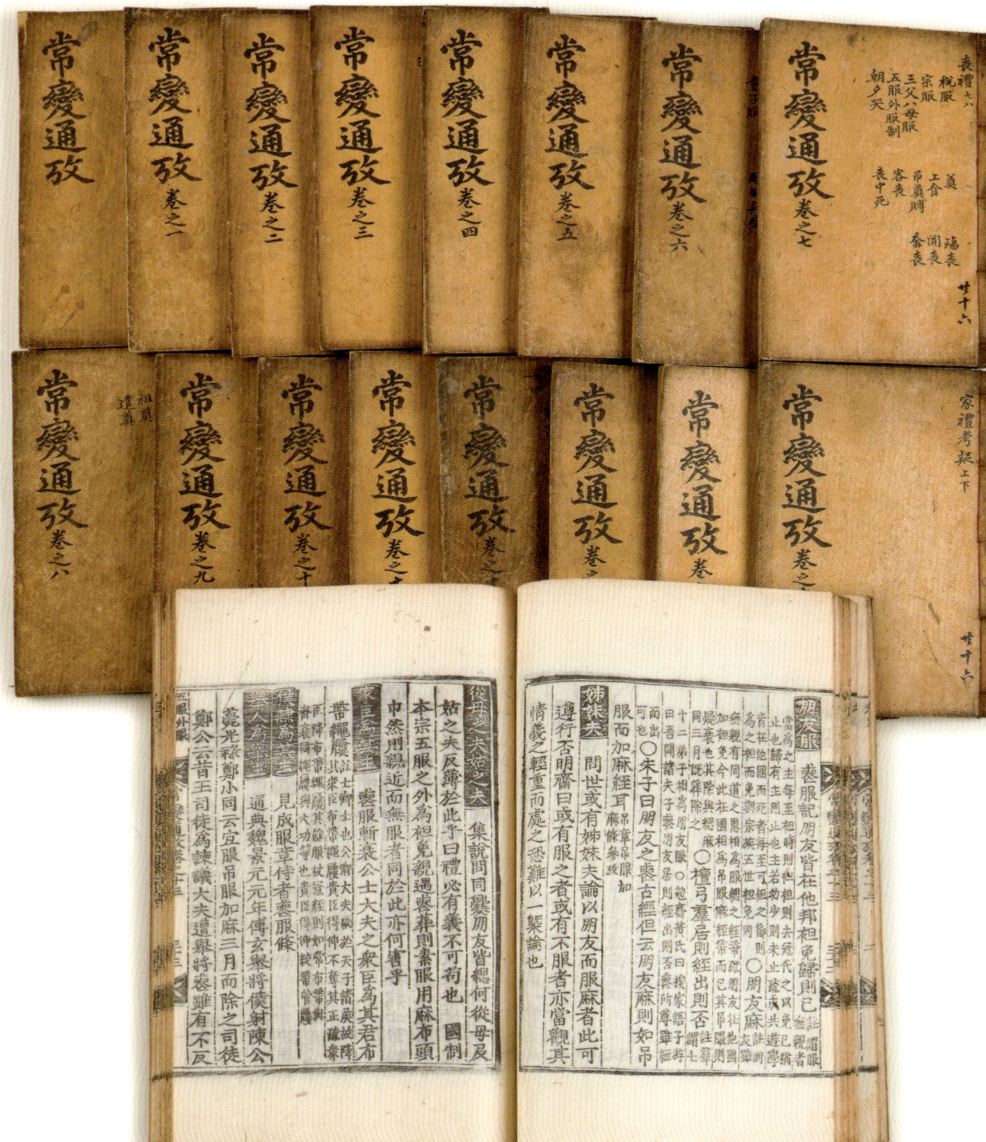

상변통고 常變通攷

류장원 | 1830년 | 30권16책 | 목판본 | 31.2×21.5 | 기탁 : 한산이씨 대산종가

이상정의 문인인 동암東巖 류장원柳長源(1724~1796)이 편찬한 예서로 대산학파의 예설을 보여주는 대표적 저술이다. 류장원은 후산 이종수, 천사 김종덕과 더불어 호문삼로湖門三老라 일컬어졌으며, 예학의 대가였다.

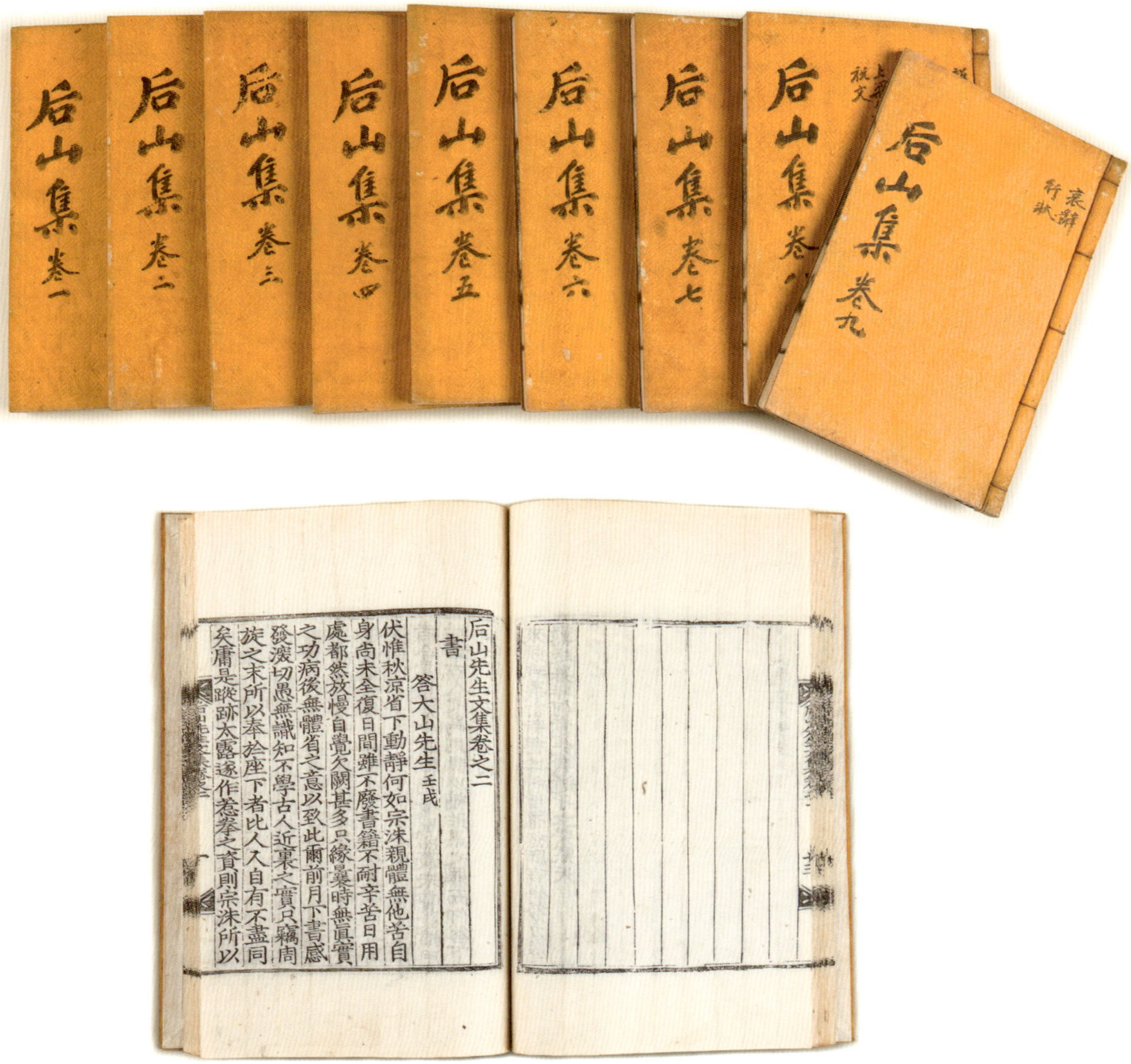

후산집 后山集

이종수 | 18권9책 | 목판본 | 31.8×21.3 | 기탁 : 한산이씨 대산종가

이상정의 문인인 후산后山 이종수李宗洙(1722~1797)의 문집이다. 대산 이상정의 제자로, 호를 후산이라 한 것은 평생 대산大山과 소산小山의 후배로 자처하였기 때문이었다. 저서로는 문집 이외에도 『근사록주어류집近思錄朱語類輯』·『수사전습록도설훈의洙泗傳習錄圖說訓義』·『가례집유家禮輯遺』 등이 있다.

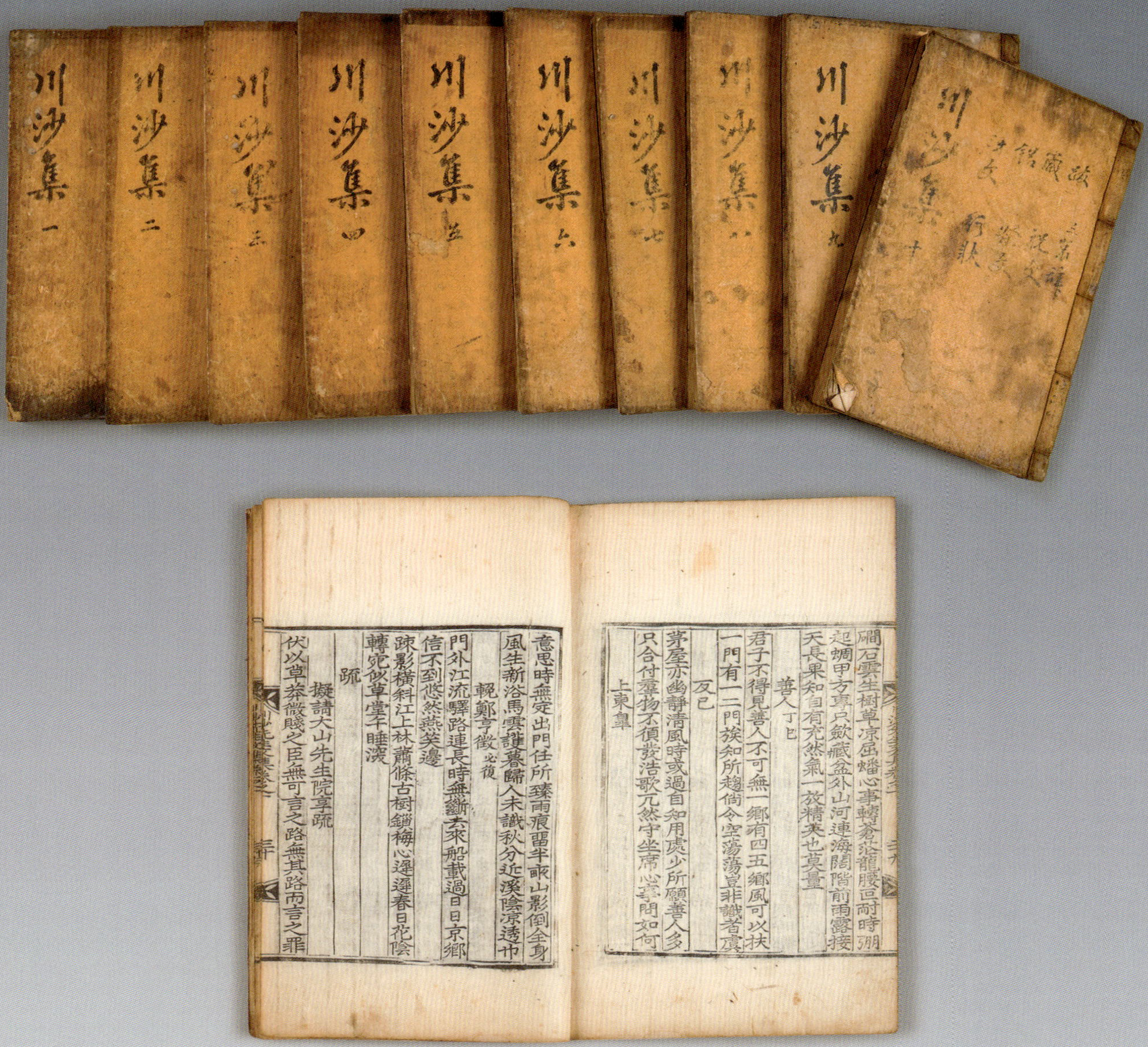

천사집 川沙集

김종덕 | 1806년 | 23권12책 | 목판본 | 32.2×21.2 | 기탁 : 한산이씨 대산종가

이상정의 문인인 천사川沙 김종덕金宗德(1724~1797)의 문집이다. 김종덕은 만취당 김사원의 후손으로 1753년 사마시에 입격하여 생원이 되었으나, 36세 때인 1759년 이상정의 문하에 본격적으로 입문하여 위기지학爲己之學에 전념하였다. 문집 이외에도 『성학정로聖學正路』·『초려문답草廬問答』 등 많은 저술이 있다.

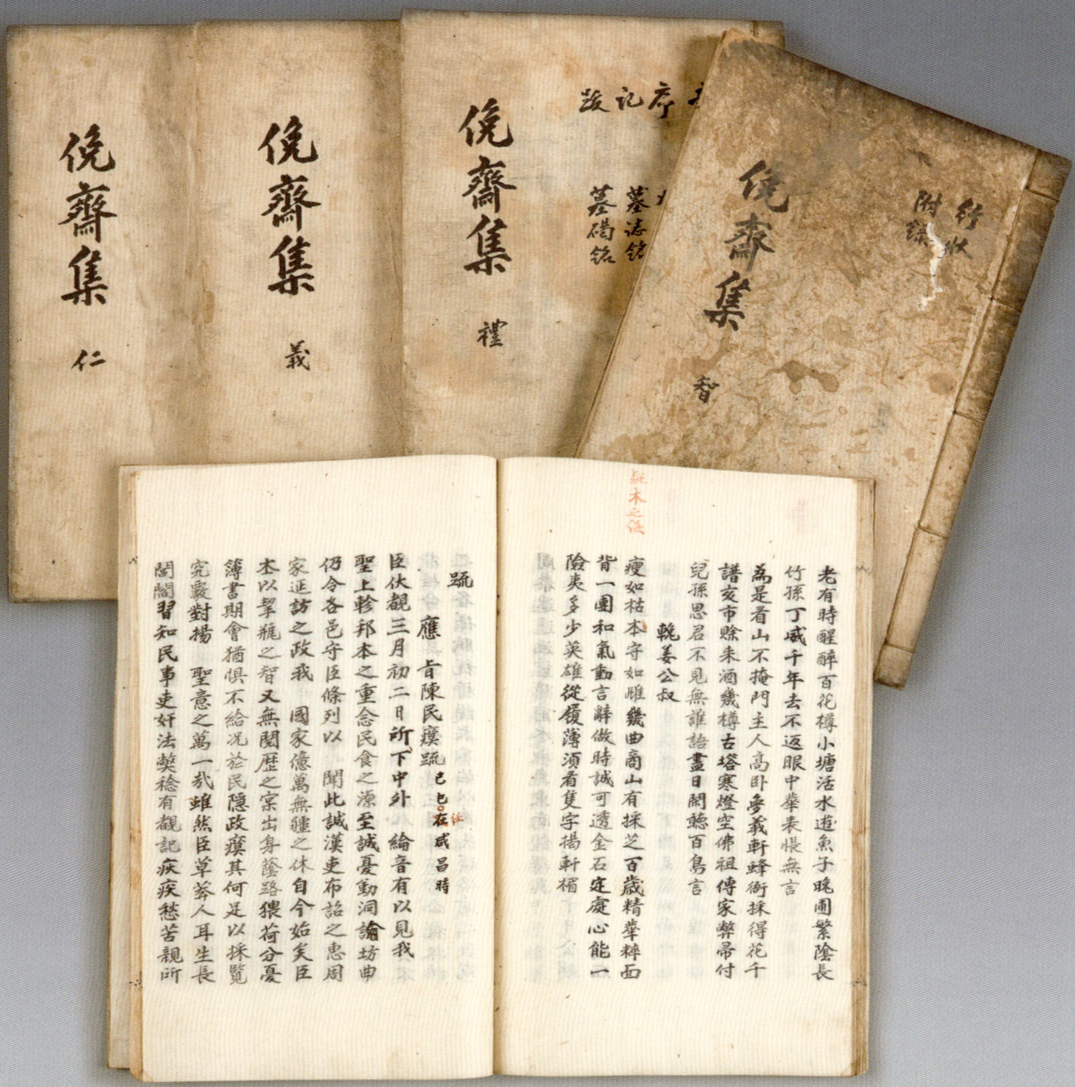

면재집 俛齋集

7권4책 | 필사본 | 31.8×21.3 | 기탁 : 한산이씨 대산종가

면재 이병운의 문집 초고본이다. 문집을 내기 위하여 정리한 초고본으로 서문과 발문이 없다. 이병운은 대산 이상정의 손자로 천사 김종덕의 문인이다.

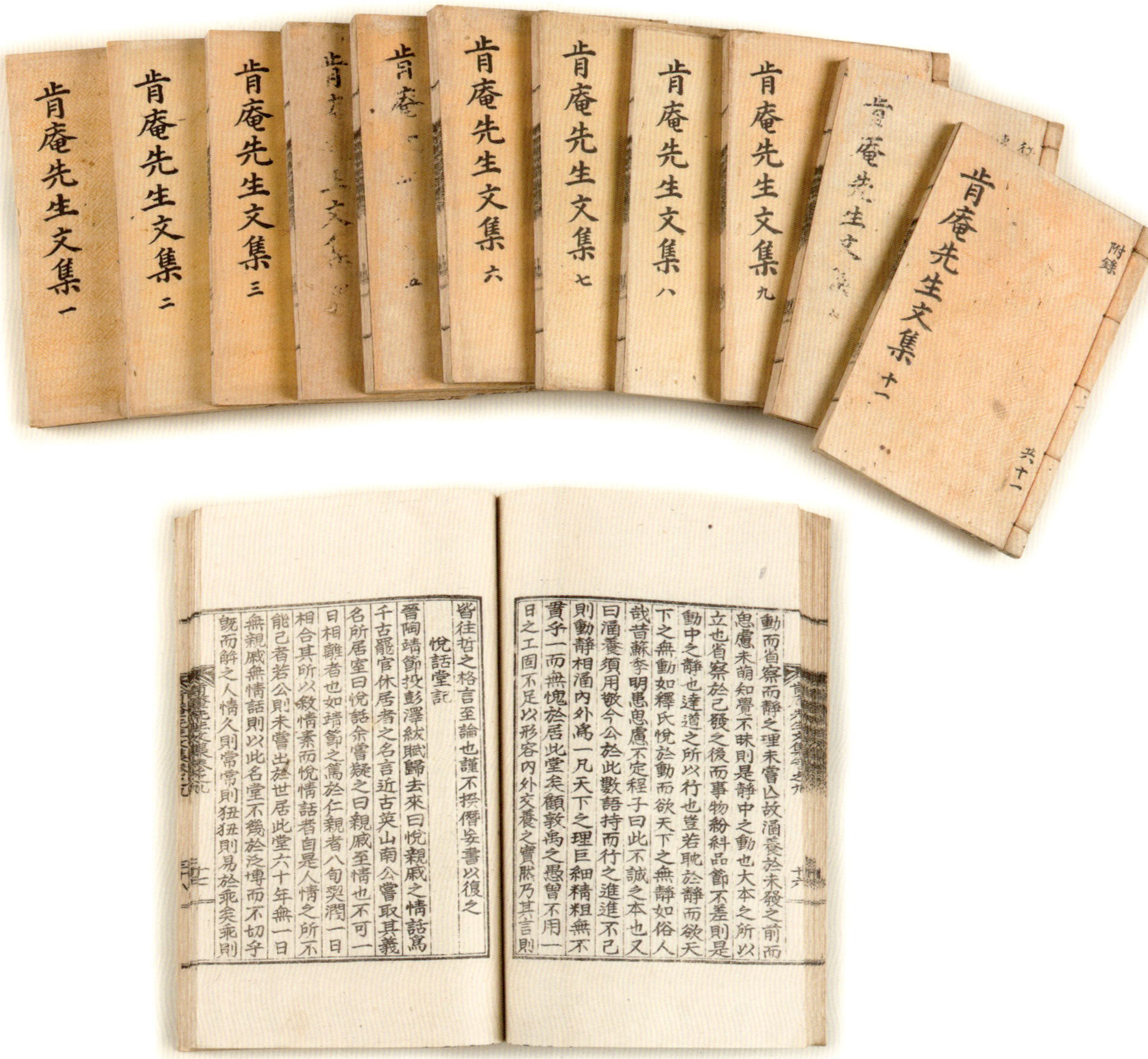

긍암선생문집 肯庵先生文集

이돈우 | 1934년 | 21권11책 | 석인본 | 30.0×19.8 | 기탁 : 한산이씨 대산종가

이돈우(1808~1884)의 문집이다. 첨추 수응의 아들로 정재 류치명의 문인이다. 1850년 증광시 병과로 급제하여 승문원 정자·이조참판을 역임하였다.

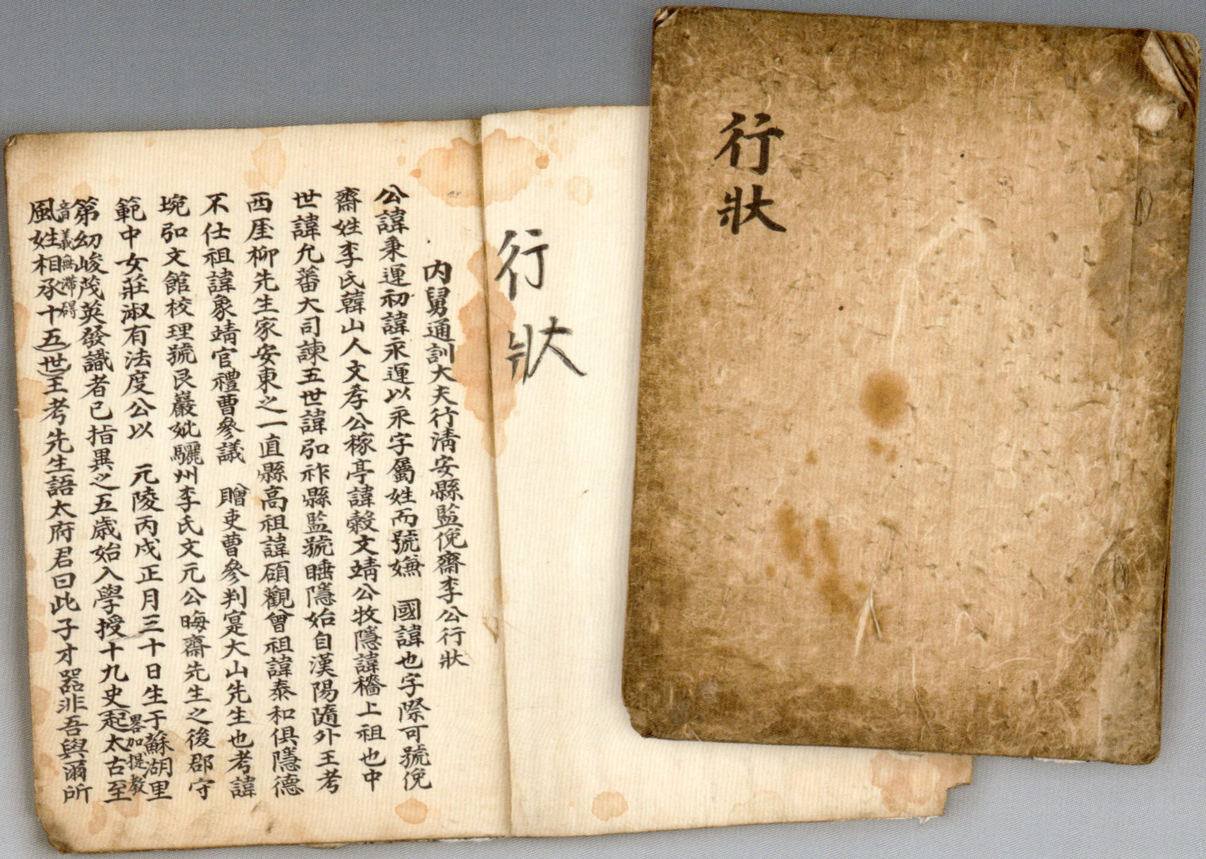

면재행장 俛齋行狀

류치명 | 19세기 | 필사본 | 33.8×24.3 | 기탁 : 한산이씨 대산종가

정재 류치명이 쓴 면재 이병운(1766~1841)의 행장이다. 이병운은 음서로 함창현감 · 청안현감을 역임하였다. 류치명은 이병운의 생질이다.

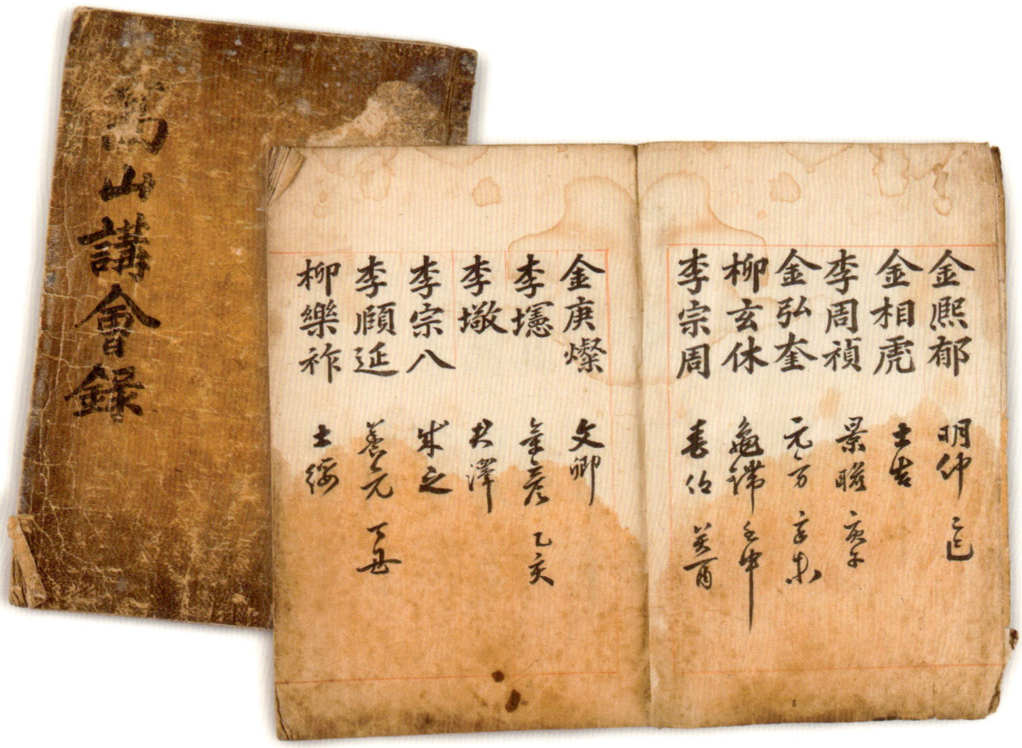

고산강회록 高山講會錄

1811년 | 불분권1책 | 필사본 | 42.1×27.8 | 기탁 : 한산이씨 대산종가

대산 이상정 서거 후 이상정이 강학하던 고산서당이 퇴락하자 문인인 류범휴 등이 중수하고, 이를 기념하여 『중용』의 “솔성지도率性之道”에 대한 이상정의 견해를 주제로 토론회를 개최하였다. 당시 참여하였던 107명의 명단을 적고, 뒤늦게 참석하였던 권이복 등 3명의 명단을 추가하여 모두 110명을 수록하였다. 말미에 문인인 김굉의 발문이 수록되었다.

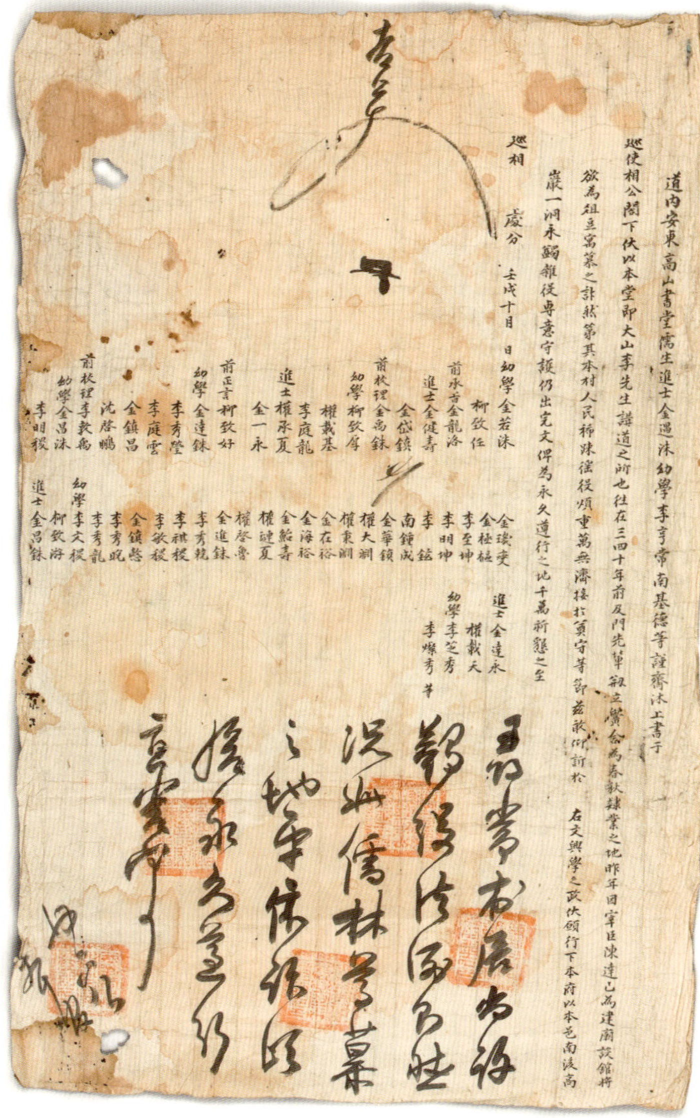

고산서당 유생 김우수 등 의송 高山書堂儒生金遇洙等議送

고산서당 유생 김우수 등/ 경상도 관찰사 | 1862년 | 61.0×68.0 | 기탁 : 한산이씨 대산종가

고산서당 유생 김우수 등이 경상도 관찰사에게 올린 의송이다. 대산 이상정이 강학하던 고산서당을 중수하고 이상정을 배향하고자 하니 남후면 고암 1동 주민들을 면역하고 서원을 수호하는 일을 맡길 수 있도록 명령해달라는 내용이다. 의송은 소지의 일종으로 관찰사나 어사에게 올리는 문서이다.

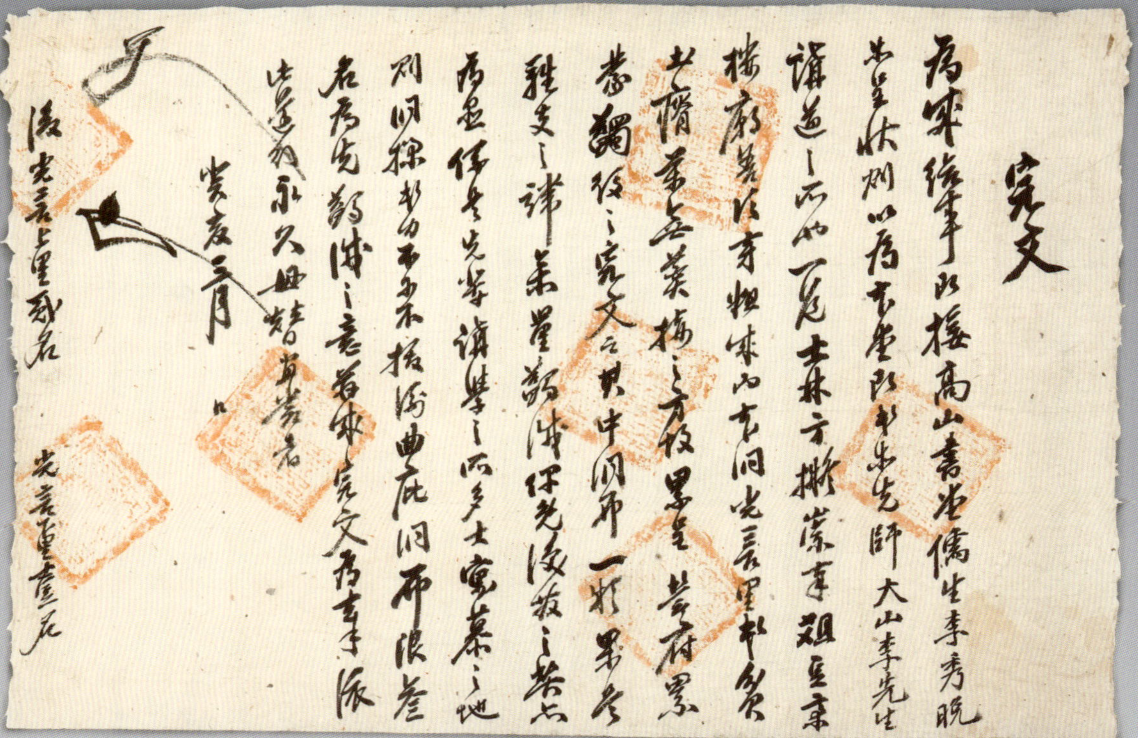

완문 完文

안동부사/고산서당 유생 | 1863년 | 41.3×60.5 | 기탁 : 한산이씨 대산종가

고산서당 유생들이 올린 소지에 대한 완문으로 고산서당의 수호를 위하여 광음리光音里 주민 4명에 대하여 동포를 면제하여 주고, 고산서당의 수호 임무를 담당하도록 한다는 내용이다.

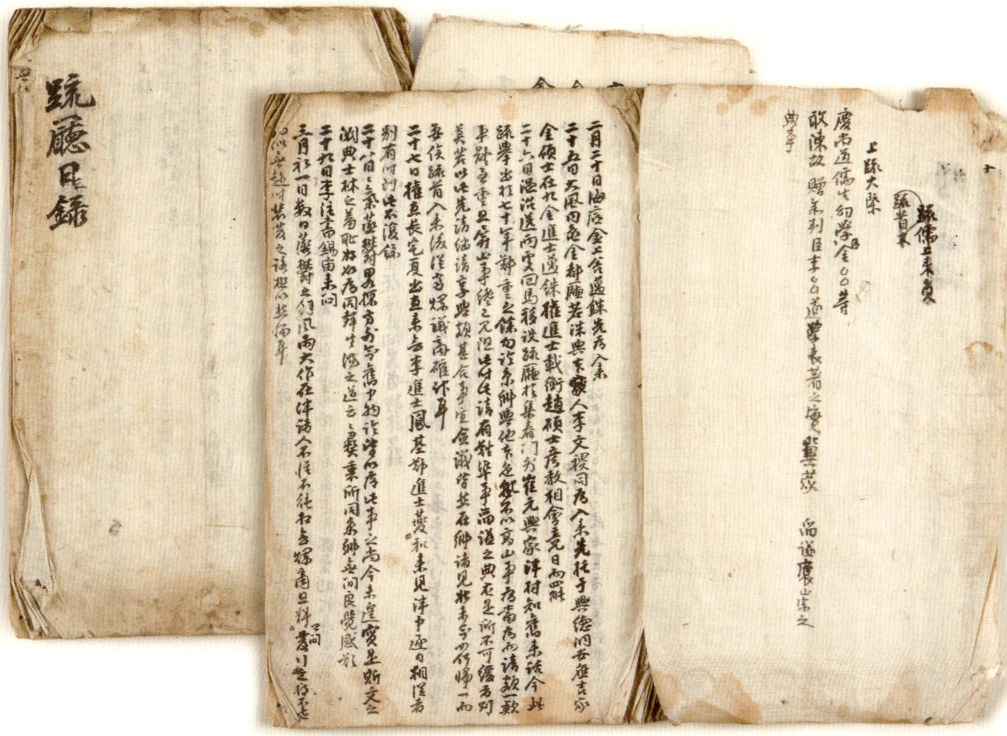

소청일록 疏廳日錄

미상 | 1783년 | 필사 | 2책 | 32.0×20.5 내외 | 기탁 :한산이씨 대산종가

대산 이상정을 고산정사에 향사하기 위하여 상소하였을 때의 일기이다. 향사를 하기 위하여 유생들이 유회를 모아 결의한 내용과 상소를 위해 한양에 올라갈 때의 내용을 날짜별로 적었다. 상소를 쓴 사람은 김종덕이나 일기를 쓴 사람은 확인되지 않는다.

高山書院

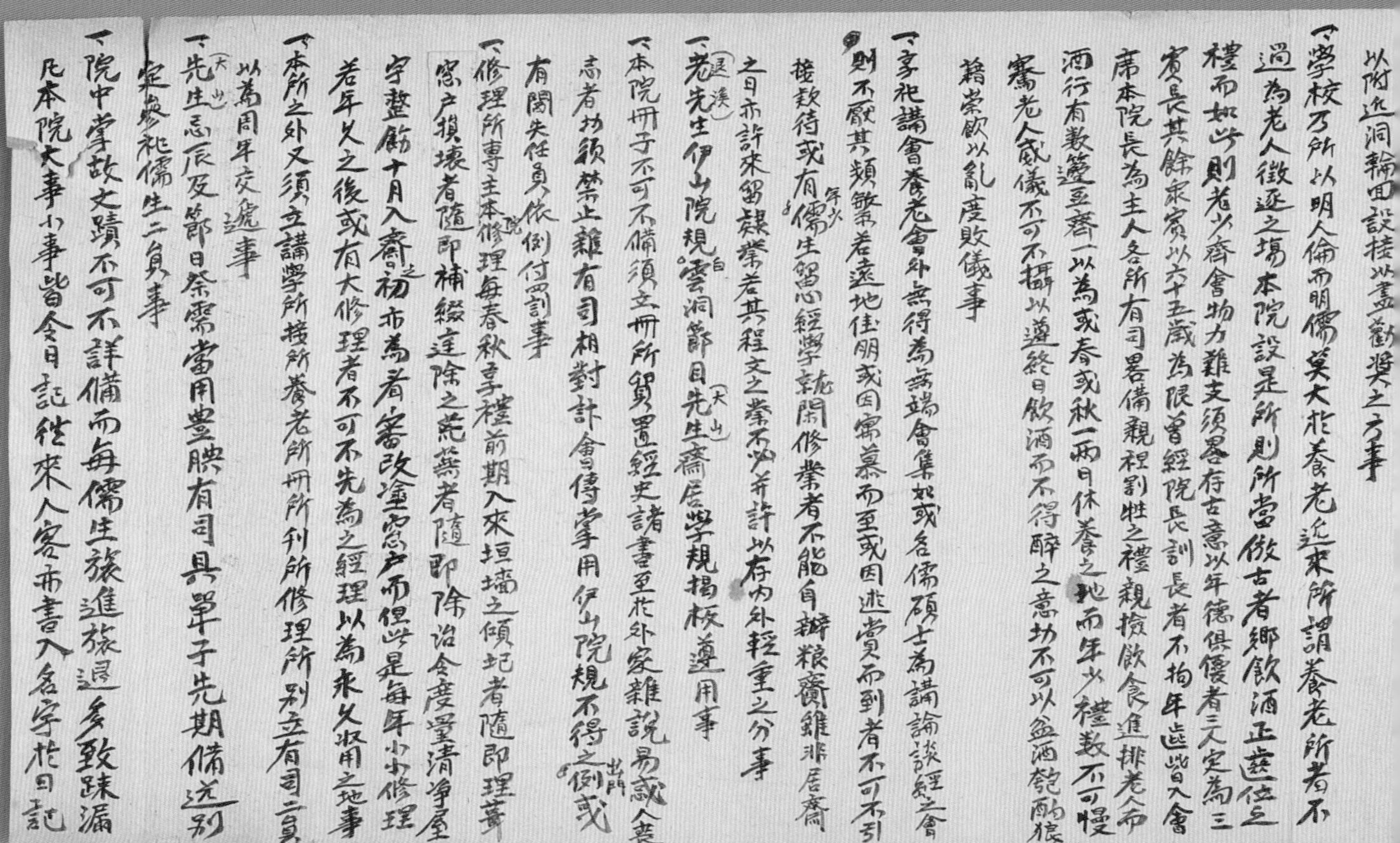

고산서원 절목 高山書院節目

20세기 | 필사 | 26.7×90.0 | 기탁 : 한산이씨 대산종가

고산서원의 운영 원칙을 적은 것이다. 원장의 천거는 호계서원虎溪書院의 예에 의거하여 생원 · 진사 이상으로 천망하고, 서원은 강학講學을 위주로 하라고 규정하였다.

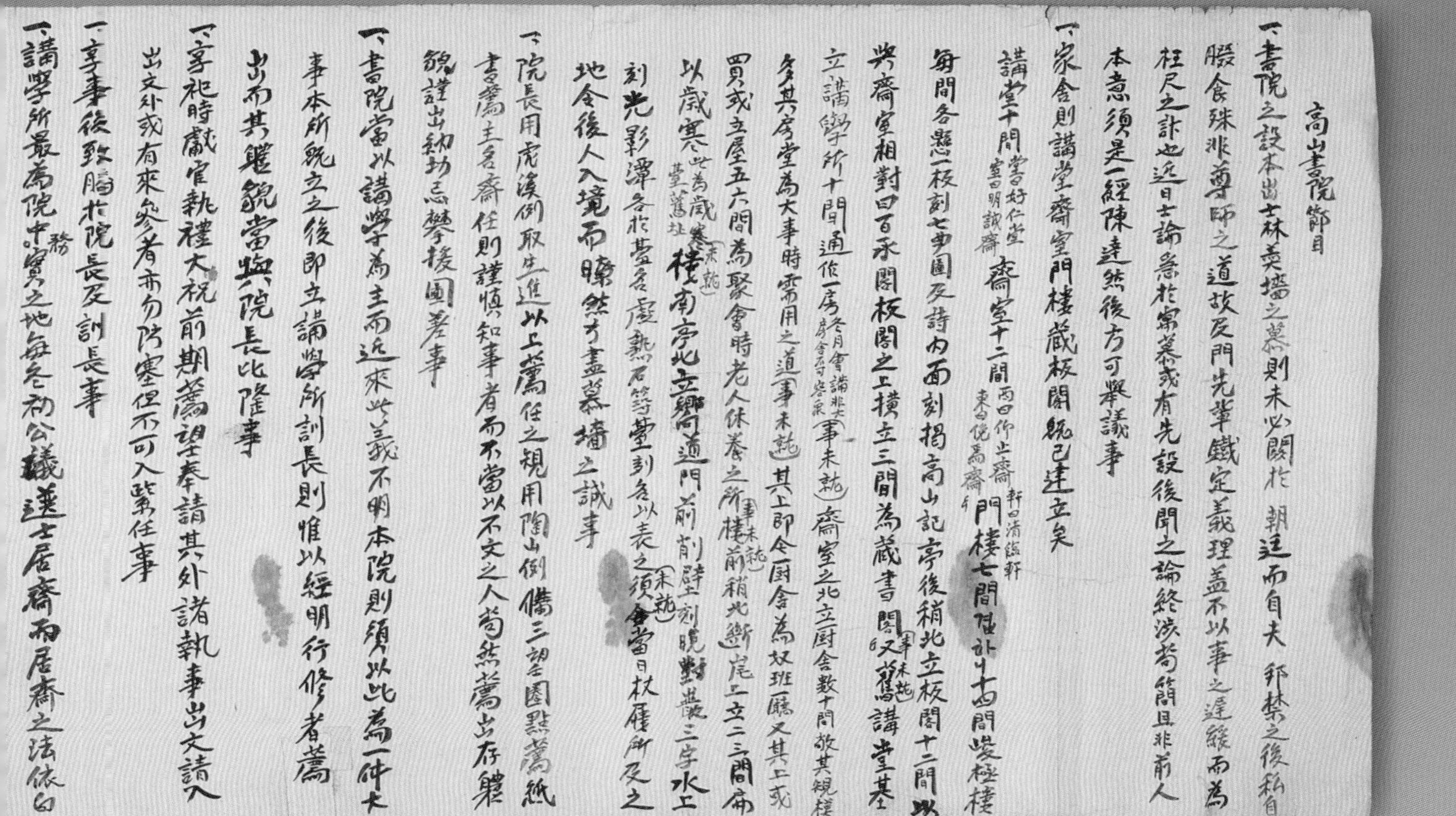

高山書院節目

一. 書院之設本出士林尊尚之慕則未必關於 朝廷而自夫 邦禁之後私自
設食殊非尊師之道故及門先輩鐵定義理蓋不以事之遲緩而為
枉尺之計也近日士論急於崇奉或有先設後聞之論終涉苟簡且非前人
本意須是一經陳達然後方可舉議事

一. 家舍則講堂齋室門樓藏板閣旣已建立矣
講堂十間(堂曰好仁堂 室曰明誠齋) 齋室十二間(西曰存止齋 東曰悅爲齋) 門樓七間(軒曰清臨軒) 恬計十四間嵕極樓
每間各懸一板刻七步圖及詩內面刻揭高山記亭後稍北立板閣十二間以
與齋室相對曰百承閣板閣之上橫立三間為藏書閣(事未就) 又舊講堂基
立講學所十間通作一房(冬月會講非大房舍不可容衆)(事未就) 齋室之北立厨舍數十間放其規模
多其房堂為大事時需用之道(事未就) 其上即令厨舍為奴班廳又其上或
買或立屋五六間為聚會時老人休養之所(事未就) 樓前稍北斷崖上立二三間扁
以歲寒(此為歲寒堂舊址)(未就) 樓南亭北立鄉道門前削壁刻晩對叢三字水上
刻光影潭各於其名處熟石等臺刻名以表之須(未就) 當日杖屨所及之
地令後人入境而瞭然方盡慕墻之誠事

一. 院長用虎溪例取先進以上薦任之規用陶山例備三望圈點薦紙
書薦主名齋任則謹慎知事者而不當以不文之人苟然薦出存體
貌謹出納助志攀援圖差事

一. 書院當以講學為主而近來此義不明本院則須以此為一件大
事本所旣立之後即立講學所訓長則惟以經明行修者薦
出而其體貌當與院長比隆事

一. 享祀時獻官執禮大祝前期薦望奉請其外諸執事出文請入
出文外或有來參者亦勿防塞但不可入紫任事

一. 享事後致膰於院長及訓長事

一. 講學所最為院中(務)實之地每冬初公議選士居齋而居齋之法依白

면앙루 俛仰樓

행서 | 42.0×84.0 | 기탁 : 한산이씨 대산종가

이상정 · 이광정 형제를 모신 고산서원 문루의 편액이다. '면앙俛仰'은 '하늘을 우러러 보고 세상을 굽어본다'는 뜻으로 공명정대하여 세상에 부끄러움이 없다는 의미를 갖고 있다.

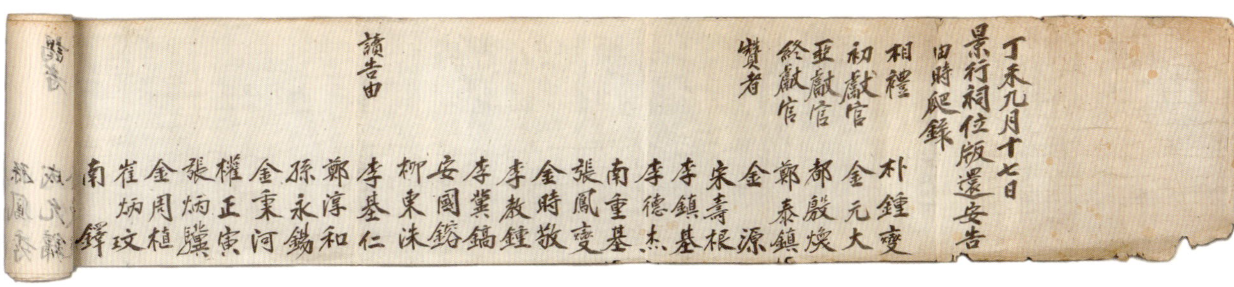

경행사위판환안시파록 景行祠位版還安時爬錄

1967년 | 46.8×2575.0 | 기탁 : 한산이씨 대산종가

고산서원을 중건하고 대산 이상정의 위판을 경행사에 다시 봉안할 당시 소임들의 명단을 적은 좌목이다.

논고

대산 이상정의 생애와 현실인식

김 순 석 _ 한국국학진흥원 목판연구소장

대산大山의 고종일기考終日記와 정종正終의 실천

오 용 원 _ 경북대학교 영남문화연구원 연구교수

논 고 1

대산 이상정의 생애와 현실인식

김 순 석 _ 한국국학진흥원 목판연구소장

Ⅰ. 머리말

대산大山 이상정李象靖(1711~1781)은 조선후기 성리학에 있어 퇴계 이황의 학설을 계승하여 중흥시킨 인물이라고 할 수 있다. 그의 학문은 외증손인 정재 류치명에게 전하여짐으로써 더욱 꽃을 피우게 된다. 이상정은 1735(영조 11)년 25살의 나이로 대과에 합격하여 다음 해에 권지승문원부정자라는 벼슬에 나갔다. 그 후 그에게는 여러 차례 많은 관직이 제수되었음에도 부임하여 직무를 수행하기 보다는사직을 청하고 고향으로 돌아가 글읽기를 즐겨하였다. 그런 까닭에 그의 문하에는 호문삼로湖門三老라고 불리는 후산后山 이종수李宗洙, 천사川沙 김종덕金宗德, 동암東巖 류장원柳長源을 비롯하여 수많은 제자들이 배출되었다. 후세 사람들은 이상정의 문하에서 공부한 사람들을 그의 호를 따서 대산학파라고 부른다. 이상정은 이렇듯 큰 학자임에도 불구하고 그에 대한 연구는 아직 깊이 있게 진행되지 못하고 있다. 지금까지 이상정에 관한 연구성과는 평전 단행본 1권과 박사학위 논문 1편, 석사학위 논문 4편, 그리고 학회지에 실린 논문 20여 편이 전부이다. 그의 학문적인 성과와 조선후기 학계에서 대산이 차지하는 비중을 고려하면 연구성과는 아직 많이 부족한 것이 현실이다.

이렇듯 이상정에 대한 연구가 진척되지 못한 것은 성리설에 대한 이해가 어렵다는 인식에 있다고 보여진다. 성리설을 이해하기 위해서는 문집 원전에 대한 이해가 전제가 되어야 한다. 그런데 근래의 학문적인 경향이 한문 원전을 해독해서 논문을 쓰려는 경향이 점차 쇠퇴되어 가고 있기 때문이 아닌가 한다. 최근 들어 그의 문집인 『대산선생문집』과 『대산실기』의 번역이 진행되고 있어 향후 그에 대한 연구가 기대된다.

이상정은 외할아버지인 밀암密庵 이재李栽에게 공부를 배웠다. 이재는 부친인 갈암葛庵 이현일李玄逸에게 수학하였고, 이현일은 퇴계의 가르침을 받은 학봉鶴峰 김성일金誠一의 학통을 이었다. 이상정은 퇴계 학맥을 이어받은 만큼 퇴계학을 정립하는 데 큰 역할을 하였다. 그는 1758(영조 34)년 48세의 나이에 『병명발휘屛銘發揮』를 지었다. 「병명」이란 퇴계 이황이 그의 제자인 김성일에게 써준 것으로 본래 4언 20구의 형식으로 된 것이다. 그 내용은 요순으로부터 주자에 이르는 도학의 연원과 전승 그리고 유학 공부의 요체를 함축적인 문구로 표현하고 있다. 이상정은 이 병명에 주석을 달고 풀이를 하여 그 내용을 분명하고 알기 쉽게 이해할 수 있도록 한 것이 『병명발휘』이다.

이상정은 공부를 하면서 당시의 과거제도에 대하여 깊은 회의를 느꼈다. 유학은 자신의 내면 수양을 가장 중시한다. 그런데 현실에서 과거시험을 준비하는 유생들은 자신의 수양보다도 과거 합격을 목표로 하기 때문에 과거 답안을 쓰기 위한 공부에 매진하고 있었다. 그는 이러한 모순을 지적하고 폐단을 없애기 위해 29살의 나이에 「과거사의科擧私議」를 집필하였다. 이 글의 요지는 이렇다. 3년마다 정기적으로 시행되는 식년시가 너무 빈번하게 시행되어 참된 인재선발이라는 본의가 무색해져 버렸다. 그는 차라리 과거시험 자체를 폐지하는 것이 좋겠지만 현실적으로 그것이 어렵다면 부정기적인 과거를 없애야 한다고 하였다. 그래야만 유생들이 안정적으로 시험 준비를 할 수가 있다. 과거제도는 교육제도와 밀접하게 관련이 있으므로 교육제도를 개선하지 않으면 안 된다. 교육제도의 개선은 먼저 훌륭한 선생님을 확보하는 것이 급선무이다. 훌륭한 선생님을 모시기 위해서는 급료를 후하게 드리고, 임기를 보장해 주는 것이 중요하다. 그리고 훌륭한 선생님으로는 이미 검증된 분을 추천에 의해 모셔야 한다는 것이 그 골자이다.

이상정은 여러 번 벼슬길에 나아갔지만 오래 머무르지 않았다. 그가 벼슬길에 나간 것은 임금의 명이니까 마지못해 따른다는 것처럼 보인다. 왜냐하면 부임한 지 얼마되지 않아 사직하는 상소문을 올리고 고향으로 돌아가거나, 관직에 나가라는 교지를 받고서도 사은숙배하러 가다가 병을 핑계로 돌아오는 것을 반복하였기 때문이다. 그가 관직에 나가서 민생을 살필 때는 무엇보다도 백성들의 살림살이를 돌보는 것을 최우선의 과제로 여겼다. 그의 이러한 인식은 유학의 근본 이념과도 일치한다. 유학은 정치에서 가장 중요한 것을 민생의 안정에 두고 있다. 그런 다음에 학교를 세워 인륜과 도덕을 가르치고, 예의와 염치를 알게 해야 한다고 하였다. 이상정 역시 그러한 자세로 삶을 살았다. 자주 쌀독이 비는 가난이 엄습하여왔지만 그는 그것을 피하려 하지 않았다. 정 다급하여 힘들 때는 애장하던 책을 팔아 일가친척들과 나누어 쓰기도 하였다.

이황은 주자의 저술 중에 주요한 것을 골라서 『주자서절요朱子書節要』를 간행하였다. 이상정은 이황의 글 가운데서 요점이 되는 것을 간추려 『퇴도서절요退陶書節要』를 발간하였다. 류치명은 외증조할아버지인 이상정의 학문적인 깊이를 가늠하고 1845년 『대산실기』를 편찬하였다. 류치명의 제자인 류치엄은 1852년 이상정 저술의 핵심이 되는 부분을 정리하여 『호학집성湖學輯成』을 완성하였다. 1815년에 당시 예조참판 김핑은 이상정의 증직贈職과 증시贈諡 그리고 사당의 설립을 청하는 상소를 올렸다. 그는 이 상소문에서 성리학을 궁구하여 도를 일으켜 후학을 인도한 사람은 퇴계 이후 이상정 한 사람 뿐이라고 하면서 그를 진유眞儒라고 표현하였다. 그런 까닭에 후세 사람들을 이상정을 '소퇴계'라고 부른다.

Ⅱ. 이상정의 생애와 학문

이상정의 자字는 경문景文이고 호는 대산大山이며 본관은 한산韓山이다. 그는 1711년 안동부 일직현 소호리에서 태어났으며, 아버지는 태화泰和이며 어머니는 재령이씨였는데 밀암密庵 이재李栽의 딸이다. 그의 선대는 고려 말에 원나라에 가서 과거시험에 합격하고 벼슬을 지내다가 귀국한 가정稼亭 이곡李穀이다. 이곡은 대나무로 만든 죽부인을 의인화해서 쓴 소설 『죽부인전』의 저자로도 유명하다. 그의 아들 이색李穡은 호가 목은으로 고려 말의 대학자였다. 그 역시 아버지처럼 원나라로 사신을 가서 원나라의 과거시험에 합격하고, 벼슬을 지내다가 돌아왔다. 그는 원의 주자학을 받아들여 이理 · 기氣 · 태극과 같은 성리학의 핵심 개념을 사용하여 만물의 생성과 변화를 설명하였다. 이 시기 성리학은 그 실천 덕목인 수양론과 달리 죽음과 인간적 고뇌와 같은 초인간적 · 종교적 문제는 여전히 불교에 의존했다. 그는 고려말 위화도 회군이 일어나자 최고의 관직인 문하시중에 임명되었으나 온건개혁론자였으므로 정도전 · 조준과 같은 급진개혁론자들에게 배척되었다. 대산의 선대는 한양 낙선방에서 살았는데 고조인 수은睡隱 홍조弘祚는 광해군 때 폐모론이 일어나자 외할아버지였던 서애 류성룡의 고향인 안동으로 내려와서 살게 되었다. 홍조는 맑은 덕과 기품이 세상에 널리 알려졌고, 벼슬은 회인 현감을 지냈다. 병자호란이 일어나자 의병대장이 되어 나라를 구하는 일에 앞장섰다. 증조부인 효제孝濟는 성품이 고결하여 평생을 벼슬길에 나아가지 않고 처사로 지냈다. 할아버지 석관碩觀은 주변의 추천으로 문학사장이 되었으나 41세에 세상을 떠났다. 아버지 태화는 평생을 벼슬하지 않고 처사로 지냈다.

이상정은 일곱 살 때부터 『십구사』를 배웠고, 14세인 1725년(영조 1)부터 외할아버지인 밀암密庵 이재李栽에게 나아가서 소학과 맹자를 익혔으며, 17세 되던 해 장수황씨와 혼인하였다. 부인은 처사 혼混의 딸로 익성공 황희의 후손이다. 1730년 2월 「성현유상권서聖賢遺像卷序」를 지었다. 이 글은 요 · 순 · 주공 · 공자 및 송나라 8군자 등 25명의 형상을 손으로 모사하고 선유들이 찬술한 말을 써넣고, 퇴계의 「병명」을 그 아래 쓰고 이상정이 서문을 지은 것이다. 그 해 5월 스승 밀암의 상을 당하였다. 외할아버지이자 스승이었던 이재의 사망은 그에게 큰 충격을 주었다. 이후 그는 달리 스승을 정하지 않고 공부에 열중하면서 의심나는 부분은 선학들에게 질정을 구하면서 학문의 지평을 넓혀갔다. 이재가 사망한 이후에 이상정은 동생 광정과 함께 조용한 방 안에 들어앉아 안에서 방문을 닫아걸고 학업에 열중하였다고 한다. 21살 때는 『심경』을 읽고 스스로 자경문을 지었는데 "세상의 많은 일 가운데 유학자가 내면을 수양해야 하지 않는 것이 없다."라고 하였다.

그런 까닭에 그는 문장 · 음악 · 수학 · 상복喪服제도 등을 연구했고모두 능통하였다. 어느 날 "유학자가 숭상하는 바가 여기에 있지 않다"고 하고서는 아침 · 저녁으로 부모님의 잠자리를 보아 드리고, 드실 음식을 살피는 일 이외에는 밤낮없이 유학 경전 공부에 몰두하였다. 1733년(영조 11) 23세 되던 해 가을 향시에서 진사시에 합격하였다. 2년 뒤 25세의 나이에 향시에서 생원 · 진사 양시兩試에 합격하고 또 동당시에 합격하였다. 그 해 4월에 진사 복시에 합격하고 윤4월 대과에 급제하였고, 이듬해 3월 권지승문원부정자에 보임

되었다. 1737년(영조 13) 한양으로 들어가서 전강에 참여하였고, 그 해 3월 대산서당을 완성하였다. 10월에는 전강에 3번이나 참석하지 못하였기 때문에 피검되었다가 11월에 고향으로 돌아왔다. 다음 해 1월 승문원으로부터 빨리 올라오라는 명을 받고 영하嶺下까지 갔으나 병으로 돌아왔으며, 7월에 연원 찰방으로 제수되어 9월에 부임하였다. 12월 휴가를 받아 고향으로 돌아가면서 다시 사직서를 제출하였으나 허락되지 않았다. 이후 1739년 2월 관직으로 돌아와서 3월에 사직서를 올렸으나 역시 허락되지 않았다. 1740년 여러 제자들과 『대학』을 강론하였고 그 해 11월 아들 완埦이 태어났다. 이듬해 2월 휘릉 별검에 제수되었고, 6월에는 『퇴도서절요』를 편집하고 차례를 정하여 완성하였다. 1744년 1월 부사과副司果로 승진하였고, 7월 「이기동정理氣動靜」과 「이기선후理氣先後」의 2설을 지어 『이기휘편理氣彙編』을 완성하였다. 1747년 4월 타양서당陁陽書堂에서 논어를 강론하였고, 5월 성균관 전적에 제수되었다. 그 해 9월 예조좌랑에 제수되었으나 병조좌랑으로 이직되었다. 1748년 3월 부친 태화공이 와병에 들어 5월에 돌아가시자 일직현 남쪽 언덕에 모셨다.

1749년 『사례상변통고』를 저술하고, 다음 해 1750년 5월 부친의 3년 상을 마치고 상복을 벗었다. 1753년 1월 연일현감에 제수되었다. 1754년 2월 경상우도 감시에 부시관으로 차정되었다. 그 해 9월 일본사신이 방문하자 접위관 接尉官이 되어 동래로 내려가 사신을 영접하였다. 11월 재차 사직서를 제출하였으나 허락되지 않았다. 1755년 흉년이 들어 백성들의 생활이 곤궁해지자 상사에게 소금을 구워 백성들의 가난을 진휼할 것을 건의하였다. 하지만 이것은 '해금령'을 어기는 일이었으므로 그 해 10월 체포되어 의금부에 나아가 심문을 받았고, 11월 고신告身을 빼앗기고 고향으로 돌아왔다. 다음 해 1월 나라에 경사가 있어 다시 등용되었다. 1758년 4월 『병명발휘屛銘發揮』를 지었다. 1760년 4월 50세의 나이에 도산서원 상덕사를 배알하였다. 1762년 12월 사헌부 감찰에 제수되어 다음 해 1월 사은숙배를 하러 떠났으나 병으로 인해 문경에서 돌아왔다. 1765년 윤2월에 호계서원에서 『대학』을 강론하였다. 57세 때 고산정사를 짓고 후학들과 학문을 강론하였고, 그 해 12월 부인 황씨가 세상을 떠났다.

1770년 1월에는 『심경강록간보心經講錄刊補』를 편집하고 류도원柳道源과 편지로 '심상인담心喪引禫'을 토론하였다. 그 해 5월 고산정사를 낙성시키고 후학들에게 학문을 강론하였다. 1771년 61세의 나이에 강령 현감에 제수되어 사은숙배를 하러 가다가 풍기에 이르러 병으로 돌아왔다. 1774년 12월에 아들 완이 대과에 급제하였다. 1776년 3월 영조가 승하하자 7월 한양으로 상경하여 곡하는 행렬에 참석하였고 그 해 11월 사헌부 지평에 제수되었다. 1777년 2월 사간원 정언에 제수되었으나 한양으로 올라가 사직하는 상소를 올렸다. 그 해 3월 영조 소상에 곡하는 행렬에 참석하였다. 1778년 3월 영조 대상에 곡하는데 참석하였다. 1779년 8월 대산서당을 중건하였다.

1780(정조 4)년 2월 70세의 나이에 병조좌랑에 제수되었으나 3월 사은숙배를 하러 가다가 예천에서 돌아왔다. 그 해 9월 정3품 당상관인 통정대부 병조참지를 명하는 교지를 받았지만 10월 한양으로 올라가 사직 상소를 올리고 부임하지 않았다. 1781년 1월 71세 다시 사직 상소를 올렸으나 2월 사직을 불허하는 비답을 받았다. 3월에는 형조참의로

교체하여 제수하는 교지를 받았다. 부임하지 않는 죄를 묻는 전지를 받고 충주까지 갔다가 병으로 사직하는 상소를 올리고 돌아왔고, 4월 사직을 불허하는 비답을 받았다. 5월 한양으로 길을 나서 풍기에 이르러 다시 사직하는 상소를 올렸으나 윤5월 또 사직을 불허하는 비답을 받았다. 6월 군왕이 갖추어야 할 9개조를 적어 상소문을 올리고 사직을 청하였다. 7월 다시 사직을 불허하는 비답을 받다. 8월 또 사직하는 상소문을 올리고, 군왕의 배려에 감사하는 생도를 파견하였고, 그 후 체직을 허락하는 비답을 받았다. 11월 소변에 피가 섞여 나오는 병에 걸리자 거처를 소침으로 옮기고 제자들에게 아우 광정에게 배울 것을 명하고 외침外寢으로 나아갔다. 12월 여러 제자들을 불러서 만나고, 자제들에게 손님과 친구들에게 감사의 뜻을 전하라고 명하였다. 12월 9일 침실에서 조용히 눈을 감았고 이듬해 3월 28일 안동부 북쪽 학가산 남쪽 언덕에 영면하였다. 이상정이 죽음을 맞이하는 과정은 마치 구도자나 수도승과 같이 담담한 자세로 경건함을 잊지 않았다. 그의 이러한 면모는 「고종일기考終日記」에 잘 나타나 있는데 이 일기는 『대산실기』에 실려있다. 이상정의 생애에 관한 이 사실들은 모두 『대산실기』를 참조하였다. 후학과 문도들에 의해 1802년 『대산선생문집』 54권 27책이 목판본으로 간행되었다. 1845년 외증손 류치명柳致明이 『대산실기』 10권 5책을 목판본으로 발간하였다. 1917년에 고산서원에 배향되었다.

Ⅲ. 이상정의 현실인식

이상정은 숙종 · 경종 · 영조 · 정조시대를 살았지만 15세부터 사회적인 활동을 마감할 무렵인 66세까지 영조대를 살았고 벼슬길에 나아간 것도 영조대였다. 정조가 등극한 이후에는 정3품 당상관의 관직으로 여러 번 불렀으나 끝내 나가지 않았다. 이러한 점으로 미루어 볼 때 그는 관직에 뜻이 있었다기보다는 오히려 학문을 연마하고 후학을 양성하는 데 열정을 쏟았음을 알 수 있다. 이러한 점에서 그는 퇴계 이황을 많이 닮았다고 볼 수 있다. 이상정은 관직에 나가서는 오직 민생의 안정을 최우선으로 생각하였다. 그의 현실인식은 「상소문」과 그 밖의 「서간문」 등에 살펴볼 수 있다.

이상정은 대과에 합격한 다음 해 3월 외교 문서를 다루는 승문원의 권지승문원부정자라는 벼슬을 받아서 관직에 나갔다. 4월에 가주서라는 벼슬로 궁궐 안에서 근무하였으나 며칠 지나지 않아 다른 사람으로 교체해 줄 것을 청하고 고향으로 돌아왔다. 12월에 승문원으로부터 빨리 돌아오라는 연락을 받고 영천까지 갔다가 병으로 돌아왔다. 3월에 대산서당을 지어 후학들을 양성하였다. 이는 평소 집안 어른들이 이상정에게 집안의 어린 아이들을 가르쳐 줄 것을 부탁하였기 때문이다. 서당 이름을 대산이라고 한 것은 그 산의 이름이 대석산인데서 따온 것이라고 한다.

대산서당에 머물면서 이상정은 그의 나이 29세에 자신이 과거시험을 준비하면서 몸으로 느낀 문제점에 대해서 그 폐단과 대책을 제시하는 「과거사의科擧私議」를 집필하였다. 그는 예전에는 과거제도가 엄정하게 시행되어 훌륭한 인재를 선발할 수 있는 좋은 제도라

여겼다. 하지만 당시에는 많은 부작용과 문제점들이 노출되어 토지제도나 세금 부과처럼 외형적인 고통을 주는 것을 넘어 정신을 황폐화하는 데까지 이르렀으므로, 결국 나라까지 망하게 할지도 모른다고 진단하였다. 그가 파악한 과거제도의 문제점은 다음과 같다.

이상정은 과거제도가 문란하게 된 원인을 교육제도와 여러 과목으로 빈번하게 시행하는 과거시험에 있다고 보았다. 3년마다 정기적으로 시행하는 식년시 외에 별시와 증광시 · 알성시 등이 필요에 따라 수시로 시행되는 부정기 시험이 1년에 수 차례에 걸쳐 시행되고 있다. 시험과목도 문과에만 경서를 외우는 과목을 비롯하여 시와 부를 짓는 것 등 10가지가 넘어 몹시 복잡하다. 과거를 준비하는 유생들은 다양한 과목과 수시로 시행되는 시험에 대비하기 위해서 일찍부터 여러 가지 준비를 하여야만 한다. 그러므로 유생들은 자신의 내면을 수양하는 위기지학爲己之學에 힘쓰기보다는 시권을 작성하기 위한 기술적인 부분에 열중하게 된다. 이러한 학문 경향의 폐단은 후일 관직에 부임하여 위기상황에 봉착하였을 때 문제 해결 능력을 길러 주지 못하고 잦은 시험에 합격의 요행을 바라는 사람들이 늘어난다는 것이다. 보다 더 큰 폐단은 문벌이 좋은 집안의 자제들이 과거시험을 둘러싸고 일어나는 부정행위였다.

이상정은 과거시험의 이러한 폐단을 없애기 위해서는 번잡하게 많이 시행되는 부정기 시험을 없애야 한다고 하였다. 그리고 경전을 암송하는 명경과는 무슨 뜻인지도 모르고 단순하게 암송하는 것보다는 경전의 의미를 정확하게 아는 것을 검증하는 데 역점을 두어야 한다고 하였다. 그는 과거제도의 폐단은 교육제도와 밀접하게 관련이 되어 있으므로 교육제도를 개선해야 한다고 주장하였다. 교육이 바로 서려면 먼저 훌륭한 선생님을 잘 모셔야한다. 그리고 선생님에게는 많은 보수를 주고 임기를 보장해 주어야 한다. 학생들은 초등교육기관에서부터 중등교육기관 그리고 고등교육기관인 서원에 이르기까지 기회를 균등하게 부여하여야 한다. 다만 상급 교육기관으로 진학을 할 경우에는 행정구역의 크기에 따라 일정한 인원을 선발하는 제도를 취하여 우수한 인재를 선발하여 보다 수준 높은 교육을 받게 하여야 한다고 주장하였다.

이상정에게는 벼슬이 여러 번 제수되었지만 부임하지 않고 사직하였고, 부임을 하더라도 곧 사직 상소를 올려 물러났다. 이러한 처세로 그는 학문적으로 성숙될 수 있었고 칠십 평생을 큰 대과 없이 살 수 있었다. 그는 인간의 욕심이 끝이 없기 때문에 관직생활로 인하여 자신의 삶이 행복해질 수 없다는 것을 잘 알고 있었다. 왜냐하면 인간의 본성을 깊이 연구하여, 욕심을 비우는 것이 행복으로 가는 지름길이라는 것을 이미 터득하였기 때문이다. 욕심을 내지 않는 삶, 이것이 그가 추구한 세계였다.

이상정은 1753년 연일 현감이 되어 민생을 살폈는데, 그때 이 지역은 오랜 가뭄으로 인심이 흉흉하였다. 그는 늘 그것을 걱정하면서 기우제를 지내고 경건하게 정성을 들였다. 어떤 때는 아전들을 이끌고 하천을 준설하기도 하고 관개사업을 하여 물길을 열기도 하였다. 어느 날 경주 부윤과 다른 지방 수령들 몇 명이 배를 띄워 연일 현의 경계에 이르렀으나 이상정이 민생을 돌보느라고 이들을 접대하지 않았다. 그에게는 경주 부윤을 접대하는 것보다 흉년에 기근으로 고생하는 백성을 돌보는 일이 우선이었던 것이었다. 연일은

궁벽한 바닷가였기 때문에 교화가 미치지 못해 백성들의 소송이 많았다. 그는 소송을 줄이고자 마을의 자제들을 선발하여 교화시키는 데 힘썼다.

다음 해에 경상우도에 과거시험이 있었는데 심관후는 주시관으로 이상정은 부시관으로 참여하였다. 후일 심관후는 주위 사람에게 이상정을 평하기를 "내가 그와 함께 일하면서 사람을 시켜 관찰하게 하였더니 사사로움이 없고 유생들 가운데 한 사람도 사사롭게 비난하는 사람이 없었다. 사람됨이 이와 같아야 하지 않겠는가"라고 이상정의 인품을 극찬하였다.

1755년 연일 현감으로 재직할 때 소금을 구워 수익금으로 백성을 구휼한 적이 있었다. 그런데 그것이 해금법 위반이라 하여 관리임을 증명하는 고신을 빼앗기는 일을 당하였다. 이상정이 연일 현감으로 재직할 당시 가뭄과 장마가 들어 백성들의 생활이 몹시 어려웠다. 그는 소금 굽는 것이 국법을 어기는 것임을 알았지만 목전에서 백성들이 굶어 죽는 고통을 당하는 것을 보고 소금 굽는 것을 허락하였다. 그러자 백성들은 약 백칠십여 말의 소금을 구워 연명할 수 있었다.

그러자 윤동성이라는 자가 이 사실을 해금법 위반으로 고발하여 그를 구속하게 하였다. 그는 국왕에게 장계를 올렸는데 그 장계의 내용은 이러하다. '이상정이 백성들을 다스리면서 작은 은혜를 베푼 것이 있다고는 하나 지엄한 해금법을 어겼고, 더구나 해당 관청인 균역청에 보고도 하지 않고 함부로 소금을 구웠으니 국법에 따라 처리해야 한다'는 것이었다. 그 결과 이상정은 고신을 박탈당하고 인끈을 풀고 고향으로 돌아갔다. 그는 관직에 있으면서 진심으로 백성들을 돌보았으므로 옥사를 당할 때마다 백성들은 그를 따랐다.

사태가 이렇게 되자 이상정이 소금을 굽도록 허락한 것은 백성을 생각하는 마음에서 나온 것이니 그에게 죄를 주어서는 안 된다는 여론이 비등하였다. 그러나 실정법을 어긴 죄가 있었으므로 그는 억울한 옥살이를 하였다. 다음 해 정월 국가에 경사가 있어 석방되었다. 이 무렵 자주 기근이 들어 이상정은 아끼던 책을 팔아서 양식을 구입하여 주변의 친척들과 함께 나누었다. 그는 가난 속에서도 평안한 듯하였다.

이상정은 1776년 영조가 승하하자 곡을 하고 상복을 입었다. 그 후 정조가 즉위하여 사헌부 지평의 벼슬을 내렸고, 이듬해 사간원 정언을 제수하였지만 사직하는 상소를 올렸다. 70세에 병조좌랑에 제수되자 한양으로 출발하였으나 예천까지 갔다가 돌아왔다. 그 해 정조가 신하들에게 전국에 널리 인재를 구하면서 영남 지역의 이상정의 사람됨에 관하여 신하들에게 하문하였다. 그러자 영의정 김상철은 "이상정의 명성이 자자하니 특별히 등용하는 방도가 있어야 할 것입니다"라고 하였다. 좌의정 서명선 또한 "저 역시 그의 학행이 높아 제자들이 매우 많다고 들었습니다"라고 하였다. 정조는 마침내 9월에 정3품 당상관 벼슬인 통정대부 병조참지를 제수하였다. 하지만 이상정은 나이가 많다는 이유를 들어 사직하는 상소를 올렸다. 그러나 정조는 허락하지 않고 부임을 재촉하면서 예조참의를 제수하였다. 이듬해 형조참의에 임명되었다. 충주까지 갔다가 병으로 사임하는 상소를 올렸으나 허락하지 않고 부임을 재촉하였다. 어찌할 도리가 없었던 이상정은 군왕이 갖추어야할 덕을 논한 9개조의 상소를 올리고 사직을 청하였다. 이 상소문을 읽은 정조는 이 9조는 참되고 절실하니 좌우명으로 삼아 반성하는 자료로 삼겠다고 하였다. 이 상소로 그의 학문과 덕행을 알 수 있으니 병의 차도를 기다려 올라와 직무를 수행하라고 하였다.

정조는 등극 초기에 자신을 보좌할 유능한 인물을 널리 구해 민생을 안정시키고, 정국을 쇄신하고 싶었을 것이다. 이러한 개혁정치를 시행하기에 적합한 인물은 청렴결백하고, 학식이 깊어야 하며, 주위의 신망을 받을 수 있는 인물이어야 했다. 조정의 중신들은 이상정의 인물됨을 알고 적극 추천하였고, 정조는 정3품 당상관이라는 높은 품계로 예를 갖추어 그를 맞이하고자 하였다.

그러나 이상정은 처신에 있어 나아갈 때와 물러날 때를 아는 인물이었다. 그의 나이 칠순을 바라보는 시점에 벼슬길로 다시 나간다는 것은 자신과 주변이 모두 힘들어진다는 것을 알고 있었다. 그런 까닭에 사직을 청하면서 간곡하게 자신을 부르는 정조에게 군왕이 갖추어야 할 덕목과 정치에 꼭 필요한 덕목을 9개 조목으로 정리하였다. 9개 조목은 간략하지만 군왕이 직무를 수행하는데 요체가 되는 덕목들이었다. 그 핵심만 간략하게 간추려 보면 다음과 같다. 첫째는 입지立志를 세워야 합니다. 둘째는 이치를 밝히는 것입니다. 셋째는 공손하게 처신하시는 겁니다. 넷째는 하늘을 본받는 것입니다. 다섯째는 간언을 받아들이는 것입니다. 여섯째는 학교를 세우는 것입니다. 일곱째는 인재를 등용하는 것입니다. 여덟째는 백성을 사랑하는 것입니다. 아홉째는 검소함을 숭상하는 것입니다.

이 9개 조항은 사실 대단한 것이 아니다. 군왕이 되는 제왕학을 수학한 정조는 이러한 덕목들을 귀가 따갑도록 들었을 것이다. 하지만 재야에 물러나 있는 나이든 신하가 이런 간언을 하기란 쉽지 않은 일이다. 이러한 간언을 하는 명분이 자신은 건강이 좋지 않아 신왕을 곁에서 보좌하기 어려운 까닭을 설명하는 이유였다는 점에서 시사하는 바가 크다. 이것은 군왕과 신하가 서로를 존중하고, 인정하며, 배려한 일이었다. 임금의 입장에서는 현명한 신하의 도움이 필요하였고, 신하의 입장에서는 젊은 군왕에게 부담을 주고 싶지 않았던 것이다.

이상정은 당시 사회현실이 여러 가지 면에서 어려운 상황이었다는 것을 잘 알고 있었다. 그렇지만 그런 어려움들을 극복하는 대안은 올바른 사람을 육성하고 또 그들을 등용하는 것이라고 생각하였다. 그런 까닭에 그는 국가에서 인재를 등용하는 과거제도의 문제점을 지적하고 개선을 주장하였다. 그는 정치에서 가장 중요한 것은 민생을 안정시키는 것이라고 생각하였다. 백성들이 배불리 먹고, 편안한 잠자리를 가진 이후에 모든 정책이 실효를 거둘 수 있다고 보았다. 그는 백성들의 굶주리는 현장을 차마 보아 넘길 수가 없었다. 백성들의 기근을 구할 수만 있다면 설사 일시적으로 국법을 어기는 모험도 마다하지 않았다. 그의 현실인식의 밑바닥에는 민심이 천심이라는 생각이 강하게 있었던 것 같다.

Ⅳ. 맺음말

이상에서 대산 이상정의 생애와 현실인식을 살펴보았다. 그는 평생을 학문연구에 매진하면서 살았다. 그는 퇴계 이황에서 학봉 김성일과 갈암 이현일, 갈암의 아들인 밀암 이재로 전해지는 퇴계학맥을 계승하였다. 그는 퇴계의 학설을 치밀하게 연구하여 계승하고 보완하여 발전시키고자 하였다. 뿐만 아니라 처신 또한 퇴계를 모범으로 하여 본받고자 하였다. 이런 까닭에 세상 사람들은 그를 소퇴계라고 부르기를 주저하지 않는다. 그는 평소 자신의 내면을 수양하는 공부에 열중하였고, 벼슬에는 별 관심을 두지 않았다.

그렇지만 관직에 나갔을 때는 평소 그가 배운 학문을 실천하는 데 역점을 두었다. 그것은 철저하게 백성들의 현실생활을 돌보고, 그들의 삶을 윤택하게 하는 데 두어졌다. 그는 성격이 강직하여 윗사람에게 아첨할 줄도 몰랐다. 이러한 그의 처신은 때로 자신을 위기 상황으로 몰아넣기도 하였다. 하지만 그의 인품을 아는 주위의 사람들은 항상 그를 신뢰하고 존경하며 따랐다.

이상정의 주변에는 늘 그를 그리워하며 따르는 사람들이 있었고, 그는 또한 그들과 교류하고 배려하는 것을 마다하지 않았다. 이상정은 주변의 선배, 친구들과 만나면 학문을 토론하고, 성리설을 중심으로 이야기를 나누었다. 또한 만나기가 어려울 때는 편지를 써서 자신이 생각하는 부분에 관해서 주변 사람들의 의견을 구하고, 자신의 견해를 전함으로써 자신을 계발하는 것에 게으르지 않았다.

이상정은 현실의 문제점 개선에도 자신의 견해를 주저하지 않고 피력하였다. 「과거사의」를 통하여 과거제도의 폐해를 지적하고 나름대로의 대안을 제시하였다. 그는 벼슬길에서 현실정치에서 기량을 발휘하기보다는 초야에서 후학들을 기르고, 학문을 연마하는 데 힘쓰고자 하였다. 하지만 조정에서는 이렇게 살고 싶은 그에게 높은 벼슬을 내리면서 끊임없이 출사를 권하였다.

이상정은 당쟁의 여파로 많은 선비들이 죽어 나가던 사화의 시기를 비껴나서 영조와 정조의 시기를 살면서 커다란 정치적 소용돌이에 휘말리지 않고 학문생활에 몰두할 수 있었다. 그의 이러한 학문생활은 퇴계학파와 율곡학파 사이에 지리하게 진행되어 왔던 성리설을 종합적으로 정리할 수 있게 하였다. 이러한 학문적인 성과의 정리는 퇴계학의 정립에 크게 기여하였고, 그것은 제자들로 이어져 그의 문하에서 호문삼로와 같은 학자들과 정재 류치명 그리고 척암 김도화와 같은 큰 학자들의 배출을 가능하게 하였다.

그러나 이상정은 자신을 정치가로서 또는 행정가로서 치세에 능한 인물로 보지 않았다. 그런 생활은 자신과 어울리지 않는다고 판단하였기 때문에 조정에서 내리는 관직에 취임하기보다는 사양하는 사직서를 올린 적이 많았다. 자신이 출사하여 벼슬하였던 영조가 승하하자 그는 더 이상 벼슬길에 나가고자 하는 뜻을 접었다. 영조 사후에 등극한 정조는 현실 정치를 개혁하기 위하여 능력 있는 인물을 기용하고자 하였다. 정조는 이상정에게 당상관이라는 높은 벼슬을 내리면서 그가 자신을 도와줄 것을 여러 번 부탁하였다. 이상정은 정조의 이러한 간곡한 부탁을 무작정 거절할 수만도 없는 입장이었으므로 군왕이 갖추어야 할 9개의 조항을 적시하여 상소를 올림으로써 벼슬에 나가는 것에서 벗어나고자 하였다. 결국 이상정의 이러한 처신은 군왕의 체면을 살려 주면서 자신의 뜻을 관철시키는 것이었으며 후학들에게 길을 열어 주면서도 귀감이 되는 현명한 것이었다고 하겠다.

참고자료

李象靖, 『大山集』, 민족문화추진회, 한국문집총간 226 · 227, 1999.

李象靖, 『大山實記』, 목판본

李象靖, 『大山全書』, 大譜社, 1999.

권오영, 『조선후기 유림의 사상과 활동』, 돌베개, 2003.

금장태, 『退溪學派와 理철학의 전개』, 서울대학교출판부, 2000.

금장태, 「퇴계학파의 학문」, 『퇴계학보』95, 1997.

김순석, 『대산 이상정의 생각과 삶』, 한국국학진흥원, 2007.

김시황, 「대산 이(상정) 선생의 생애와 학문」, 『대동한문학보』, 제10집, 1998.

김영숙, 「대산 이상정 시의 성격과 연원」, 『대동한문학보』, 제10집, 1998.

김우영, 「대산 이상정의 이기론」, 『동방학지』, 제113집, 2001.

김정동, 「대산 이상정 시에 나타난 도학적 사유」, 『대동한문학보』, 제25집, 2006.

김종석, 「경상좌도에 있어서 퇴계학의 역사적 성격」, 『국학연구』, 제7집, 2002.

김주한, 「序跋文을 통해 본 대산의 문학관」, 『대동한문학보』, 제10집, 1998.

백도근, 「대산학의 조선 성리학사상의 의의」, 『대동한문학보』, 제10집, 1998.

손흥철, 「대산 이상정의 사단칠정론」, 『동방학지』, 제113집, 2001.

안영상, 「남당 한원진과 대산 이상정의 이기 · 심성론 비교 연구」, 『동양철학연구』, 제24집, 동양철학연구회, 2001.

안영상, 「퇴계학파 내 호발설의 이해에 대한 고찰 - 성호 · 청대 · 대산의 논쟁 비교를 통하여」, 『퇴계학연구』, 제115집, 2004.

안영상, 「대산학파의 중화 논쟁과 그 의미 - 性 · 道와 관련성을 중심으로」, 『동양철학』, 제13집, 동양철학회, 2005.

안영상, 「대산 이상정의 渾淪 · 理發說의 착근에 있어서 여헌설의 영향과 그 의미」, 『유학사상연구』, 제27집, 2005.

유인희, 「대산 이상정 철학의 현대적 의의」, 『동방학지』, 제113집, 2001.

이상하, 「한국 성리학 주리론의 발전상에서의 대산 이상정」, 『대동한문학보』, 제25집, 2006.

이원균, 「대산 이상정의 '科擧私議'에 대하여」, 『대동한문학보』, 제10집, 1998.

이지양, 「江左 權萬과 大山 李象靖의 문학 논쟁 - 18세기 영남의 文風 속에서의 그 의미」, 성균관대학교 석사학위 논문, 1991.

전병철, 「대산 이상정의 이기심성론」, 『대동한문학보』, 제25집, 2006.

전성건, 「대산 이상정의 심성론에 대한 연구」, 고려대학교 철학과 석사학위 논문, 2004.

논 고 2

대산大山의 고종일기考終日記와 정종正終의 실천

오용원 _ 경북대학교 영남문화연구원 연구교수

Ⅰ. 머리말

대산大山 이상정李象靖(1711~1781)은 '소퇴계小退溪'라 불릴 만큼 생전에 퇴계를 존경했고 퇴계학을 정립함으로써 이현일李玄逸(1627~1704)에서 이재李栽(1657~1730)로 이어지는 퇴계학맥의 적통을 이었다고 할 수 있다. 그는 25세에 대과大科에 급제하여 환로에 나아가 권지승문원부정자를 비롯하여 병조좌랑, 연일 현감 등을 역임했지만, 그는 평생을 학문 수학과 후학 양성에 전념한 편이다. 그의 이러한 학자적 풍모는 인생편력에 나타난 학문연원과 세상의 출처에서 엿볼 수 있는데, 특히 대유大儒로서 한 시대의 사표師表를 자임했던 그의 죽음을 앞두었던 1781년(정조 5) 10월 15일부터 동년 12월 12일까지 기록한 「고종일기考終日記」에서 좀더 구체적으로 이러한 사실을 확인할 수 있다.

대산의 「고종일기」는 71세 때 병석에 누워 하세할 때까지 병중病中의 일상과 상장례喪葬禮의 진행 과정을 꼼꼼하게 기록한 일기이다. 그는 병석에 누워 자신의 죽음이 다가온다는 사실을 알아서인지 자신의 일상을 세세하게 기록할 것을 종용하였다.[1] 일기를 쓴 기간은 1781년 10월 16일부터 12월 12일까지 57일간이며, 기록한 일수는 총 42일치이다. 일기의 원본은 그 출처를 파악할 수 없지만, 현재 남아 있는 대산의 「고종일기」는 성책成冊 형태를 갖춘 필사본 2종과 『대산선생실기大山先生實記』 권9에 수록된 것이 있다.

고종일기는 개인의 생활일기이긴 하지만 뚜렷한 목적성을 지니고 있고, 일기의 구성요소 측면에서 생활일기와는 일정한 차별성을 갖는다. 이 일기는 죽음을 앞둔 고종자考終者의 일상에만 초점을 맞추어 기록하였기 때문에 기록의 범위가 극히 제한되어 있는 반면, 일상의 세세한 일면을 기록하고 있어 고종자의 주위 환경과 행위를 비롯한 내면세계까지도 엿볼 수 있기에 연구 자료로서의 특장을 갖고 있다. 현존하는 고종일기 가운데 고종자가 당대의 거유巨儒이면서 필사의 초고草稿와 개고改稿, 그리고 이를 편집하여 문집에 수록한 경우는 드물다. 대산의 「고종일기」가 그 전형이 된다. 이 3종의 자료를 통하여 죽음을 맞는 선비의 일상과 태도를 살펴볼 수 있다.

1) 「考終時日記」. "初五日癸酉. … 先生顧謂子姪曰, 遠近知舊冒寒來問, 其意可感. 日記中仔細詳錄可也."

Ⅱ. 대산 「고종일기」의 자료적 성격

고종일기는 고종자考終者의 측근에 있는 사람이 죽음에 직면한 고종자의 일상을 기록한 생활일기이지만, 고종자의 의도와 관계없이 관찰자의 시점에서 기록하였다는 점에서 일반적인 생활일기와는 변별성이 있다. 기록자는 고종일기의 기록 내용에서 죽음을 맞이하는 자의 주위 환경, 죽음을 맞는 태도와 갖가지 행위, 병고病苦의 정도 및 처방 과정 등을 기록한다. 그래서 이 일기는 현실적이고 사실적이며, 죽음을 맞는 고종자의 일상 생활 전반을 잘 파악할 수 있다. 당대의 대유大儒로서 평생을 학문에만 전념했던 대산의 고종시考終時 일상은 그의 문도門徒들이 기록한 고종일기에 그대로 기록되어 있다. 현존하는 대산의 고종 일기는 모두 3종이 전하는데, 이 가운데 2종은 필사본筆寫本이며, 다른 한 종은 『대산선생실기大山先生實紀』에 수록된 「고종일기考終日記」[2]가 있다. 문집에 수록된 「고종일기」는 성책 형식의 필사본에 근거하여 훗날 문집을 간행하면서 새롭게 편집한 듯하지만, 필사본의 경우에는 기록 시기의 선후先後를 쉽게 가늠할 수가 없다.

이 3종의 일기는 각 본마다 약간의 내용 첨삭과 개작한 흔적이 있고, 기록한 일수나 전체적인 내용의 대의는 서로 비슷하다. 초고 필사본[3]에서 '此以下用元本日記有司金宗燮柳範休'[4]라고 밝혀놓은 것으로 보아 초고 이전에 이미 다른 원본이 있었음을 알 수 있다. 그리고 일기와 관련된 일은 김종섭金宗燮(1743~?)과 류범휴柳範休(1744~1823)가 깊이 관여했음을 알 수 있다. 이러한 사실은 『고산급문록高山及門錄』에도 김종섭과 류범휴의 항목에 모두 '고종일기를 지었다〔著考終日記〕'라고 기록되어 있는 것으로 보아 대산의 「고종일기」는 두 문인門人이 깊이 관여했고, 선생의 임종과 차후에 진행된 일련의 상장례喪葬禮에도 주도적인 역할을 했음을 알 수 있다. 그렇다면 이 3종의 일기에 대해 좀 더 구체적으로 살펴보면 다음과 같다.

먼저 초고草稿로서 표지의 편명에 '「고종시일기考終時日記」'[5]라는 성책 형식을 갖춘 필사본이 가장 이른 시기에 기록된 듯하다. 「고종시일기」는 초고로서 교정한 흔적은 많지만, 보존이나 관리 상태가 비교적 양호한 편이다. 그리고 제책製冊과정에서 푸른색으로 표지를 만들고, 마치 염殮을 하듯이 미려美麗하게 종이로 끈을 만들어 묶음 장식을 하였다. 형태적인 면에 있어서 겉표지에 상당한 의미를 부여함으로써 다른 어떤 고문서보다 고종자에게 예를 갖추고 있음을 알 수 있다. 내용은 표지를 제외하고 모두 14면이며 기록한 기간이 약 두 달 정도이지만, 실제로 기록한 일수는 42일치이다. 다른 사람들의 고종일기에 비해 내용의 전체 분량은 다소 적은 편이지만, 고종 일기의 전형을 그대로 유지하고 있다. 대산의 「고종일기」는 크게 두 부분으로 나누어 볼 수 있다. 앞부분은 병중의 일상을 기록한 것으로서 그가 병석에 누워 있을 때 병문안 한 사람들의 명단, 배우기를 청한 사람들의 명단과 그들과의 대화 내용, 자식과 족질들에게 남긴 유훈遺訓, 병의 진척에 따른 약의 처방 정도

2) 『大山全書』 三, 「大山先生實記」 卷9<考終日記>, 164面

3) 嶺南大 中央圖書館[南齋文庫] 所藏.

4) 嶺南大 中央圖書館〔南齋文庫〕 所藏, 「考終時日記」, 14面

5) 嶺南大 中央圖書館[南齋文庫] 所藏.

와 병실의 이동 과정 등을 기록하였다. 뒷부분은 하세下世한 이후 그의 상장례와 관련된 주변 정황을 기록한 것으로 「조객록弔客錄」과 「부문록賻問錄」이 있음을 전제하고, 초종初終 · 소렴小斂 · 대렴大斂 때 집사자執事者의 명단, 성복成服 때 집사자의 명단, 조전朝奠 때 참석자와 그들의 성복 정도 등을 간략하게 기술하였고, 마지막에는 치부致賻한 각 서원書院을 지역별로 밝혀 놓았다. 다음은 초고草稿를 다시 개고改稿한 필사본이 있다[6]. 초고에 비해 많은 부분을 첨삭하였다. 초고가 행 · 초서체로 기록한 반면에 이 일기는 정서체로 기록하였다. 그리고 두 필사본에 근거하여 『대산선생실기大山先生實紀』에 수록된 「고종일기考終日記」[7]가 있다. 이는 초고와 원문을 비교해보면, 문집에 수록하기 위하여 내용을 첨삭한 흔적이 많기 때문에 초고의 「고종시일기」에 비해 선생의 환우와 그 진전 상황, 내방자 등의 기록이 상당히 소략한 편이다. 그래서 문집에 수록된 일기에서는 초고의 대의를 그대로 수록하였고, 원고의 전체 분량은 초고에 비해 생략된 부분이 많을 수밖에 없다. 그래서 문집의 편집과정에서 문집의 형식에 맞추다보니, 자연히 일기의 세세한 내용은 대부분 생략되거나 수정되어 일기류가 갖는 현실성이나 사실성이 다소 떨어진다. 개인 문집에서는 일기류를 수록한 경우가 그리 흔치 않은 편이다. 하지만 문집의 간행에서 일기류는 수록 대상에서 제외되는 경우가 많고, 수록한다고 해도 문집의 편집과정에서 편집자의 의도에 따라 내용의 많은 부분을 삭제하는 것이 일반적인 체제이다.

Ⅲ. 죽음을 맞는 대유大儒의 일상

강학講學에 대한 열정과 배려

대산은 25세(1735년)에 대과에 급제한 후, 비록 몇몇 관직을 역임한 바는 있지만 1736년에 대산서당大山書堂을 지어 평생을 후학양성에 전념하였다. 그의 강학 열의는 『고산급문록高山及門錄』[8]이나 사후에 지어진 여러 만사輓詞의 표현을 통하여 짐작할 수 있다. 그의 「고종일기」에는 애초에 이를 기록하려는 목적을 정확하게 밝히지는 않았지만, 기록 내용에서 보면 청학請學한 문도門徒와 그들에 대한 대산의 배려가 많은 부분을 차지하고 있다. 그가 병석에 누워 하세下世할 때까지 그의 학덕만큼이나 많은 문도들이 찾아와 배움을 청했다. 대산은 한 시대의 사도師道를 자임한 대유로서 자신의 병세가 위중하여 삶의 끝점에 서 있다는 사실을 인식하면서도 매일 각처에서 찾아와 청학하는 문도들에게 베푼 학문적 배려는 남달랐다.

5일 계묘癸卯. 단계丹溪에 사는 권완權垸이 와서 배움을 청하였다. 금양몽琴養蒙과 함께 『대학大學』을

6) 한국국학진흥원 소장본

7) 『大山全書』 三, 「大山先生實記」 卷9, 「考終日記」. 164面

8) 『大山全書』 三, 「大山先生實記」 卷9, 「高山及門錄」. 187面

읽었다. 선생이 스스로 일기에 소하여 말하기를, '자네들이 멀리서 오기가 그리 쉬운 일이 아닐 텐데, 내가 늘 병중에 있으니, 이에 부응할 수 없기에 심히 사람들의 뜻에 민망할 따름일세."라고 하셨다. 이 때 대산서당이 완성되었고, 조카 우堣가 집안의 어린 아이들과 권완, 금양몽 등을 비롯한 여러 문도들과 함께 그곳에 있었다. 선생이 말씀하시기를, "군법 십오제什伍制에는 각각 우두머리가 있으니, 사람들이 모였을 때 통솔하는 이가 없다면, 혼란스러울 것이다. 너희들 가운데 조금 나이가 많은 사람이 힘이 들어도 점검하여 바로잡아야 한다."라고 하셨다. 우가 물러나 「재거학규齋居學規」를 가져왔다. 여러 아이들이 공경히 한 번 읽고, 한 번 베껴 써서 벽에 걸어두었다.[9]

26일 을미. 상주尙州에 사는 남한송南漢松이 찾아와서 청하여 말하기를, "저는 어리석어 함부로 강론을 청할 수 없습니다. 여기에 머물면서 선생님을 받들어 뫼시고 싶습니다. 이렇게 한다면 거의 관감觀感하는 바가 있을 것입니다."라고 하였다. 조카 우堣가 말하기를, "소년 학사가 문자나 언어에서 벗어나 마음씀을 알 수 있다. 이러한 뜻이 매우 좋다. 하지만 숙부의 병이 위중하여 만약 멀리서 찾아온 손님들이 종일 곁에 있으면 원기를 회복하는 데 아마 방해가 되지 않을까 걱정이 되는구나."라고 하였다. … 선생이 말씀하시기를, "가끔 찾아와서 유익한 말을 나누는 것이 좋겠네."라고 하셨다. 남군이 이틀을 머물다가 돌아갔다.[10]

대산이 병석에 누운 지 한 달 남짓 되었을 때이다. 단성丹城에 사는 권완이 선생을 찾아와서 배움을 청했다. 그는 청학하는 문도들의 학문적 역량을 헤아려 읽어야 할 책을 일일이 정해 주었고, 익혀야 할 방법까지도 구체적으로 제시해 주었다.[11] 대산은 권완이 청학請學을 구하자, 어제 찾아왔던 금양몽琴養蒙(1753~1834)과 함께 『대학』을 읽게 했고, 멀리서 찾아온 문도들의 학문적 열의에 부응할 수 없음을 안타깝게 여겼다. 그리고 당시 대산서당에는 수학하고 있던 조카와 집안 아이들, 그리고 금양몽, 권완 등을 비롯한 많은 문도들이 있었다. 특히 그는 많은 문도들이 함께 공부하면 혼란스러울 것을 짐작하고, 군법軍法의 십오제什伍制까지 언급하며 연장자가 솔선하여 면학 분위기를 조성해 줄 것을 권면하였다. 「재거학규齋居學規」[12]는 정사년丁巳年(1737년)에 대산이 지었고, 이를 또한 후학들에게 학문하는 한 방편으로 삼게 했다.

뿐만 아니라, 상주에 사는 남한송이 찾아와 학문적인 배움을 청하기에 앞서, 자신의 어리석고 무지함〔顓蒙〕을 자인하면서 선생 곁에서 시봉侍奉하는 기회만이라도 줄 것을 청했다. 선생의 곁에만 있어도 눈으로 보고 마음으로 배움이 있을 것이라고 여기면서 문하

9) 「考終時日記」. "初五日癸卯. 丹溪權烷來請學. 與琴君共讀大學, 先生自 日記曰, 諸君不易遠來而一向病憊, 不能應副, 甚悶人意耳. 時大山書堂成. 從子堣, 與一家少年及琴權諸君, 共處其中. 先生謂曰, 軍法什伍, 各有其長, 羣聚無所統領, 則亂矣. 汝稍年長, 須痛加檢飭 堣退而取齋居學規. 與諸少年敬讀一過, 繕寫一通, 揭之廳壁."

10) 「考終時日記」, "十七日乙卯. 血便轉成, 赤痢度數漸數. 金崙壽來請學, 亦以患候未果. [先生誘進後學之意, 不以疾病而或倦示, 疾之初, 猶强起衣冠, 日對學者, 敎誨不倦, 傍人雖權其小損, 而不聽也. 自十二日以後, 症候浸篤, 無自力之勢, 且悶其遠來虛歸, 使之替質于小山丈席.]"

11) 「考終時日記」. "二十六日乙未. 尙州南漢松來請曰, 顓蒙不敢請講論. 請留侍奉杖屨, 庶有所觀感. 從子堣曰, 少年學士, 能知用心於文字言語之外, 此意甚善. 然叔父病倦殊甚, 若遠客盡日相守, 恐或有妨於朔養之道. 先生曰, 時來話言, 可也. 南君留兩日而歸."

12) 「齋居學規」는 『大山集』 卷42에 수록되어 있다. '晨興盥櫛', '灑掃涓潔', '出入步趨', '謹言行', '愼交接', '謹讀書', '戒鬪鬩', '用夏楚' 등 모두 8개 항목으로 설정되어 있고, 각 항목마다 구체적인 행동 방법을 제시하였다.

에 머물러 있게 해줄 것을 청하였다. 조카 우가 선생의 병세를 더욱 악화시킬까 근심하는데도 불구하고 선생은 그에게 종종 찾아와서 유익한 말〔話言〕을 나누자고 했다. 위중한 병중에도 문도들에게 베푼 대산의 열정를 통하여 문도들을 위한 그의 배려가 어떠했는지 짐작할 수 있다. 후학을 위한 대산의 이러한 학문적 배려는 결국 이제 한계에 이르게 되었다.

17일 을묘. 혈변의 증세가 점점 악화되어 붉은 설사의 횟수가 점점 잦아졌다. 김윤수金崙壽가 찾아와서 배우기를 청했으나, 역시 환후 때문에 결국 들어 줄 수 없었다. 〔선생이 후학에게 학문을 권유하는 뜻이 병 때문에 혹시 가르침을 게을리 하지 않았다. 병의 초기에 오히려 억지로 일어나셔서 의관을 하고, 매일 학자를 대하여 가르치기를 게을리 하지 않으셨다. 옆 사람이 비록 선생의 몸이 조금이라도 손상될까 걱정하였지만, 이를 듣지 않았다. 12일 이후로부터 병세가 점점 심해져서 스스로 거동할 수 있는 기운조차 없게 되자, 멀리서 찾아와서 헛되이 돌아가는 것을 민망하게 여겨 그들에게 소산의 문하에 나아가 묻게 하였다.〕[13)]

대산은 혈변血便의 증세가 있어 처음 병석에 누운 지 한 달 만에, 그의 병세는 더욱 악화되었다. 붉은 설사를 누는 횟수도 점차 잦아졌고, 더 이상 자력으로 거동할 기운조차 없게 되었다. 그의 이러한 병세에도 불구하고 그를 찾아와 배움을 청하는 문도가 끊이지 않았다. 이전까지만 해도 청학하는 문도들이 찾아오면, 자신의 혹독한 병세를 보이지 않고 병석에서 일어나 반드시 의관衣冠을 정제하고는 일일이 문도들을 대하며 그들에게 읽어야 할 책의 서목書目과 공부하는 방법을 구체적으로 제시해 주곤 했다. 결국 이제는 자력으로 움직일 힘조차 없게 되자, 그는 청학하는 문도들이 오면 아우〔小山 李光靖, 1714~1789〕에게 나아가 묻고 배울 것을 종용하였다. 소산은 대산보다 3살 연하이지만 가형에 대한 그의 존경은 남달랐다. 일기를 보면, 대산의 병석에는 항상 동생 소산이 곁에 있었고, 동생은 가형의 병환을 곁에서 일일이 살폈다. 대산은 늙은 나이에도 자신을 뒷바라지하는 동생을 보며, '노인이 찬바람을 쐬면 자칫 병이 생길 수 있으니, 삼가하는 것이 좋네.'[14)]라고 하면서 우려를 표명하기도 하였다. 11월 12일 이후로 대산의 병세는 극도로 악화되었고, 더 이상 찾아오는 문도들을 응대할 기운조차 없게 되었다. 멀리서 찾아온 문도들이 헛되이 돌아가는 것을 민망하게 여기고 소산에게 나아가 묻게 했다. 자신을 대신하여 앞으로 후학 양성에 더욱더 힘써 줄 것을 당부한 유언에서도 이러한 그의 의지를 확인할 수 있다.[15)]

대산의 「고종일기」에서 가장 눈에 띄게 하는 부분이 바로 청학請學하는 문도들에 대한 기록이며, 이러한 기록을 통하여 죽음을 목전에 둔 당대 거유의 관심이 어디에 있었는지를 확인할 수 있었다. 고종의 시점에서 보여주었던 선생의 관심과 열정은 자신의 위중한 병세보다 문전에 찾아와 청학하는 문도들에게 좀 더 많은 가르침을 주려는 그의 학문적 배려에 있었던 것이다.

13) 「考終時日記」.

14) 「考終時日記」. "二十九日丁卯.　小山公數數進候，先生曰，老人觸寒，易致生病，節愼可也."

15) 「考終時日記」. "初七日乙亥.　又問病患如此，顧承一言. 先生曰，顧君隨分收拾，勉進後學."

순천順天과 정종正終의 실천

고종일기는 고종자를 위한 기록자의 가식적 미화美化인지, 아니면 유종지미有終之美를 후세에 남기기 위한 고종자의 억지 제스처인지, 고종일기를 읽다 보면 누구나 이러한 의문을 가지지 않을 수 없다. 왜냐하면, 임종에 즈음한 고종자의 태도는 평상심平常心을 잃지 않는 일상이면서 죽음을 맞는 그들의 태도는 너무나 자연스럽기 때문이다. 물론 현재 남아 있는 고종일기는 대부분 당대 대유가 고종자였고, 일기는 실용문으로서 기록하여 후세에 전하기 위한 목적이 있다. 그렇다면 죽음을 목전에 둔 대산은 자신에게 당면한 현실을 어떻게 받아들이고 있었을까?

병석에 누운 지 얼마 되지 않아 그의 병세는 빠르게 진행되었다. 그는 육체적인 병고에도 불구하고 자신의 평상심을 잃지 않으려고 평소에 익힌 경전을 외워 보기도 하고, 혹은 평소에 지은 글을 점검하기도 하였다. 심지어 앞으로 지을 글을 생각해 보면서 자신의 정력이 평소와 크게 다름이 있는지, 스스로 시험해 보기도 하였다.[16] 하지만 그의 병세와 노력도 이제 한계에 이르렀다. 그렇다면 죽음을 맞는 그의 모습과 자신의 현실을 어떻게 받아들이는지 살펴보자.

초 5일. 환후가 점점 더욱 위중하였다. 김현운金顯運이 들어와 선생을 진찰하고 두루 안부를 여쭈어 보았다. 현운이 물어 말하기를, "환후가 이와 같은데, 스스로 기력을 헤아려 보시니 어떠하신지요?"라고 하였다. 선생이 말씀하시기를, "만약 의지를 강하게 한다면, 스스로 힘을 쓸 수 있지만, 내 병은 끝내 귀숙처歸宿處가 있을 것이네."라고 하셨다. …[17]

초 6일 갑술. … 김조익金朝翼이 상중의 몸으로 선생을 찾아뵈니, 선생이 누운 자리에 의대를 올려놓고 그를 보았다. 밤에 아들 완埦을 불러 말하기를, "사람이 일흔한 살이면, 이 역시 세상에 드문 일이다. 이제 이 병으로 다시 일어나지 못한다고 해도 이는 진실로 이치를 순종하는 일이다. 세상사가 이치를 따를 만할 경우에는 마땅히 이치를 따라 순응해야 한다. 너는 너무 우려하지 말게"라고 하셨다.[18]

18일. … 재종제 택정宅靖이 뫼시고 앉아 있었다. 선생이 말씀하시기를, "내 병이 날로 심해지니 자식과 조카, 그리고 친구들이 번번이 염려하고 있지만, 죽고 사는 것은 명이 있는데, 다만 순종하며 기다릴 뿐이네"라고 하셨다.[19]

대산의 환후는 날로 악화되었고, 평생 쌓았던 그의 학문적 이력만큼이나 각지에서 많

16)「考終時日記」. "十二月初一日己巳. 嘗謂子埦曰, 吾欲自試精力, 或默誦平日所熟經傳, 或拈檢平日所作文字, 或商量未作者, 條理不亂, 與平日無異也."

17)「考終時日記」. "初五日癸酉, 患候一倍沉劇 金顯運入診先生, 遍問安否. 顯運問曰, 患候如此, 自量氣力何如. 先生曰, 若强意, 則有能自力, 然吾病, 畢竟有歸宿處. "

18)「考終時日記」. "初六日甲戌. 金朝翼以禫制人來謁. 先生加衣帶於臥上, 以見之. 夜呼子埦曰, 人生望八, 亦是稀事. 今玆之病, 雖或不起, 固是順理事. 事之順理處, 當順理而應之. 汝勿過用憂慮也."

19)「考終時日記」. "十八日乙卯. 再從弟宅靖待坐. 先生曰, 吾病日苦, 子姪及知舊, 頻以爲慮. 然死生有命, 只當順俟."

은 문도들과 지인들이 찾아와 빠른 쾌유를 기원하며 걱정하였다. 김현운이 선생을 찾아와 병을 진찰하면서 안부를 묻자, 자신의 병은 더 이상 회복할 수 없음을 짐작하였고, 그는 평상심을 잃지 않으면서도 자신의 종말이 다가오고 있다는 사실〔歸宿處〕을 자인하였다. 그리고 자신의 환우를 걱정하고 있던 아들 완을 불러 71세까지 산 자신의 삶은 이미 장수한 것이라고 여겼다. 그리고 설령 자신이 다시 일어나지 못한다고 해도 이는 세상의 순리이므로 자연의 이치에 순응해야 함을 강조하고, 도리어 병을 앓고 있던 아들을 위로하였다. 찾아오는 문병자뿐만 아니라, 자식들에게조차도 순천順天의 진리를 역설하였다. 그는 사생유명死生有命의 천리를 순종하며, 편안한 마음으로 자신의 마지막을 준비하였다. 아울러 급문 제자와 동생, 그리고 자손들에게 의미있는 유계를 남겼다.

초 7일 을해. 병이 점점 위독하였다. 소산공小山公이 물어 말하기를, "일전에 급문의 여러 제자들을 만나고자 하셨는데, 무슨 말씀을 하고자 했는지 모르겠습니다"라고 하였다. 선생이 말씀하시기를, "다만 평소에 서로 따르며 친하게 지내던 뜻과 착실히 공부할 것을 권면하는 뜻을 대략 말하고자 했을 따름이네"라고 하셨다. 또한 묻기를, "환후가 이와 같으니, 한마디 말씀을 받들기를 바랍니다."라고 하였다. 선생이 말하기를, "그대는 분수에 따라 침착하게 후학을 양성하라"고 하셨다. 또한 사정에게 말하기를, "자네 집안의 자손들과 우리 집안의 자손들은 대부분 유가儒家의 기미가 부족하니, 그들에게 본분에 맞게 실행해 나아가게 하는 것이 좋을 것이네."라고 하셨다. … 선생이 눈을 뜨고 말씀하시기를, "전날 말하고자 했던 것은 평상시와 달리 별도로 신기한 것이 없다. 하지만 평상시에 저절로 묘한 것이 있으니, 평상시와 같이 하게나 …"[20]

대산이 하세하기 이틀 전의 기록이다. 소산은 대산보다 세 살 연하며, 형이 '대산大山'이라고 자호自號하자 자신은 '소산小山'이라 자호하고 형을 존경하였다. 그는 자신도 이미 노구임에도 불구하고 위중한 형의 환후를 곁에서 직접 간호하였고, 누구보다 형의 병세를 극진히 보살폈다. 그는 대산의 임종이 목전에 이르렀음을 알고, 형에게 제자와 후손, 그리고 대산 자신을 위해 남길 유계遺誡를 청하였다. 대산은 그 물음에 구체적으로 대답하였다. 먼저 제자들에게는 평상시 함께 종유하며 공부했던〔平日相從〕 뜻과 실지에 입각하여 열심히 공부하기를 권면했던〔着實用工〕 뜻을 남겼다. 그리고 동생 소산에게는 분수에 따라 행동하여 어지러운 정신을 가라앉혀 바로 잡고〔隨分收拾〕, 후학들이 열심히 학문에 정진할 것을 권면해 주기〔勉進後學〕를 바랐다. 대산의 이러한 권면은 그가 연일 현감으로 있을 때 소산에게 보낸 편지에서도 볼 수 있듯이 동생에 대한 배려와 정이 남달랐다. 그리고 후학들의 면학에 대해서도 거듭 당부하는 모습이었다.[21]

20)「考終時日記」. "初七日乙亥. 患候漸革. 小山公問曰, 日昨欲見及門諸人, 未知欲何言. 先生曰, 只欲畧道平日相從之意, 勉以着實用工之意耳. 又問病患如此, 願承一言. 先生曰, 願君隨分收拾, 勉進後學. 又進師靖而語之曰, 君家子姪, 與吾家子姪, 皆少儒家氣味, 須使之依本分做去, 可也.…先生開目曰, 前日所欲言, 只是平常別無新奇, 然平常中, 自有妙處, 若以爲平常."

21)『大山先生文集』卷之三十八, 「答休文」. "…君日用之間, 少從容靜疊之意, 喜怒往往無節, 若此等處照管, 使義理勝舊習, 則必有進步處, 千萬勉之也.…"

끝으로 그는 집안의 후손들에게 유가儒家의 기풍을 강조하면서 이를 위해서 각자의 본분에 따라 실행해 나아갈 것을 당부하였다.[22] 그의 이러한 강조와 당부는 연일 현감 재임 시 아들 완에게 보낸 편지에도 그대로 반영되어 있다. 자신의 병적인 고통에도 불구하고 죽음을 맞는 그의 태도는 너무나 진지했다. 이제 얼마 남지 않은 시간에도 기존에 완성하지 못했던 주변의 작은 일조차도 꼼꼼하게 챙기며 정리하였다. 그의 삶은 아마 문자, 책, 후학 등으로 일색을 이루었다고 해도 과언이 아닐 정도이다. 그는 정신을 잃지 않고 평소에 완성하지 못했던 글까지도 꼼꼼히 챙겼다.

초 5일 계유. … 군위軍威에 사는 홍흡洪潝이 그의 선대 문자를 가져와서 지어 줄 것을 청탁하였다. 약간의 폐물을 바치고자 하니, 선생이 말씀하시기를, "내가 죽고 사는 것이 어떻게 될지 알 수 없다. 그대의 청에 응하기 어렵기에 그것을 함부로 받을 수 없네"라고 하셨다. …[23]

초 6일 갑술. … 손孫 영운永運에게 명하여 말씀하시기를, "내침의 서가에 「부포父逋」와 정구옹鄭龜翁 장갈狀碣 등 3책이 있다. 모처에 있는 것을 너는 찾아서 가져오느라."고 하셨다. 영운이 찾아오니, 선생이 말씀하시기를, "모권某卷 끝단 정참판갈문鄭參判碣文에 어떤 곳을 고쳐야 하네"라고 하셨다. 아들 완埦이 찾아보았으나 찾을 수가 없었다. 선생이 말씀하시기를, "마지막 장의 끝 부분에 있는 두 번째 행이 바로 그곳이다"라고 하셨다. 그래서 2, 3행을 불러 주셔서 베끼니, 문리가 어울렸고 평일에 비해 손색이 없었다. 처음 고칠 때는 아들 완이 선생께서 정력이 소모되는 것을 안쓰럽게 여겨 우선 천천히 불러주실 것을 청하였다. 선생이 말씀하시기를, "옛 사람들은 마땅히 해야 할 것에서는 병 때문에 중도에 그만 두는 일이 없었다. 하물며 병이 결국 그치지 않는데, 어찌 생전의 한이 되지 않겠느냐?"라고 하셨다.[24]

대산은 생전에 자의自意건 타의他意의 청탁이건 간에 꾸준히 문자활동을 하였고, 다양한 형식의 글을 후세에 남겼다. 각처에서 명성을 듣고 찾아와 그에게 글을 청탁하게 되는데, 특히 짧은 그의 고종일기에서도 수차례 걸쳐 그에게 글을 청탁한 흔적을 엿볼 수 있다. 군위에 사는 홍흡이 약간의 폐물을 들고 와서 선대의 문자를 창작해 줄 것을 청하였다. 위중한 자신의 병세와 불분명한 생사의 기로에서 문자의 청탁을 거절하고 폐물조차 받을 수 없음을 토로하였다. 그리고 평소에 청탁받았던 원고 가운데 아직 완성하지 못했던 초고도 일일이 수정하였다. 기력이 쇠잔해질까 염려하는 아들의 만류에도 불구하고 문리가 평소에 비해 손색없을 정도로 완벽한 수정을 가했다. 특히 그는 자신이 지은 초책草冊인 『부포父

22) 『大山先生文集』 卷之三十八, 「寄兒埦」. "…謹言語齊容貌, 去諧謔戒闘詁, 不失儒家子弟氣味, 則乃父之願, 未有大於此也.…"

23) 「考終時日記」. "…初五日癸酉. 軍威洪潝, 爲請其先代文字而來, 有幣物若干欲納之. 先生曰, 吾死生未分, 難副所請物不敢受.…"

24) 「考終時日記」. "初六日甲戌. 命孫永運曰, 內寢書架上, 有父逋先生所題草冊名, 及鄭龜翁狀碣 三冊, 在某處汝可覓來. 永運取來, 先生曰, 某卷末端, 有鄭參判碣文中, 某處可改也. 子埦覓之不得, 先生曰, 末章末端第二行, 是也. 因呼寫兩三行, 文理渾成, 比平日無損也. 當其初改時, 子埦悶其耗損精力. 姑請徐之. 先生曰, 古人於所當爲處, 不以疾病中輟. 况病遂不已, 則豈不爲遺恨乎."

通』, 그리고 청탁받았던 정참판鄭參判의 갈문碣文에서 수정해야 할 부분인 '권卷'·'장章'·'단端'·'행行'까지 세세하게 언급하여 불러 주며 아들 완에게 베껴서 수정할 것을 지시했다.

대산의 이러한 정서는 병 때문에 해야 할 것을 하지 않는다면, 결국 삶의 여한〔遺恨〕이라고 여겼던 것이다. 이러한 그의 의식은 후회 없는 삶을 살려는 한 대유의 죽음을 맞는 태도라고 할 수 있다. 이를 통하여 정연한 그의 삶의 일상을 엿볼 수 있다. 그는 평생을 유자적儒者的 삶으로 일관하였고, 죽음에 즈음한 그의 태도에서도 이런 삶의 모습을 잃지 않았다. 일기의 말미에 기록된 사실을 통하여 그의 이러한 면모를 좀 더 구체적으로 엿볼 수 있다.

28일 병인. 또 오령산五苓散을 드렸다. 이종수李宗洙가 와서 문후問候하고 머물렀다. 처음 혈변血便의 횟수가 날이 갈수록 점차 늘어나 심해졌고, 아울러 소변도 그냥 나오게 되어 밖에 나갈 수 없게 되었다. 협실에 시기屎器를 설치하고, 모든 책을 다른 곳에 옮겼다. 밤에 용변을 볼 적에도 반드시 좌우에 사람을 물러나게 한 후에 홀로 계셨다. 25일에 이르러 협실夾室에 왕래하는 것조차 자력으로 하기 어렵게 되어 변구便具를 침실로 옮겨 설치하였다. 탄식하며 말하기를, "서가에 가득한 모든 책들은 대부분 성현聖賢의 유훈인데, 어찌 함부로 가볍게 여길 수 있겠는가?"라고 하시며 베로 그것을 가리게 하였다. …[25)]

일기의 기록으로 보아 대산의 병세가 더욱 악화됨을 짐작할 수 있다. 시간이 지날수록 혈변의 횟수는 점점 늘어나고 자력으로 소변조차 조절할 수 없게 되자, 협실에 시기屎器를 설치했다가 이를 다시 침실로 옮겨야 하는 급박한 상황이었다. 그는 이런 와중에도 불구하고 평심을 잃지 않고 협실에 있던 모든 책들은 대부분 성현의 유훈이기 때문에 더럽힐 수 없다고 여겼다. 책을 다른 곳으로 옮기고, 그것을 모두 베로 가리게 하였다. 그는 자력으로 일신조차 운신할 수 없는 병고의 상황에서도 평소의 의리를 흩트리지 않고 성현의 가르침을 몸소 실천하였다. 성현의 가르침을 욕되게 하지 않으려는 그의 행위는 어쩌면 정종正終의 한 단면이라 할 수 있다.

한 시대의 사도師道를 자임했고 수많은 후학을 양성했던 대산은 병고의 와중에도 불구하고 자신의 삶을 빠짐없이 정리하였다. 결국, 병석에 누운 지 54일째 되던 12월 9일 아침, 제자와 집안의 가족들이 보는 가운데 자신이 살아왔던 삶만큼이나 정연한 모습으로 잠을 자듯 눈을 감는다.

초 8일 병자. … 선생이 옆에서 시중을 드는 아이에게 말하기를, "내가 잠을 자고 싶구나"라고 하셨다. 그래서 미음을 가져오게 하고, 몸을 일으켜 앉아서 조금 드셨다. 다시 물을 가져오게 하였다. 양치를 하고 수염을 씻은 후에 자리를 바르게 하고 누웠다. 류범휴가 들어가서 병세를 살펴보고 탄식하여 말하기를, "선생의 병세가 점점 위독하여 기력을 회복할 여지가 없으니, 사람으로서 아주

25) 「考終時日記」. "二十八日丙寅. 又進五苓. 李宗洙來候, 仍留. 初血便度數, 日漸添劇, 而小便又秘漇, 不能出外. 設屎器于夾室, 盡移書冊于他處. 日夜便旋之際, 必屛人獨處, 至二十五日往來夾房, 亦不能自力, 移設便具於寢室. 歎曰, 滿架諸書, 皆聖賢遺訓, 豈可狎而侮之. 命以布障障之."

어려운 지경입니다. 하지만 선생의 마음은 안정되고 기운은 여유가 있으며, 몸은 바르고 얼굴빛은 부드러웠습니다. 천리에 맡기고 모든 것을 받아들여 자신에게 닥친 병적 고통을 알지 못하는 듯했습니다. 대명을 가까이 함과 평일에 기른 것을 대개 볼 수 있습니다."라고 하였다. …아들 완이 베개에 엎드려 곁에서 소리 내어 울고 있었다. 선생이 머리를 돌려 어렵게 말씀하시기를, "갈 것이다"라고 하셨다.[26)]

대산이 하세하기 바로 전날 밤의 기록이다. 대산은 시봉侍奉에게 잠을 자고 싶다고 말하고 미음을 가져오게 해서 조금 마셨다. 다시 물을 가져오게 해서 양치를 하고 수염을 씻은 후에 잠자리에 누웠다. 먼 길을 떠나는 한 나그네가 자신의 일신을 정결하게 다듬는 모습이다. 그리고 생사生死의 길목에서 이승에 뭔가 한 마디 말을 던지고 삶을 마무리하였다. 언듯 보기에 이런 그의 행위들은 그의 평범한 일상을 그대로 보는 듯하다. 하지만 여기서 기록된 고종자의 태도는 천리에 따라 죽음을 받아들이며 생을 마무리하는 순천자順天者의 모습이다. 이 또한 정종正終의 한 단면이 아닐 수 없다.

Ⅳ. 맺음말

죽음에 직면한 당대 거유巨儒들의 일상은 어떠했을까? 대산 이상정의 고종일기에서 이에 대한 해답을 구해봤다. 지금까지 역사적 거대담론에서 바라보았던 선인들의 삶과 죽음과는 다른 측면에서, 「고종일기」라는 실기문을 통하여 좀 더 가까이에서 그 실상을 살펴보면서 고종자의 몇몇 일상을 확인할 수 있었다.

대산은 대과大科에 급제하여 세상에 나아가기보다 한 시대의 사도를 자임하였고, 주로 후학양성에 전념하였기에 죽음의 직전까지도 많은 문도들이 그를 찾아왔고, 선생의 관심과 열정 역시 학문에 있었다. 대산의 「고종일기」의 내용에서 가장 눈에 띄는 것은 바로 청학請學하는 문도門徒들에 대한 기록이며, 이러한 사실을 통하여 죽음을 목전에 둔 당대 거유의 관심이 어디에 있었는지를 확인할 수 있었다. 자신의 위중한 병세보다 문전에 찾아와 청학 하는 문도들에게 좀 더 많은 가르침을 주려는 그의 학문적 배려는 남달랐다.

다음은 죽음을 맞는 대산의 태도이다. 그는 점점 깊어가는 병적 고통에도 불구하고 찾아오는 문병자 뿐만 아니라, 자식들에게조차도 순천順天의 진리를 역설하였다. 이 또한 진정한 유자儒者의 모습일 것이다. 결국 그는 사생유명死生有命이라는 하늘의 이치를 순종하며 자신의 마지막을 준비하였고, 순천자의 모습으로 정종지의正終之義를 몸소 실천하였다. 고종일기는 아직 학계에 언급된 적이 별로 없는 자료며, 인문학 전반에서 시사하는 바가 크다고 할 수 있을 것이다.

26) 「考終時日記」. "初八日丙子. 先生謂侍者曰，吾欲就寢，因覔粥飲，扶起而坐飲，小許訖進水，嗽口洗鬚髯，正席而臥. 柳範休入診歎曰，先生患候，漸至危篤，氣力無復餘地，是人理極處，而心定氣閑，體正色愉. 任天順受，若不知疾痛之在已，大命之邇止，平日所養，大可見矣. 子埦伏枕傍有啜泣聲. 先生轉頭厲聲曰，去矣."

도판목록

다시 유학의 의미를 묻다

제8회 기탁문중 특별전 - 한산이씨 소호문중

도 록	총괄	임노직
	기획	김형수
	논문	김순석, 오용원
	탈초	김형수, 신상목
	번역	김형수, 신상목
	자료설명	김형수
	사진	황헌만, 강산스튜디오
	진행 및 교정	김형수, 김기홍, 김향숙, 허선미
	디자인	(주)씨마스커뮤니케이션 02-2269-8280
전 시	총괄	임노직
	기획	김형수
	진행	김형수, 김기홍, 김향숙, 정순희, 엄화숙, 허선미

발 행 인 김병일(한국국학진흥원장)

발 행 일 2011년 6월 20일

발 행 처 한국국학진흥원(출판등록번호 제36호)

760 - 933 경북 안동시 도산면 퇴계로1997(서부리 220번지)

한국국학진흥원 www.koreastudy.or.kr

유교문화박물관 www.confuseum.org

전화 : 054-851-0752, 0800 FAX : 054-851-0759

제작원가 30,000원

ISBN 978-89-6178-100-8 06600

◉ 본 도서는 문화체육관광부 한국학진흥사업비의 지원으로 출간되었습니다.